SEULE ET BIEN DANS SA PEAU

Barbara Powell, Ph. D.

SEULE ET BIEN DANS SA PEAU

TRADUIT DE L'AMÉRICAIN
PAR
Monique Plamondon

Les Éditions Québecor

Cet ouvrage a été originellement publié par
Rodale Press, Inc.
33 E. Minor St.
Emmaus, PA 18049, U.S.A. sous le titre:

ALONE, ALIVE AND WELL

Dépôts légaux, 4ᵉ trimestre 1987

Bibliothèque nationale du Québec
Bibliothèque nationale du Canada
ISBN 2-89089-414-2

LES ÉDITIONS QUEBECOR
une division de Groupe Quebecor inc.
4435, boul. des Grandes Prairies
Montréal (Québec)
H1R 3N4

Distribution: Québec Livres

Conception et réalisation graphique de la page
couverture: Carole Garon et Bernard Lamy

Photo de la page couverture: Sylvain Majeau

Impression: Imprimerie l'Éclaireur

TABLE DES MATIÈRES

AVANT-PROPOS

Peut-être vivez-vous seule par choix? Peut-être êtes-vous seule parce que vous vous êtes récemment séparée, que vous avez divorcé, ou que vous êtes devenue veuve? Ou encore, peut-être aimeriez-vous vous marier, mais vous n'avez pas encore trouvé la bonne personne? Quel que soit votre cas, vous pouvez sans doute faire de votre solitude un mode de vie plus heureux et plus épanouissant.

Vivre seule ne veut pas nécessairement dire vivre en ermite. Certaines personnes seules ne se sentent presque jamais esseulées, alors que d'autres, qui vivent en famille ou en couple, se sentent seules la plupart du temps.

Selon les statistiques, les célibataires seraient plus enclins aux maladies physiques et émotionnelles que les gens mariés. Pourtant, la majorité des personnes qui vivent seules se portent bien.

Si vous êtes comme la plupart des quelque 20 millions d'Américains qui vivent seuls actuellement, ou que vous êtes chef de famille monoparentale, à l'instar d'environ 35 autres millions, sans doute préféreriez-vous vivre avec un partenaire, si seulement la bonne personne se présentait. Mais ce livre n'a pas pour but de vous aider à trouver un partenaire.

Même si vous espérez éventuellement tomber en amour et vous marier, il se peut que cela ne se produise jamais. Il se peut aussi que, si vous n'apprenez pas à vivre confortablement avec vous-même, vous finissiez par vous marier pour la mauvaise raison, c'est-à-dire pour échapper à votre solitude. Pourtant, vous seriez sûrement beaucoup mieux seule qu'aux prises avec un mariage raté ou une mauvaise relation de couple. Mais le fait est que vous êtes seule en ce moment, et que vous devez vous faire à l'idée de votre solitude, même si elle n'est que temporaire.

Bien sûr, vous n'êtes pas obligée de vivre seule, même si vous ne vous mariez jamais. Vous pouvez toujours vous trouver un compagnon ou une compagne de chambre, ou emménager avec votre grand-mère; vous pouvez louer une pièce de votre logement, vous joindre à une commune, ou encore vous faire engager comme dame de compagnie ou aide-ménagère. Ces solutions ne sont pas aussi outrées qu'elles le paraissent à prime abord. Mais ce livre ne traite pas non plus de telles solutions.

Ce livre présume que vous avez décidé de vivre seule, pour le moment du moins, et que vous souhaitez être active et heureuse dans votre solitude.

Première partie

Seule,
mais pas isolée

1. Seule, active et bien dans sa peau

Vivre seule peut s'avérer une expérience positive à n'importe quel âge, une expérience qu'il ne faut surtout pas percevoir comme un abandon à soi-même.

Beaucoup de personnes qui vivent seules ne se sentent pas solitaires. Et bien que les statistiques indiquent que la solitude entraîne un risque accru de maladies physiques et psychologiques, y compris une dépression tellement grave qu'elle peut mener au suicide, il reste que ces statistiques oublient de préciser que des milliers et des milliers de personnes sont seules, actives et bien dans leur peau.

Pour chaque individu misérable, pathétique et solitaire qui vit seul, il y en a plusieurs qui sont en parfaite santé, qui participent à toutes sortes d'activités intéressantes et productives, et qui prennent plaisir à la vie. Vous aussi, pouvez être seule, active et bien dans votre peau.

J'affirme ceci avec certitude, car j'ai beaucoup d'amies, de connaissances, de patientes et d'anciennes patientes qui vivent seules, sans se sentir solitaires. La plupart d'entre elles n'avaient pas décidé au départ de vivre seules, et plusieurs ont vécu une période de transition douloureuse en cours de route. Ces personnes sont issues de milieux divers et de tous les groupes d'âges. Ce qu'elles ont en commun, c'est la capacité de rester, ou de devenir, intensément impliquées dans la vie. Je vais d'abord vous parler de quelques-unes de ces personnes pour qui vivre seule est un mode de vie positif et enrichissant.

Ida D., une femme de 83 ans, conseillère matrimoniale et familiale, est une amie intime de longue date. Ida n'est pas solitaire, même si elle vit seule depuis nombre d'années, par suite de la mort de son mari, neurochirurgien. De quatre à cinq heures par jour, Ida dispense ses conseils aux couples et aux familles qui viennent demander son aide. Elle consacre aussi une partie de son temps à l'écriture d'un livre basé sur des recherches qu'elle a faites récemment à Harvard. Avide cuisinière, jardinière et musicienne, elle fait partie de plusieurs groupes professionnels, dont l'un se rassemble chez elle une fois par mois. Elle va souvent au cinéma, reçoit fréquemment, voyage à l'étranger et jouit d'une vie riche et bien remplie.

Il y a quelques années, Ida avait dirigé un séminaire en trois sessions sur… la solitude! Parmi les participantes se trouvaient une femme divorcée, une nouvelle arrivée dans le quartier, une femme d'affaires qui voyageait beaucoup, et une veuve. Les membres du panel décrivirent «le morne isolement», le «vide» ressenti pendant les périodes de solitude transitionnelles, et discutèrent des difficultés à établir une nouvelle identité à titre de nouvelle arrivée, de divorcée ou de veuve. Même si aucune solution facile n'est ressortie de ce séminaire, et ce n'est pas ce qu'on en attendait de toute façon, le sujet suscita un intérêt considérable et provoqua de sérieuses discussions dans d'autres groupes également, y compris celui qui se rassemblait à la maison d'Ida, duquel je fais partie.

«Je crois que le plus grand problème, c'est de n'avoir personne avec qui partager, le positif comme le négatif, commente Ida.

«Mais à ce point-ci de ma vie, je ne me sens jamais esseulée. Je suis tellement occupée à faire toutes sortes de choses intéressantes et à voir des gens, que je n'ai pas le temps de me sentir solitaire, même quand je suis seule. Je ne me sens jamais vraiment esseulée, parce que je pense aux amis et aux gens qui peuplent ma vie. Je lis beaucoup, et il m'arrive souvent de dialoguer mentalement avec les personnages d'un livre. Quand une idée est avancée, je réagis. Et je tiens des conversations imaginaires quand j'écoute la radio et la télévision. Un grand nombre de personnes qui vivent seules souffrent d'un manque de stimulation.

«Manger seule au restaurant ne me dérange pas non plus, poursuit-elle. Je crée toutes sortes d'histoires au sujet des gens que je vois autour de moi. Quand on pense aux autres au lieu de penser à soi-même, on se sent beaucoup moins seule.»

Bien sûr, la situation d'Ida est particulière. Ses cercles d'amis sont nombreux et variés et sa compagnie est très recherchée. Ainsi, lors de la réception soulignant son 80e anniversaire de naissance, on ne comptait plus ses amis, parmi lesquels se retrouvaient, entre autres, des professionnels, des patients, des amis de la famille, des musiciens, des amis de voyages, des membres de son groupe d'écriture, etc. De plus, Ida possède un doctorat; un éditeur s'est montré intéressé à son livre; elle est si bien connue localement, si hautement respectée et aimée comme oratrice, qu'on lui demande constamment de participer à des causeries. Mais c'est sa participation intense à la vie, beaucoup plus que ses qualifications, qui font qu'Ida ne se sent pas solitaire.

Marthe T., qui a fêté son centenaire en 1984, ne se sent pas isolée elle non plus. Elle a vingt et un arrière-petits-enfants.

Marthe vit seule dans un complexe d'appartements pour personnes âgées. Il y a deux ans, elle s'est portée volontaire auprès d'une association de bénévoles: on lui a confié le cas d'une femme russe de 70 ans, nouvellement arrivée au pays, et qui avait besoin d'aide pour apprendre le français. Depuis, elles ont passé plus de deux cents heures ensemble, à raison de deux rencontres par semaine.

«C'est ma meilleure amie», affirme l'élève au sujet de Marthe. Et Marthe a trouvé l'expérience si enrichissante qu'elle a entrepris d'aider une deuxième élève, une femme originaire de Chine, employée à la salle à manger du complexe immobilier.

Élisabeth T., âgée de 75 ans, ne se sent pas solitaire non plus. «Quand je commence à me sentir seule, j'appelle quelqu'un ou je sors, mais ça ne m'arrive pas souvent, dit-elle.

«J'ai toujours aimé être seule. Mais à travailler pendant quarante ans comme je l'ai fait, avec un mari et deux enfants, je n'étais pas souvent seule. J'aime lire, et je peux me perdre dans n'importe quelle sorte de livre.»

Secrétaire et vice-présidente d'une compagnie de bois de construction au moment de sa retraite, Élisabeth est veuve depuis vingt ans et a vécu tout ce temps au même endroit. Elle fait partie d'un club de bridge et d'un groupe de rencontres pour célibataires, l'un et l'autre se rassemblant une fois par mois. Elle a aussi de nombreux amis intimes.

«Je crois qu'il faut accepter de vivre seule, dit-elle. Il y a pire. Je crois que l'attitude mentale et le style de vie entrent beaucoup en ligne de compte. Mon mari et moi, par exemple, n'étions pas très dépendants l'un de l'autre. Il allait souvent à la pêche, ce qui ne m'intéressait pas, alors je jouais au bridge, et j'en joue toujours. Aussi, je n'ai pas peur de sortir le soir, comme c'est le cas pour beaucoup de personnes de mon âge. Je ne me suis jamais empêchée de sortir quand j'en avais envie.»

Élisabeth attribue son courage et son optimisme à la bataille qu'elle a menée avec succès contre le cancer, il y a douze ans. «Quand on a réussi à passer à travers une telle situation, on est conscient de tout ce que la vie a à nous offrir», dit-elle.

Élisabeth a beaucoup voyagé, le plus souvent avec des amis, et elle s'est inscrite à plusieurs cours pour adultes à l'une des écoles secondaires locales. «J'y vais parce que j'aime étudier et apprendre de nouvelles choses. Aussi, je me suis fait quelques amis, tous plus jeunes que moi. Je suis toujours la plus vieille de la classe», dit-elle en riant.

Élisabeth a déjà quitté une classe de lecture rapide, pour ne plus jamais y retourner, parce que le professeur avait affirmé qu'après un certain âge, à savoir 55 ans, «on ne peut plus apprendre»!

Certaines femmes préfèrent vivre seules

«Je suis fatiguée que les gens aient pitié de moi ou pensent que j'ai quelque chose qui ne va pas parce que je vis seule, dit Élisabeth, l'une de mes amies. Je préfère vivre seule. Quand je pense à ma soeur et aux problèmes conjugaux qu'elle éprouve, cela m'agace de savoir qu'elle-même me prend en pitié! Je pense qu'il est temps que les gens réalisent que quelques-unes d'entre nous vivent seules par choix, et cessent de nous traiter comme des citoyennes de second ordre.»

Élisabeth occupe un emploi permanent, suit des cours à l'université locale deux soirs par semaine, et terminera bientôt une maîtrise en administration. Elle va souvent au cinéma, assiste à des concerts et va au théâtre, parfois avec des amies, parfois seule.

Lise et Michel, tous deux dans la cinquantaine, vivent une relation profonde et stable depuis leur séparation et leur divorce d'avec leur époux respectif il y a plus de dix ans. Mais ils ont choisi de ne pas se marier et de ne pas vivre ensemble. Tous deux écrivains, ils ont leurs propres intérêts très développés et sentent le besoin de passer du temps chacun de son côté.

«Nous pouvons être ensemble autant que nous le voulons mais nous pouvons aussi être seuls quand nous le désirons, dit Lise. Je ne vois pas pourquoi nous nous marierions ou vivrions ensemble à notre âge. Je pense que nous avons accès au meilleur de nos deux mondes.»

David D., dans la soixantaine, a vécu seul pendant deux ans avant de se remarier, mais ne se sentait pas esseulé. Sculpteur habitant un studio situé dans une manufacture convertie, où plusieurs artistes louent un espace de travail, il est vice-président d'une association d'art régionale, et en dirige les expositions majeures annuelles. Ancien joueur de tennis de championnat, il joue régulièrement avec un groupe d'amis et a récemment publié son premier article dans un magazine trimestriel sur le tennis. Accordéoniste accompli, il pratique au moins une heure par jour et est très en demande pour égayer les réceptions.

Il semble avoir de si nombreux amis qu'en fait, lorsque quelqu'un l'accompagne à un vernissage, il est difficile d'arriver à contempler les peintures ou les sculptures. Je devrais le savoir, puisque je fréquente ces événements avec lui. (Quand il s'est remarié, c'est moi qu'il a épousée.)

Sa fille Marie, âgée de 32 ans, maintenant ma belle-fille, vit sans compagnie adulte, partageant son spacieux appartement à Zurich, en Suisse, avec sa fille de trois ans. Jeune peintre très recherchée, dont les oeuvres se vendent aussi vite qu'elle peut les peindre, Marie sent le besoin de vivre seule pour continuer à se développer en tant qu'artiste.

«J'ai besoin de mon propre espace, explique-t-elle. C'est mieux pour moi d'être seule en ce moment.» Mais elle possède un large cercle d'amis chez les artistes et les voit souvent.

L'espace personnel est extrêmement important. Le manque de cet espace rend plusieurs personnes inconfortables dans un mariage ou une relation contraignante. Aussitôt que vous apprendrez à apprécier votre espace personnel, vous ne voudrez plus vous en passer.

Bien entendu, dans le cadre d'un mariage ou d'une relation idéale, vous pouvez et devriez avoir votre propre espace. Mais il est plus difficile d'y parvenir que lorsque vous vivez seule et, inévitablement, vous n'en aurez pas autant.

«Vivre seule et fréquenter quelqu'un est très différent de vivre avec quelqu'un», dit Jeannette, âgée de 25 ans, l'une de mes patientes qui a rompu une relation de cohabitation parce qu'elle ne se sentait pas prête pour le mariage et qu'elle ressentait le besoin d'avoir plus d'espace personnel. «J'aime passer des journées entières seule, sans avoir à m'inquiéter d'une autre personne, m'a-t-elle dit. Je vais seule à un groupe de bridge un soir par semaine. Un ou deux autres soirs je rencontre une amie pour aller au cinéma ou au restaurant. Et j'ai besoin de temps pour faire des choses comme la lessive ou l'épicerie.

«Le temps que je passe avec Bill, mon nouvel ami, est plus spécial aussi, continue-t-elle. J'apprécie vraiment la relation. Nous ne nous prenons pas pour acquis, étant donné que nous ne vivons pas ensemble. Je ne sais pas jusqu'où nous mènera cette relation, mais pour le moment, je l'apprécie telle qu'elle est.»

Jeannette souffrait de plusieurs afflictions psychosomatiques, incluant la colite et l'insomnie, pendant qu'elle fréquentait l'université (lorsqu'elle vivait avec son ami précédent); plus tard, lorsqu'elle a emménagé temporairement avec son père, ces problèmes ont persisté. Déterminée à devenir indépendante, Jeannette a loué son propre appartement malgré la peur quasi accablante qu'elle «tomberait malade et ne pourrait pas travailler». (Après tout, elle avait été si malade pendant l'université qu'elle avait abandonné ses études.)

À son immense soulagement et à sa très grande surprise, Jeannette a commencé à se sentir mieux presque immédiatement après son déménagement. Occupant le premier étage d'un triplex, l'appartement a été la première place qui lui appartienne vraiment. Elle dormait bien toutes les nuits, presque depuis le début, et ses problèmes d'estomac diminuaient. En moins d'un mois, elle se sentait comme une nouvelle personne... sa propre personne. Peu de temps après, elle a rencontré Bill et ils ont commencé à se fréquenter, mais Jeannette continue d'apprécier son nouveau sentiment d'indépendance.

Élaine a emménagé dans son nouveau logement après avoir partagé la maison familiale pendant plusieurs mois avec ses trois frères tandis que ses parents, tous deux professeurs à l'université, prenaient une année sabbatique à l'étranger. Ayant grandi avec quatre mâles autoritaires et une mère qui ne l'était pas, Élaine pourvoyait une fois de plus aux besoins de ses frères, ce qui ne lui laissait que peu de temps personnel.

«J'aime vraiment pouvoir faire ce que je veux quand je le veux, déclare-t-elle. D'une certaine façon, je jouais le rôle de mère et d'organisatrice pour mes frères. Je me sentais obligée de préparer le repas chaque soir, même si cela les laissait complètement indifférents. Ainsi, depuis que je vis seule, si je n'ai pas envie de cuisiner, je ne le fais pas. Si j'ai le goût de sortir, je sors.»

Maintenant qu'elle a appris à reconnaître et à respecter ses propres besoins et ses désirs, Élaine travaille à devenir plus sûre d'elle-même afin de satisfaire ses propres besoins dans ses relations avec les autres. Pour le moment, elle peut mieux voir à ses besoins en vivant seule.

Rébecca est arrivée à sa solitude par une route différente. Bien que dans la quarantaine, elle a toujours vécu avec des membres de sa famille. Sa soeur cadette s'est mariée et a quitté la maison à l'âge de 18 ans, mais Rébecca, secrétaire d'une importante compagnie, est restée à la maison avec ses parents. Elle a bientôt découvert qu'elle devait s'occuper d'eux. Après la mort de son père, Rébecca et sa mère ont continué de vivre ensemble, jusqu'à ce qu'à l'âge de 70 ans sa mère subisse une attaque cardiaque fatale.

Même si sa mère lui manquait et qu'elle regrettait sa mort, Rébecca réalisait en même temps que, pour la première fois de sa vie, elle était libre d'aller et venir à son gré, sans devoir inventer d'excuses et s'expliquer avec qui que ce soit. Peu de temps après, avant qu'elle se soit tout à fait habituée à vivre seule, la tante de Rébecca, la soeur de sa mère, est venue la visiter. Au début, Rébecca croyait que celle-ci retournerait chez elle après une courte visite, mais la visite se prolongeait de plus en plus, jusqu'à ce que tante Judith s'ancre sur place comme un membre de la maisonnée.

Rébecca trouvait sa présence agaçante; elles n'avaient jamais été particulièrement intimes auparavant. Mais elle n'était pas capable de demander à sa tante de partir: c'eût été la même chose que de laisser tomber sa mère, et Rébecca n'aurait jamais pu le faire.

À la fin, Rébecca fut chanceuse. La fille de tante Judith avait divorcé et lui avait demandé de venir prendre soin de ses enfants pendant qu'elle retournerait travailler à programmer des ordinateurs. Rébecca était enfin libre de vivre toute seule. Elle a commencé à inviter des amis pour souper, ce qu'elle n'avait jamais pu faire auparavant. Elle a redécoré son appartement dans un style plus jeune et plus théâtral; elle avait vécu trop longtemps avec des personnes âgées. Elle s'est inscrite à des cours à l'université locale et a commencé à travailler pour obtenir un diplôme. Pour la première fois de sa vie, elle n'a pas à se précipiter à la maison au retour du travail pour s'occuper d'un membre âgé de la famille. Elle peut enfin commencer à développer sa propre personnalité et poursuivre ses propres buts.

Entreprendre de vivre seule: un défi à relever

Claudia vivait seule, à l'instar de Rébecca, à la suite d'événements qui échappaient à son contrôle. Abandonnée par son mari après vingt-trois ans de mariage (il était parti avec une femme plus jeune), Claudia se sentait ravagée et terrifiée à l'idée de vivre seule. Bien qu'elle se soit sentie malheureuse dans son mariage, elle n'avait jamais imaginé que les choses finiraient de cette façon.

Prendre sa vie en charge se révélait difficile. En vingt-trois ans, Claudia ne s'était jamais occupée de l'aspect financier de sa vie. Elle ne possédait même pas son propre compte bancaire et n'avait jamais balancé un chéquier non plus. Bien qu'elle ait occupé un emploi temporaire à sa sortie du collège, Claudia n'avait jamais sérieusement songé à entreprendre une carrière. Elle avait cependant toujours été active dans la communauté. À titre de présidente de l'Association parents-enseignants locale et membre du conseil scolaire, elle s'était fait plusieurs amis; elle rencontrait aussi beaucoup de gens au club où elle et son mari avaient souvent joué au golf et au tennis.

Claudia s'intéressait beaucoup aux maisons et jouissait d'une personnalité amicale et sociable. Elle décida donc, nantie de ses contacts dans la communauté, de se lancer dans le domaine de l'immobilier, malgré son manque d'expérience en affaires.

Au début, elle trouva la tâche difficile. Les cicatrices émotionnelles laissées par sa séparation et son divorce sapaient son énergie et pesaient lourdement sur son amour-propre. Lentement, au fur et à mesure que ses ventes augmentaient, sa confiance grandissait et, surmontant le traumatisme de son divorce, elle pouvait apprécier sa vie de célibataire. Elle se découvrit beaucoup d'amis parmi d'autres femmes célibataires et se joignit aux organisations professionnelles du milieu des affaires qui l'intéressaient le plus.

Éventuellement, Claudia pourrait se remarier. En attendant, elle ressent le besoin de rester seule afin de devenir elle-même. Passant directement de la maison parentale à celle de son mari, Claudia n'avait jamais vécu plus que quelques jours seule à la maison.

«Parfois je me sens comme une petite fille, dit-elle. Dans le passé j'ai toujours pu me fier à quelqu'un. Maintenant, enfin, j'apprends à compter sur moi-même. Et c'est une très bonne impression.»

Contrairement à Claudia, Ginette, elle, a pris la décision de demander le divorce. Son mariage était en difficulté depuis plusieurs années et les sessions de thérapie conjugale n'avaient rien changé. Finalement, lorsque son mari décida de changer d'emploi et de partir pour une autre ville, Ginette savait qu'elle ne voulait pas l'accompagner. Deux de leurs enfants avaient terminé l'université et étaient établis; le troisième devait finir l'école l'année suivante.

Pour Ginette, abandonner la maison qu'elle aimait (sans mentionner le jardin et la piscine) était la pire partie du divorce. «J'ai réalisé que je restais mariée pour une maison et une piscine», dit-elle lorsqu'elle vint demander de l'aide pour planifier son avenir. «Je ne m'aimais pas en pensant à cela.»

Quand la maison a été vendue et les possessions divisées, Ginette a investi sa part afin d'obtenir un revenu additionnel (elle devait recevoir une pension alimentaire pendant plusieurs années) et elle loua une petite maison sur un domaine magnifique. Comme la plupart des années de son mariage avaient été douloureuses, vivre seule lui apportait un soulagement bien accueilli. Sans les plaintes et les critiques constantes de son mari, elle pouvait s'éveiller chaque matin avec l'espoir raisonnable de passer une journée agréable. Mais comme la plupart des femmes qui n'ont pas poursuivi de carrière pendant leur mariage, Ginette a pris conscience qu'elle devrait subvenir à ses besoins elle-même.

Amateure d'antiquités et fascinée par ce commerce, elle entreprit d'investir une partie de son capital et d'ouvrir une boutique. Elle décida de s'allouer deux ans pour en faire un succès; si l'entreprise ne fonctionnait pas, elle se trouverait un emploi rémunéré.

Alice n'avait pas à s'inquiéter que quelqu'un lui envoie un chèque de pension alimentaire; elle gagnait plus de 30 000$ par année dans la publicité et, en fait, sa situation financière était meilleure que celle de son mari. Néanmoins, elle délibérait avec elle-même, avec sa mère et avec ses soeurs, sur le bien-fondé d'une séparation.

«Je ne l'aime plus, et je déteste sa pingrerie, dit-elle. Et nous n'avons absolument pas d'intérêts en commun. Il ne veut assister à aucun spectacle ni aller au cinéma avec moi, et il ne supporte pas que j'y aille seule. Il n'aime pas recevoir, aller chez les autres, ou prendre des vacances. Il n'y a presque plus rien entre nous sur le plan sexuel. La sécurité, un peu de chaleur et Sally (leur fille de huit ans) sont tout ce que nous apporte ce mariage.»

Une partie d'Alice voulait désespérément vivre seule. Elle désirait aller et venir sans être questionnée, et les efforts de Georges, son mari, pour contrôler ses amitiés, l'exaspéraient. Il était rigide, borné, et à plusieurs reprises avait même refusé aux amis d'Alice de fréquenter leur maison.

«Je suis une adulte, déclare-t-elle avec véhémence. J'ai le droit de choisir mes propres amis, non?»

Alice mit un certain temps à conclure qu'elle ne pouvait revendiquer ses droits personnels à l'intérieur de son mariage avec Georges. Quand elle est partie, elle a non seulement quitté Georges, mais aussi Sally; elle était certaine que Georges serait le meilleur parent pour la garde de leur enfant. «Ils me manquent tous les deux, me dit-elle, mais je passe mes fins de semaine avec Sally et j'ai plus de patience avec elle sans la responsabilité constante de sa garde. Quand j'arrive du travail, je peux être seule et faire ce que je veux. Et cela compte beaucoup pour moi.»

Vivre seule peut être un soulagement après un mariage étouffant ou une relation restrictive. Soudainement la liberté d'être soi-même offre une relâche au fardeau d'être brimée par les autres. Il est facile de voir que vivre seule est une expérience positive dans de tels cas.

Laissée seule par la mort
d'un compagnon de vie

Mais vivre seule ne découle pas toujours d'un choix, et ne suit pas toujours une relation malheureuse. Geneviève est devenue veuve après 40 ans de mariage. Ses quatre enfants étaient tous adultes, et elle travaillait depuis plusieurs années comme travailleuse sociale dans une clinique locale.

Geneviève n'avait jamais envisagé la vie sans Alex. Même si elle s'était bâti une carrière, sa vie sociale avait consisté entièrement en activités orientées vers le couple tout au long de ses années de mariage.

Sa relation avec Alex avait été heureuse et dévouée; elle n'avait que peu de plaintes à formuler à propos de leur mariage et la perte de son compagnon de vie la laissait affligée et solitaire. Sans Alex pour les partager, les choses ne semblaient pas valoir la peine d'être vécues. Geneviève se retrouvait de plus en plus seule. À sa surprise et à sa déception, plusieurs amis de longue date semblaient l'oublier maintenant qu'Alex n'était plus là. Elle vécut la malheureuse expérience d'être laissée en dehors des événements que ses anciens amis, tous des couples, continuaient de goûter, y compris le pique-nique annuel qu'elle et Alex avaient organisé plusieurs années auparavant.

Non seulement devait-elle faire face à de douloureux sentiments de perte et de dépression, mais après avoir surmonté la période de deuil initiale, elle devait reconstruire sa vie sociale. Heureusement, elle avait la force de le faire. Son emploi et la satisfaction qu'elle en éprouvait, ainsi que les relations positives qu'elle entretenait avec ses enfants, constituaient une source de support moral.

Pauline fut moins chanceuse. Ses trois enfants étaient adolescents à la mort de son mari survenue après une maladie de plusieurs années. Pauline s'était dévouée exclusivement à ses tâches d'épouse et de mère et avait développé peu d'intérêts extérieurs.

Durant les premiers mois qui ont suivi le décès de Robert, elle commença à manger de plus en plus, même en sachant qu'elle n'avait pas faim. Un jour, en magasinant, elle a découvert que plus rien ne lui convenait: elle a alors réalisé qu'elle devrait immédiatement modifier ses habitudes alimentaires. «Je ne trouve plus rien à ma taille», déclara-t-elle lors d'une consultation pour son poids.

Avant de faire face avec succès à son problème de poids, Pauline devait aller au bout de son chagrin, suivre ce processus qu'elle avait interrompu tant sa peine était douloureuse. Cela a entraîné plusieurs sessions de thérapie, incluant l'hypnose pour l'aider à se rappeler les détails qu'elle avait refoulés lors de la maladie finale et de la mort de Robert.

Un an plus tard, elle avait obtenu un emploi à temps partiel dans un théâtre local (l'un de ses premiers intérêts); elle avait joué dans de nombreuses petites pièces de théâtre et perdu presque 50 livres. Il lui semblait improbable qu'elle se remarie un jour, qu'elle puisse trouver un partenaire aussi compatible que Robert. Mais elle avait trouvé un emploi qu'elle aimait et des amis qu'elle appréciait beaucoup; la vie lui semblait valoir la peine d'être vécue encore une fois.

Seule dans une nouvelle ville

Pour Édith la nécessité de vivre seule s'est présentée quand elle s'est inscrite à l'université dans une ville située à plusieurs centaines de kilomètres de chez elle. Elle avait vécu dans un dortoir pendant ses années de collège et n'éprouvait pas de problèmes à vivre seule loin de sa famille. Elle s'était fait de nouveaux amis très facilement et s'était bientôt sentie chez elle.

L'université s'avérait une tout autre chose: aucune place de dortoir n'était disponible, et les efforts d'Édith pour trouver une compagne avec qui partager un appartement furent vains. Avec un peu d'appréhension, elle avait loué un studio près de l'école qu'elle devait fréquenter.

Académiquement, il n'y avait aucun problème, et Édith se faisait encore des amis facilement, comme au collège. Le problème se posait lorsqu'elle revenait à l'appartement. Elle n'aimait pas cuisiner pour une personne seulement et ses repas se limitaient à des mets préparés en vitesse, qu'elle mangeait assise devant la télévision. L'appartement était petit et elle s'y sentait prisonnière. Elle avait beaucoup de travail à faire, mais comme elle était rapide, elle le faisait vite et facilement. Elle s'était bientôt rendu compte qu'elle passait plusieurs heures à regarder la télévision et avait décidé d'utiliser son temps de loisirs d'une façon plus constructive.

Elle commença à inviter un ami pour souper au moins une fois par semaine et à planifier au moins un autre repas hebdomadaire à l'extérieur. Elle surveilla le babillard de l'école pour les événements spéciaux auxquels elle aimerait assister. Elle décida d'investir un peu de son argent pour décorer son appartement, même si elle croyait n'y passer qu'une courte période. L'environnement physique comptait beaucoup plus pour Édith que pour la plupart des gens; elle était très sensible et artiste, et devait prendre cet aspect de sa vie en considération.

Lucie, comptable d'une grande compagnie, était célibataire et dans la trentaine avancée lorsqu'elle fut transférée dans une ville, à l'autre bout du continent. Comme le transfert résultait d'une promotion, elle ne voulait pas refuser mais se sentait craintive à l'idée du changement. Comme elle avait presque toujours vécu toute seule depuis l'université, ce n'était pas là le problème; ce qui la dérangeait, c'était de vivre seule dans une ville étrangère, sans amis et sans famille.

Elle se trouva un appartement qu'elle aimait et investit assez d'argent pour le rendre confortable et s'y sentir chez elle. Tout le monde à son nouveau bureau était amical et plaisant. Cependant, Lucie se rendit bientôt compte qu'elle travaillait de plus en plus tard, non pas que l'emploi l'exigeât, mais parce qu'elle n'avait rien à faire en rentrant à la maison. Il lui était difficile d'appeler un ami vivant à des milliers de kilomètres; la perspective de dîner seule encore une fois, de passer la soirée à regarder la télévision et de se coucher tôt n'était pas très attirante.

Lucie réalisa bientôt qu'elle devait absolument trouver autre chose que le travail dans sa vie. Elle s'est jointe à l'église de son quartier et s'y est rendue régulièrement, chose qu'elle n'avait jamais faite auparavant. Elle s'inscrivit à des cours de tennis dans un centre près de chez elle et se porta volontaire pour un service d'écoute téléphonique un soir par semaine. En aidant les autres, elle avait trouvé un moyen de s'aider elle-même et de se faire de nouveaux amis par la même occasion.

Que vous viviez seule par choix ou suite à toutes sortes de circonstances, vous pouvez en tirer profit. Il est plus facile d'y prendre plaisir si vous avez choisi votre solitude. Mais vous pouvez apprendre à aimer vivre seule même si vous savez que vous préféreriez vivre avec quelqu'un.

2. Les personnes qui vivent seules: le nombre augmente

Vivre seule devient de plus en plus un phénomène courant en Amérique. En 1980, plus de 18 millions de personnes vivaient seules, sans partenaires, sans époux, sans enfants, sans amis et sans famille; une augmentation de sept millions par rapport au recensement de 1970. 31 millions de maisonnées étaient dirigées par des célibataires en 1980.

Le dernier recensement disponible, en date de mars 1984, montre que le nombre de personnes vivant seules a augmenté de 19,9 millions, et que le nombre de familles monoparentales a dépassé 35 millions. On croit que les années 1990 verront autant de maisonnées dirigées par des célibataires, divorcées et veuves que par des gens mariés.

À ma propre clinique, presque la moitié de mes patientes vivent seules: jamais mariées, veuves, séparées ou divorcées. Plusieurs ont besoin d'aide pour apprendre à vivre avec leur solitude.

Évidemment le nombre de divorces à la hausse contribue de façon substantielle au nombre croissant de personnes vivant seules. Bien qu'il y ait moins de divorces depuis 1978, la proportion de gens divorcés comparée au nombre de gens mariés a plus que doublé entre 1970 et 1983.

Mais l'augmentation du nombre de personnes qui restent célibataires plus longtemps, ou qui ne se marient pas, est aussi un facteur important. L'âge moyen lors d'un premier mariage a augmenté d'un an pendant la période de huit ans de 1970 à 1978 et d'une autre année dans les cinq ans de 1978 à 1983, quand l'âge moyen était de 25,4 années chez les hommes et de 22,8 ans chez les femmes. Cinquante-six pour cent des femmes au début de la vingtaine, 25 pour cent des femmes à la fin de la vingtaine, et 13 pour cent des femmes au début de la trentaine n'avaient jamais été mariées.

Malgré l'augmentation dramatique du nombre de personnes vivant seules, il est de plus en plus évident que les gens mariés sont en meilleure santé physique et mentale que les gens non mariés; qu'ils sont plus heureux, moins susceptibles de se suicider, ou d'être hospitalisés pour maladie psychiatrique. Les gens mariés, spécialement les hommes, ont tendance à être plus heureux dans leur vie à la maison que les célibataires.

En général, le statut marital est un meilleur moyen de prédire la santé mentale des hommes que des femmes. Les femmes mariées et divorcées/séparées semblent montrer une plus grande incidence de dépressions que les hommes des mêmes catégories, tandis que parmi les gens jamais mariés et veufs, les hommes sont les plus déprimés.

Bien qu'il y ait des exceptions, les patients que je rencontre souffrant d'un récent divorce sont la plupart du temps des femmes. Comme les femmes comptent plus sur leurs relations pour acquérir un sens de valeur personnelle, perdre un époux ou un partenaire leur porte un dur coup.

Le taux de suicide et de mortalité dû à l'alcoolisme (cirrhose du foie) est plus élevé chez les personnes seules. La mort prématurée en général est aussi plus fréquente chez les gens jamais mariés, les séparés, les divorcés et les veuves que chez les gens mariés. Pour ce qui est des maladies cardio-vasculaires, cause principale de la mortalité chez les hommes et les femmes, le taux de mortalité chez les célibataires, les divorcés et les veufs est de deux à trois fois plus élevé que chez les hommes mariés. Il existe une tendance similaire chez les femmes, mais les différences sont moins marquées.

Les effets nocifs du divorce et de la désorganisation sociale sont clairement mis en évidence par le fait que l'État du Nevada avait le deuxième plus haut taux de mortalité aux États-Unis lorsque cet État était la capitale nationale du divorce. Il y a peu de doutes que le mariage soit un protecteur, spécialement pour les hommes. Mais, comme le fait remarquer Martin Hamburger, professeur et conseiller en éducation à l'Université de New York, «dans les études épidémiologiques du passé, les célibataires étaient considérés comme inadéquats dès le début. En ce temps-là, tous les gens qui étaient «quelqu'un» se mariaient. Si vous n'étiez pas marié, c'était parce que vous étiez isolé au point de vue émotionnel ou que vous étiez en mauvaise santé. Les célibataires étaient les laissés-pour-compte, ceux qui ne «pouvaient» pas se marier. Aujourd'hui, il existe une catégorie différente de célibataires: les personnes qui choisissent de rester célibataires et celles qui le sont temporairement, quand elles sont entre deux relations. Il est donc temps d'interroger les statistiques brutes en ce qui a trait à la santé mentale de la personne célibataire.»

Les commentaires du docteur Hamburger précisent que la majorité des études sur lesquelles sont basées les déductions à propos de la relation entre le statut marital et la santé mentale ont été menées avant 1960. La Compagnie métropolitaine d'assurance-vie a publié son dernier rapport sur ce sujet en 1957; cette compagnie ne recueille même plus les statistiques sur le statut marital sur les certificats de décès.

Il n'y a simplement aucun moyen de connaître la situation aujourd'hui. Des informations relativement récentes fournies par le Centre de statistiques sur la santé, comparant les services de santé utilisés avec le statut marital, indiquent que les gens qui n'ont jamais été mariés demandent moins au système médical, mais que les «anciens mariés» continuent de taxer fortement le système, plus que tous les autres groupes, ce qui suggère que la rupture du mariage semble avoir un effet désastreux sur la santé mentale et physique.

Bien que les vieilles statistiques dont nous disposons présentement soient très impressionnantes, et pourraient encourager les personnes préoccupées par leur santé à se précipiter tête première dans le mariage, certaines données statistiques, quelles qu'elles soient, restent évidentes.

Le mariage ne garantit pas la santé

Premièrement, même s'il existe des différences significatives dans les statistiques (plus grandes que si elles étaient dues à un simple hasard) les différences sont parfois très minimes. Les chiffres indiquent une moyenne au sein de groupes mais sont presque inutiles quand il s'agit de prédictions à propos de chaque individu. Et certaines variables ne sont pas considérées dans ces chiffres.

L'une des variables les plus importantes est le bonheur. Le mariage seul ne vous donne pas la chance d'être mieux adapté psychologiquement et en meilleure santé physique, mais encore il faut que ce soit un mariage heureux. Les gens aux prises avec un mauvais mariage sont dans une situation pire que les autres. Dans une étude conduite par le sociologue Walter Gove, de l'université Vanderbilt, auprès de 1 100 personnes en 1977, la santé mentale des individus ayant répondu qu'ils n'étaient pas tout à fait heureux ou pas heureux du tout maritalement était en plus mauvais état que celle des gens vivant seuls de toutes les catégories. Une autre enquêteuse, qui a interrogé plus de 5 000 personnes en 1971, révèle que «les gens insatisfaits de leur mariage sont dans un état mental plus pauvre que la plupart des célibataires des différents statuts». Elle s'est rendu compte que les gens dont le mariage est malheureux sont plus susceptibles que les autres gens mariés ou que les gens divorcés de la même race, du même sexe et du même âge approximatif, d'éprouver des troubles de santé autant physiques que psychologiques.

Il existe aussi une autre possibilité. Ce n'est peut-être pas seulement le mariage qui fait que les gens mariés ont généralement une meilleure santé mentale, mais le fait qu'ils sont habituellement mieux intégrés à la communauté que les célibataires. Les banlieues étant un environnement de couples, les célibataires qui y vivent éprouvent des difficultés particulières à établir et à maintenir un réseau social.

De plus, les études comparatives se sont surtout adressées au statut matrimonial et non au fait de vivre seul. Évidemment, beaucoup de veuves, de personnes divorcées ou séparées ne vivent pas seules; et beaucoup de célibataires vivent chez leurs parents ou avec leur famille.

Le docteur Gove et ses associés ont interrogé 2 000 personnes au hasard dans 48 États américains pour examiner la santé mentale relative de ceux qui vivent seuls. Selon leurs découvertes, les gens jamais mariés, divorcés, séparés ou veufs qui vivent seuls ne sont pas dans une meilleure ou pire situation que les gens de même statut vivant avec d'autres personnes. Ceux qui vivent seuls étaient constamment en meilleure position que les gens vivant avec d'autres, en ce qui a trait à l'irritation (il n'y a personne contre qui se fâcher), à l'amour-propre chez les veufs, au contrôle de leur vie chez les jamais mariés, et à la volonté de prendre des risques. Le docteur Gove conclut que «contrairement à ce que dit la littérature sur l'intégration sociale, vivre seul n'apparaît pas problématique».

Il semblerait, suite à cette étude, que les bénéfices de la vie familiale soient plus considérables pour ceux qui sont mariés (et, on présume, pour leurs enfants), et ne s'appliquent pas nécessairement aux autres adultes. La veuve qui vit avec ses enfants adultes et l'enfant adulte qui vit avec ses parents seraient peut-être mieux s'ils vivaient seuls; ils échapperaient ainsi aux demandes excessives des autres et au manque d'intimité propre à ce mode de vie.

Le docteur Gove, en examinant les découvertes relatives aux études du passé en épidémiologie, pense que le fait que l'intégration sociale (c'est-à-dire la vie avec les autres) réduise le nombre de suicides, de cas de cirrhose du foie, et d'hospitalisation en clinique de santé mentale, «n'est peut-être pas une conséquence d'une relation sociale plus intime, plus proche, ou plus chaleureuse, mais simplement une conséquence du contrôle social... Si les gens vivant seuls et les gens vivant avec d'autres ont les mêmes proportions de tentatives de suicide (et/ou de pensée de suicide), la même propension à trop boire, et la même incidence de détresse psychologique, les personnes qui vivent seules courent un plus grand risque de mourir ou d'être hospitalisées en psychiatrie, simplement parce qu'il n'y a personne pour intervenir avant que le problème n'atteigne un point critique.»

Bien que toutes les études majeures s'accordent pour affirmer que les divorcés, séparés, et les veufs sont plus souvent victimes de maladies mentales et physiques que les gens mariés, une étude qui sera bientôt publiée, concernant 97 patients hospitalisés pour dépression, montre que tous ceux qui font partie de toutes les catégories de gens non mariés se rétablissent mieux que ceux dont le mariage est encore intact. Les auteurs de l'étude ont conclu que «les facteurs qui prédisent l'incidence de la dépression ne sont peut-être pas les mêmes facteurs qui influencent le déroulement clinique et le pronostic».

Il existe des découvertes ambiguës sur l'incidence de détresse psychologique parmi les gens jamais mariés. Lors d'un sondage communautaire auprès de plus de 2 000 personnes des deux sexes jamais mariées, les célibataires étaient (mais seulement légèrement) mieux que les gens mariés au point de vue des symptômes psychiatriques. Dans le sondage de 1971 du Service de santé publique, les femmes et les hommes célibataires étaient en meilleure santé mentale que les gens mariés. Dans une autre étude antérieure, on a constaté que les femmes mariées étaient plus déprimées, moins heureuses, craignaient plus d'attraper des maladies, souffraient de plus de phobies, et avaient plus peur de la mort que les femmes jamais mariées.

Le travail: un remède à l'isolement

Quand le travail est pris en considération, d'autres faits émergent: les femmes qui travaillent sont moins dépressives que celles qui ne travaillent pas, qu'elles soient mariées ou non.

Selon une étude du docteur Denise Kandel, de l'Institut psychiatrique de l'État de New York, les femmes les moins déprimées sont celles qui travaillent et vivent avec quelqu'un. Les plus déprimées sont les femmes seules qui ne travaillent pas. Les femmes célibataires qui travaillent ont la même propension à la dépression que les femmes mariées qui ne travaillent pas.

Dans une étude britannique, aucune différence significative ne fut trouvée entre les femmes mariées et les femmes célibataires, mais les femmes qui avaient un emploi se portaient beaucoup mieux au point de vue de l'anxiété, des problèmes somatiques et de la dépression, que les femmes sans emploi. Ce rapport semble indiquer que le fait d'avoir un emploi est un meilleur indice du bien-être psychologique que le statut marital. Les auteurs notent que les études antérieures, démontrant constamment la relation entre le statut marital et les maladies mentales, précèdent les changements de définition des rôles sexuels des récentes années.

Une révision attentive des données peut amener à la conclusion que les statistiques peuvent prouver n'importe quoi, selon le parti pris de l'enquêteur. Il semble cependant y avoir une raison de croire que le mariage apporte une certaine protection à certaines personnes, spécialement aux hommes. Mais peut-être est-ce la perte et non l'absence d'une relation qui cause des problèmes.

La haute proportion de maladie parmi les séparées, les divorcées et les veuves, comparée aux personnes jamais mariées, soutient cette conclusion, comme le fait une récente étude menée chez les personnes de plus de 65 ans qui a démontré que celles qui avaient perdu un époux déclaraient avoir une moins bonne santé que les «vieux mariés». Au contraire, les jamais mariés de l'étude montraient une meilleure santé (tel qu'indiqué par le nombre de jours passés au lit et tel que révélé par les personnes interrogées) que les «vieux mariés».

Cela ne veut pas dire qu'il est préférable de n'avoir jamais été mariée. Je crois qu'il est mieux d'être mariée, pour autant que vous trouviez la bonne personne. Mais si vous vous mariez, vous courez le risque de vous trouver dans une pire situation plus tard si la relation est brisée par la mort ou le divorce, ou si vous n'êtes pas heureuse dans votre mariage.

3. Seule et bien dans sa peau

Pourquoi certaines personnes deviennent-elles déprimées, anxieuses et malades physiquement lorsqu'elles vivent seules, alors que d'autres se portent très bien? Il est relativement clair que la solitude cause plus de maladies et de tristesse, statistiquement, que la vie en commun. Mais encore, chez les gens qui vivent seuls, la proportion de ceux qui sont en santé est plus élevée que la proportion de ceux qui ne le sont pas. Comment font-ils?

Évidemment, il y a des moments où il est difficile de vivre seule, en particulier si la solitude résulte d'un divorce ou de la mort d'un membre de votre famille et n'est pas un choix que vous avez fait. Mais à moins que vous ne soyez aux prises avec un chagrin ou une situation de stress, je pense qu'il existe trois aspects généraux qui permettent de vivre seule tout en restant active et heureuse.

Premièrement, il y a le besoin de changer les aspects négatifs de la solitude en aspects positifs. Les célibataires qui vivent heureuses n'ont pas peur de passer du temps seules; en fait, elles l'apprécient pour leurs activités personnelles. Elles ont appris à reconnaître l'opportunité d'uti-

31

liser ce temps pour peindre, écrire, coudre, lire, ou jardiner sans devoir partager leur précieux espace personnel. J'ai une jeune cliente célibataire qui appelle affectueusement ce temps sont «temps-seule».

Deuxièmement, il y a le besoin d'établir un sentiment d'appartenance par l'entremise d'une association avec un groupe. Trop de solitude peut devenir une trop grande dose d'une bonne chose; vivre seule ne veut pas dire vivre en ermite. Nous profitons tous d'un sentiment de communauté, de savoir que nous appartenons à une famille, à une église, ou à un autre groupe très uni qui pourront nous aider quand nous en aurons besoin.

Et finalement, il y a le besoin de créer une relation intime avec au moins une autre personne. Pour la plupart des gens, la relation la plus intense, et la plus désirée, est celle que l'on a avec un époux ou un amant. Je ne vais pas suggérer que la relation intime remplace le besoin d'un compagnon, parce que l'intensité des sentiments et les aspects physiques ne sont pas les mêmes. Mais un lien personnel très fort avec au moins une autre personne vous donnera le sentiment que l'on a besoin de vous, d'être comprise, d'être appréciée pour vos propres qualités uniques, ce qui est essentiel à votre bien-être. L'autre personne peut être un ami, un parent, un mentor, ou une personne plus jeune qui a besoin d'être guidée.

En général, les trois moyens pour surmonter la solitude suivent une progression naturelle. Vous devez être à l'aise avec le fait d'être seule, en développant plus d'attitudes positives envers vous-même et en trouvant des activités que vous aimez faire seule, avant de commencer à établir un réseau d'amis occasionnels. Et quand vous serez confortable avec ce genre de relation, vous serez prête à développer une plus grande intimité avec une autre personne.

Le docteur Robert Weiss, du M.I.T., un sociologue qui étudie la solitude depuis les années 1960, ajoute que les deux genres d'attachement de - groupe et intime - sont essentiels et que l'un ne peut remplacer l'autre. Le docteur Weiss caractérise l'absence d'un attachement affectif intime comme «la solitude de l'isolement émotionnel» et l'absence d'un réseau social comme «l'isolement social». Il compare l'isolement émotionnel à la terreur du petit enfant qui se sent abandonné par ses parents et l'isolement social à l'ennui qu'éprouve l'enfant dont les amis sont partis.

En cherchant un remède à la solitude, le docteur Weiss signale qu'il est nécessaire de fournir l'élément manquant, qu'on ne peut substituer l'un à l'autre. Il cite une étude pilote menée auprès de couples dans la région de Boston, montrant que les épouses souffraient des «bleus des nouvelles arrivées», sentiment que leurs maris ne pouvaient atténuer même s'ils étaient très proches. Les maris, très pris par le réseau social créé par leur emploi, ne ressentaient pas la détresse de leurs épouses.

Le docteur Weiss considère que le sentiment d'isolement est bien distinct de la dépression. «Dans l'isolement il y a le désir intense de se débarrasser de sa détresse en s'intégrant à une relation ou en retrouvant une relation perdue; il y a cependant dans la dépression un abandon. Les esseulées sont poussées à trouver d'autres gens, et quand elles trouvent les autres personnes appropriées, elles changent et ne sont plus esseulées.»

Tous ne sont cependant pas d'accord avec cette distinction; en fait, la plupart des chercheurs semblent croire que la solitude peut être en même temps la cause et le résultat de la dépression. D'autre part, il est possible d'être déprimée sans être solitaire. J'ai constaté chez ma propre clientèle que l'état de solitude, même s'il est transitoire, est en lui-même déprimant. Être seule n'est pas déprimant, la solitude peut être enrichissante; mais être esseulée mène toujours à un degré de dépression déterminé par la durée et l'intensité de l'isolement.

Les hommes et les femmes qui vivent seuls mais qui sont actifs et heureux acceptent non seulement leur solitude mais l'apprécient; ils ont créé des liens avec d'autres personnes par des relations individuelles et par une association avec des groupes.

Le savoir-faire social est essentiel

Il est parfois difficile d'établir des rapports avec les autres par manque de manières sociales ou parce que les gens croient que vous n'en avez pas. Les gens qui deviennent esseulés sont ceux qui sont mal à l'aise socialement, sont méfiants vis-à-vis de leur entourage et ont du mal à converser, ont conclu les chercheurs de l'université de Tulsa. Des films-vidéo d'étudiants se décrivant comme solitaires montrent que, comparés à ceux qui ne le sont pas, les étudiants solitaires posent moins de questions, changent souvent de sujet, et parlent plus d'eux-mêmes. Le manque de réaction face aux communications des autres les amène à être rejetés, ce qui leur donne en retour le sentiment qu'ils le seront encore à l'avenir. Le docteur Warren Jones et ses associés sont convaincus qu'un entraînement en manières sociales aiderait à atténuer la solitude, étant donné que le manque d'habileté adéquate pour converser semble causer ou maintenir l'isolement social. (Si vous pensez qu'un manque de manières sociales contribue à votre solitude, mon livre *Overcoming Shyness* [New York: McGraw-Hill, 1979] pourrait vous aider.)

Certaines personnes esseulées «écrasent les autres avec leur empressement». C'est l'une des conclusions tirées d'un sondage effectué auprès de plus de 30 000 personnes visant à déterminer pourquoi certains deviennent solitaires. Les chercheurs de l'université de Denver appellent ces individus des «accrocheurs»; ils complimentent les autres, affichent un faux enthousiasme, et s'efforcent de façon poussée de se rendre utiles. Il n'est pas surprenant qu'ils soient constamment rejetés.

D'autres personnes solitaires, les «esquiveurs», semblent délibérément rejeter l'intimité plutôt que de la rechercher inutilement. Ils semblent distants et froids envers les autres et montrent une apparence amicale qui disparaît très vite lorsqu'on les approche.

Il est évident que si vous manquez de manières sociales, ou que vous pensiez en manquer, vous devrez travailler plus fort pour établir des liens affectifs, essentiels à votre bonheur avec les autres. Mais il est important de réaliser que c'est l'isolement social et non le fait de vivre seule qui entraîne les difficultés physiques et émotionnelles.

Pour certaines, vivre seule veut dire une seule chose: être isolée. En effet, pour elles, solitude est synonyme d'esseulement.

L'inverse de cette hypothèse a récemment été illustré par une de mes jeunes patientes, aux prises avec un mauvais mariage, qui avait lu un article dans un magazine sur les avantages et désavantages de vivre seule. «Même les désavantages me semblaient des avantages, me déclarait-elle. Je ne pouvais trouver un seul aspect de vivre seule, à ce moment-ci de ma vie, auquel je n'aspirais pas.»

Mais beaucoup de personnes ne voient que des aspects négatifs au fait de vivre seules. Pour elles, cela veut dire qu'on ne veut pas d'elles, qu'on les rejette, et elles se sentent abattues. Les personnes qui pensent de cette façon sont comme celles qui voient toujours un verre rempli à moitié comme étant à moitié vide. C'est une question de perspective, une question d'accentuation et de concentration.

Supposons, par exemple, que vous ayez un mal de tête. Si la douleur est assez grande, vous devrez vous en occuper, prendre un comprimé ou deux, vous allonger pour une heure, ou songer à changer vos lunettes. Mais peut-être que le mal n'est pas insupportable ou près de l'être, ou possiblement, vous avez déjà fait tout ce que vous pouviez pour le moment. Dans ce cas, il ne sert à rien de vous concentrer sur la douleur. Il serait préférable de porter votre attention sur autre chose: un livre, une idée, une émission de télévision, de la musique ou une partie de tennis. Ce faisant, vous oublierez votre mal de tête.

Ce genre d'attention sélective se produit si fréquemment que vous en avez sûrement déjà fait l'expérience. Vous êtes si concentrée sur votre lecture, ou si occupée à résoudre un casse-tête que vous avez oublié votre entourage ou les problèmes qui vous préoccupaient. Certaines personnes (pas toutes) peuvent lire, écrire ou étudier en écoutant de la musique ou la télévision et ne jamais être dérangées ou même porter attention aux sons.

Apprenez à chasser vos pensées négatives

Les personnes qui souffrent de phobies, de peurs et d'autres problèmes psychologiques ont l'habitude de se concentrer sur leurs difficultés. Des semaines avant de prendre l'avion, une femme qui a peur de voler se dira: «Comment ferai-je pour prendre l'avion? Que ferai-je si j'ai une attaque d'anxiété? Et si le voyage était perturbé?» Une personne qui a peur de s'exprimer en public créera un crescendo d'appréhensions des semaines avant la date de présentation.

En travaillant avec des patientes affligées de telles peurs, je leur apprends d'abord à arrêter ces pensées négatives.

Habituellement le traitement comporte une démonstration en quatre étapes. Premièrement je demande à la patiente de concentrer son attention sur une pensée négative («Je ne peux pas le faire»; «Tout le monde rira de moi»; «Je ferai une folle de moi en public»). À ce point, je crie «Arrêtez!» À l'étonnement de la patiente, cette action fait disparaître la pensée négative.

Ensuite je lui demande de fixer son attention encore une fois sur une pensée négative et cette fois de crier «Arrête» elle-même. Encore une fois, la pensée négative s'envole.

Ensuite je lui demande de chasser la pensée négative en criant, mentalement cette fois, «Arrête» et de frapper la paume de sa main avec l'ongle de son doigt.

Finalement, je lui demande de choisir une image positive après avoir chassé la pensée négative. Si l'inquiétude concerne un vol en avion, je lui suggère de se concentrer sur le plaisir qu'elle aura à visiter un nouvel endroit ou au bronzage qu'une semaine au soleil lui procurera.

Je lui suggère aussi, en situation phobique, de se concentrer sur quelque chose en dehors d'elle-même. Une de mes patientes qui avait si peur des oiseaux qu'elle évitait tous les parcs publics où se rassemblaient les pigeons (et constatait que cela nuisait considérablement à ses voyages, surtout en Europe) commença à surmonter sa peur en portant son attention sur les édifices entourant la place publique plutôt que sur les pigeons. Elle étudiait les textures et l'architecture et, de ce fait, développa une nouvelle façon d'apprécier les endroits qu'elle visitait.

La même approche peut vous aider à surmonter votre solitude.

Bien entendu il serait idiot de suggérer qu'une personne solitaire se débarrasse de toute pensée d'isolement. D'abord, il n'est pas si facile d'y arriver. Ensuite, vous devez faire face à votre solitude pour pouvoir la régler. Il est essentiel de vous laisser éprouver des sentiments. Et il est nécessaire de penser d'une façon constructive pour vous en sortir.

Mais beaucoup de pensées non constructives et même obsessives, à l'idée de vivre seule, contribuent non pas à atténuer vos souffrances mais à les rendre pires. Voici quelques exemples:

«Je ne peux supporter l'idée de rentrer dans cette maison vide encore une fois.»

«Si je n'étais pas une perdante, je ne serais pas dans une telle situation.»

«Je ne me sens pas si mal aujourd'hui, mais je suis sûre que demain je vais encore être déprimée.»

«Les choses ne s'arrangeront jamais.»

«Je devrai toujours vivre seule.»

La plupart des gens font l'erreur de croire qu'ils n'ont aucun contrôle sur leurs pensées. Ceci est tout à fait faux, comme la nouvelle école de thérapie cognitive l'a définitivement prouvé. En suivant l'exemple du psychiatre Aaron Beck, les thérapeutes de la pensée ont connu un succès considérable dans le traitement d'une variété de problèmes psychologiques, y compris la dépression, en aidant les patientes à reprogrammer leurs pensées.

Les pensées négatives ne se créent pas d'elles-mêmes, en tout cas pas initialement. Vous écrivez vous-même vos scénarios. Il va donc sans dire que vous pouvez les réécrire.

Pour ce qui est de vivre seule, si vous vous concentrez seulement sur le côté négatif, et que vous vous répétez constamment combien vous êtes esseulée, combien vous détestez manger seule, et combien il vous est déplaisant de rentrer à la maison où personne ne vous attend, vous souffrirez définitivement de votre solitude.

Concentrez-vous sur le positif

Si, par contre, vous vous concentrez sur les aspects positifs existants, et sur ceux que vous pouvez développer, vous verrez votre perspective émotionnelle s'améliorer pour devenir meilleure immédiatement. Vous n'avez pas à croire que vivre seule est le mode de vie idéal pour vous; il y a un risque que cela ne le soit pas. Mais comme vous êtes seule, pour le moment du moins, il est mieux pour vous de considérer le côté positif.

Je vous suggère, avant de commencer ce processus, de vous asseoir sur une chaise confortable, de respirer profondément pendant quelques minutes et de relaxer les différents muscles de votre corps, en commençant par vos orteils et en montant graduellement. Tendez chaque groupe de muscles lentement, sentez la tension, et relaxez. Le procédé devrait prendre dix minutes au total.

Une fois physiquement relaxée, imaginez-vous dans un endroit tranquille, très serein, imaginaire ou réel. Concentrez-vous seulement sur cette image pour quelques minutes et laissez le sentiment de relaxation envelopper votre esprit et votre corps. Ensuite, quand vous vous sentirez tout à fait relaxée, ne vous dites que des images et des pensées positives au sujet de vivre seule pénétreront votre esprit.

Au début vous vous retrouverez peut-être en train de dresser mentalement la liste des avantages de vivre seule. C'est un pas dans la bonne direction; vous commencez au moins à penser de façon positive. L'exercice sera cependant plus bénéfique si vous pouvez vous relaxer plus profondément et laisser les pensées et les images positives entrer spontanément dans votre esprit.

Les possibilités qui se présenteront à vous pourraient vous surprendre. Vous pourriez vous voir assise devant une machine à écrire, vous voir composer un poème tout en écoutant une symphonie; le processus artistique exige de la solitude. Vous pourriez vous voir en train de peindre des rayures mauves sur le mur de votre salon; vos goûts en matière de décoration n'appartiennent qu'à vous. Vous pourriez vous imaginer dormir jusqu'à 11 heures et prendre un brunch du dimanche en toute quiétude; après tout, votre temps vous appartient. Vous pourriez vous voir recevoir des invités distingués, choisis par vous naturellement, sans interférence de la part des autres.

Une autre façon de créer des pensées positives est la technique employée par ceux qui doivent trouver une solution à des problèmes, le «brainstorming». Cette technique consiste habituellement en une discussion rapide avec plusieurs personnes, mais elle peut aussi être accomplie seule. L'objectif est d'arriver à trouver toutes les idées possibles auxquelles vous pouvez penser et de le faire rapidement sans évaluer les alternatives d'aucune façon. Même si une idée est absolument ridicule, incluez-la à ce point-ci et écrivez-la avec les autres. Plus tard, lorsque vous aurez fini votre session de «brainstorming», vous pourrez évaluer les possibilités et rejeter celles qui n'offrent rien de prometteur.

Je pense que vous constaterez que la majorité de vos suggestions tomberont dans trois catégories que j'ai déjà mentionnées: apprendre à aimer vivre seule, apprécier les bénéfices de faire partie d'un groupe, et établir des relations intimes.

Au fur et à mesure que vous lirez ce livre, vous trouverez plus de possibilités de satisfaire ces besoins de base.

Deuxième partie

Comment changer l'esseulement en solitude

1. L'isolement: partie intégrante de la vie

L'isolement occasionnel fait partie de la vie. Il y a des moments où nous nous retrouvons seule, même si nous préférerions être avec quelqu'un. Il est alors naturel de se sentir abandonnée, de vouloir aller vers quelqu'un, mais il n'y a personne autour de nous. De ce fait nous nous sentons esseulée. Un isolement sérieux, d'une durée de quelques mois ou plus, se présente le plus souvent à la suite d'un changement majeur qui dérange le cours normal de votre mode de vie et transforme la relation que vous vivez. La fin d'une histoire d'amour, une séparation ou un divorce, la perte d'un ami intime, ou un départ pour une ville lointaine sont les causes les plus fréquentes. L'isolement dans ces cas-ci résulte de la perte d'un amour, d'un compagnon et de la routine à laquelle vous êtes habituée. Pour le moment il ne reste qu'un espace vide là où il y avait quelqu'un auparavant, ce qui amène un sentiment d'isolement.

Un changement d'emploi, même s'il implique une promotion, peut aussi causer les impressions de confusion et de non-appartenance qui font que vous vous sentez isolée. En fait, ces sentiments peuvent être ressentis à la suite de n'importe quelle période de transition dans votre vie.

William Bridges, un psychologue qui dirige des séminaires de transition, indique que chaque transition comporte une fin, suivie d'une période de confusion et de détresse et finalement d'un nouveau départ. Selon le docteur Bridges, les personnes qui choisissent la transition (comme celles qui intentent un divorce) minimisent habituellement la douleur de la cessation d'une relation, «presque comme si admettre la douleur de mettre fin à la relation signifiait que c'est une erreur de le faire». Celles qui ne choisissent pas la transition sont plus susceptibles de nier l'importance d'un nouveau départ. Les deux groupes, cependant, ressentent de la douleur durant la période entre deux relations.

Même les changements qui semblent être pour le mieux, comme le mariage ou un nouvel emploi très désiré, comportent un sentiment de perte. Les habitudes doivent être changées, un entourage familier abandonné, des amis ou des collègues doivent être laissés derrière soi, créant des sentiments de désorganisation et d'isolement. Si tel est le cas, et ça l'est, il est évident que la fin d'un mariage ou d'une histoire d'amour, ou encore la perte d'un parent ou d'un ami intime, ne peut être que traumatisante.

La perte la plus absolue

Considérons, pour commencer, la perte la plus absolue, la mort d'un époux.

Erich Lindemann a été le premier à décrire la symptomatologie du chagrin en 1944 dans le *American Journal of Psychiatry*. Comme vous le savez si vous avez déjà perdu un époux ou un membre de votre famille, la personne éprouvée ressent des moments de détresse physique, incluant un «sentiment d'étouffement, d'avoir la gorge serrée, d'avoir besoin de soupirer, une impression de vide au ventre, un manque de force musculaire, et une intense détresse subjective décrite comme étant de la tension ou de la douleur mentale».

Ces sensations durent de vingt minutes à une heure à chaque fois et se manifestent à la simple mention du nom de la personne décédée ou lors des témoignages de sympathie. Afin d'éviter ces symptômes, la personne affectée peut résister aux pensées qui les provoquent.

Une légère impression d'irréalité et une sensation de distance émotionnelle vis-à-vis des autres sont des réactions courantes, comme l'est un sentiment intense de culpabilité. Très souvent, la personne affectée se sent déraisonnablement irritable et hostile envers les autres. On constate aussi une activité fébrile, accompagnée de l'incapacité totale de prendre des décisions.

Il semble que tout sens de la vie quotidienne ait été perdu.

Les efforts faits pour éviter ces sentiments de douleur, aussi compréhensibles qu'ils soient, entravent la période d'ajustement nécessaire pour retrouver un certain degré de normalité, essentiel à la formation de nouvelles relations. Il arrive parfois que le chagrin soit refoulé pendant des semaines, des mois, voire des années, et qu'une autre perte, moins importante cette fois, le ramène à la surface.

On constate chez certaines personnes une attitude tout à fait opposée à celle anticipée: elles montrent une plus grande activité, sont plus aventureuses, et plus expansives, en fait, elles semblent être en pleine euphorie. D'autres développent les symptômes de la personne décédée. D'autres encore montrent leur douleur par des problèmes psychosomatiques comme la colite ulcéreuse, l'arthrite rhumatismale ou l'asthme. Plusieurs s'éloignent des contacts sociaux, se sentent irritables, désintéressées et exigeantes.

Surmonter un chagrin peut prendre du temps

La période habituellement requise pour surmonter un chagrin peut durer des semaines, des mois ou des années. Essayer d'éviter la douleur ne peut que prolonger le mal; vous devrez éventuellement affronter les souvenirs douloureux. Cependant la première phase est le refus d'admettre la peine et l'état de choc. Line C. décrit cette période initiale: «Lorsque la douleur me saisissait, je me promenais dans un état hébété. Je m'en suis vite rendu compte. C'était comme si les sensations me revenaient nerf par nerf, et cinq mois après la mort de Martin, j'étais une épave tremblante... Mais jusqu'à ce moment-là je passais mes journées comme un robot... Une fois que ce brouillard protecteur s'est dissipé, la vie m'a paru vraiment terrifiante. J'étais consumée par ma peine, les larmes que je ne versais pas m'étouffaient, j'étais écrasée par la responsabilité d'élever seule mes deux enfants, j'étais presque immobilisée par la douleur insupportable de réaliser que j'étais toute seule. Ma douleur psychique était telle que même mettre une brassée de vêtements dans la lessiveuse, sortir l'aspirateur, préparer une liste d'épicerie, en somme toutes les tâches routinières de la maison me paraissaient des travaux herculéens.» Madame C. déclare que la pire décision qu'elle ait prise a été de partir avec ses deux enfants pour se rapprocher de sa famille dans l'espoir de chasser sa solitude. Bien que ses collègues et ses amis lui aient déconseillé ce déménagement, elle continuait d'insister que tout était sous contrôle. Mais elle a bientôt dû se rendre à l'évidence qu'elle se privait ainsi de son entourage familier et devait faire un long trajet. Un an plus tard, elle a dû revenir.

Tout comme Line C., Paul a perdu sa compagne à cause d'un cancer. Après presque 25 ans de mariage, il ne pouvait supporter la solitude qu'il ressentait. Sans se laisser de temps pour surmonter sa peine, il a commencé à chercher une remplaçante à Catherine, et en trouva une, jolie divorcée mère de deux enfants. «Il parlait constamment de Catherine pendant la première année, déclare sa nouvelle femme. J'ai essayé d'être sympathique, mais j'en avais assez d'entendre parler d'elle. Il est dur de succéder à une sainte. Les gens divorcés ont des souvenirs tellement différents de ceux qui sont veufs. Paul ne peut pas comprendre la colère que j'éprouve à l'endroit de mon ex-mari. J'essaie de ne pas en parler, mais nous sommes mariés depuis trois ans et il parle encore de Catherine. Il m'appelle parfois par son nom.»

Rachel est devenue veuve alors qu'elle était jeune et que son mariage était encore récent. Son mari a été abattu par un tireur moins de 24 heures après leur mariage; Rachel avait 24 ans. Ils s'étaient rencontrés quelques mois auparavant, s'étaient aimés immédiatement, et avaient vécu ensemble brièvement avant de se marier. «Nous avons su immédiatement que nous étions faits l'un pour l'autre, dit-elle, et je croyais, quand nous nous sommes mariés, que nous serions toujours ensemble. Le jour suivant, c'était comme si Dieu m'avait dit: «Désolé, petite, c'est tout ce que tu reçois.»

Six ans plus tard, Rachel a finalement accepté ce qui s'est passé, mais en ressent toujours la douleur. «J'étais bonne à enfermer à ce moment-là, déclare-t-elle. Vivant loin de ma famille, je ne savais pas vers qui me tourner. Pendant un mois je n'ai pas mangé, bu ni dormi. Je ne faisais que trembler. Je ne pouvais pas parler à mes amis lorsqu'ils venaient prendre de mes nouvelles. J'errais pendant des heures pour me retrouver à des kilomètres de chez moi sans savoir comment j'y étais arrivée. Ma mère voulait venir me retrouver, mais mon père était très malade à ce moment-là et elle ne pouvait pas le laisser seul. Ils voulaient que je revienne à la maison, mais je ne pouvais pas car je n'avais pas encore accepté la mort de mon mari; je ne pouvais pas partir et le laisser là-bas. J'ai dû quitter mon emploi: je n'arrivais pas à travailler. J'ai perdu vingt livres.»

Ses amis s'inquiétaient mais croyaient qu'ils n'avaient pas «l'autorité d'une mère» pour insister pour qu'elle demande de l'aide. Finalement, l'une de ses amies l'a amenée chez un médecin. Il lui prescrivit des Valiums et lui dit de recommencer à manger. «Je l'ai fait, dit-elle. Mais je ne pouvais toujours pas travailler. Je lisais, je marchais et j'allais à la plage. Je savais que j'avais besoin d'aide mais je ne savais pas quel genre. Je suis allée à un centre de dépannage mais le psychologue de service était un incompétent et je n'y suis pas retournée. Mon âme brûlait; j'avais besoin d'aide spirituelle. J'ai refusé de parler pendant longtemps. Finalement, neuf mois plus tard, je suis rentrée chez mes parents pour voir mon père avant qu'il meure, et j'ai trouvé un psychiatre très doux et très tendre qui m'a aidée à parler. Mais ma plus grande aide, je l'ai tirée de ma spiritualité. Je ne vais pas régulièrement à l'église, mais je prie et je médite tous les jours.»

Bien qu'il ait fallu six ans pour que la blessure se referme, Rachel se dirige maintenant vers un doctorat en biochimie. «J'étais dans une abysse et j'en suis sortie, dit-elle. Il est possible de le faire; vous n'avez qu'à passer à travers la partie pénible. Après, il ne s'agit que de trouver ce qui ramènera un rayon d'espoir, une motivation, cette petite étincelle d'inspiration. Pour ma part, cela a été de me porter volontaire à l'hôpital et de retourner aux études. Maintenant j'ai de nouveau un but dans la vie.»

La mort d'un parent peut aussi être traumatisante, même pour une personne mariée, heureuse et donc protégée contre la solitude qu'occasionne la mort d'un époux.

Jo, une jeune femme dans la vingtaine, est venue me voir plusieurs mois après la mort de sa mère. Elle ressentait des douleurs si sévères à l'estomac qu'elle avait dû s'absenter de son travail plusieurs fois la semaine précédente. Sa mère était morte d'une maladie respiratoire qui l'affectait depuis plusieurs années. Malgré tout, la mère de Jo avait été pour elle une source d'amour et de support. Elles se voyaient tous les jours ou du moins se parlaient au téléphone à son retour du travail. Comme son mari rentrait à la maison considérablement plus tard, Jo se sentait extrêmement seule en ces débuts de soirée, privée de ses conversations habituelles avec sa mère.

Au moment où elle est venue me consulter, Jo m'a révélé ne pas pouvoir parler de sa mère sans pleurer et ne pas pouvoir regarder de photos de famille. Se rendre à l'église où avait eu lieu le service funèbre ou entendre parler d'une personne décédée la rendait intensément inconfortable. Elle était envahie de souvenirs malheureux et souffrait d'une grande douleur à l'estomac.

Graduellement, Jo s'est mise à parler de sa mère, de ses souvenirs d'enfance, des quelques derniers jours de sa mère, de sa mort et des funérailles. Suivant ma suggestion, elle a apporté des photos que nous avons regardées ensemble.

Après quelques semaines, ses douleurs à l'estomac ont commencé à disparaître. Son sentiment d'isolement s'est peu à peu dissipé pour faire place à une appréciation de ce temps bien à elle avant l'arrivée de son mari. De temps à autre, elle allait magasiner ou prendre un verre avec une amie du bureau, choses qu'elle n'avait jamais faites auparavant.

Il est évident qu'une période de chagrin suivra la mort d'un époux, d'un parent ou d'un autre membre intime de la famille. L'étendue de la douleur est directement reliée à la profondeur des sentiments, mais parfois une peine profonde est ressentie même si la relation n'était pas satisfaisante, spécialement quand un enfant ou un jeune adulte perd un parent.

Il n'est pas toujours évident qu'une période de chagrin aussi intense suivra une séparation, un divorce, ou la rupture d'une relation amoureuse.

La douleur de la séparation et du divorce

Bien qu'il soit plus facile de faire face à l'irrévocabilité de la mort que d'affronter les sentiments d'ambivalence ressentis lors d'une séparation, on ressent presque toujours un très fort sentiment de perte.

Devenir tout à coup la moitié du couple que vous étiez vous affecte durement; non seulement avez-vous perdu un être cher, mais encore toute la camaraderie et le contact sexuel que cela comporte; il arrive souvent que vous perdiez aussi des amis et des parents en même temps. Vous devez alors vous habituer à un nouveau mode de vie, et possiblement à une situation financière moins favorable.

La première étape à franchir consiste à reconnaître et à admettre la perte de l'être cher. Même si vous avez vous-même entrepris les démarches en vue d'une séparation, vous créez un changement majeur dans votre vie et en ressentez aussi les effets négatifs. Que vous désiriez la séparation ou non, vous réagirez de la même façon que devant la mort, soit par un état de choc, ou par le refus d'admettre la séparation.

«Je ne peux pas croire ce qui m'arrive»; «Peut-être que c'est un cauchemar et que je vais me réveiller»; «Il va changer d'idée et me revenir» sont des sentiments souvent ressentis durant une telle période. Selon l'intensité des sentiments éprouvés pour l'autre personne, la période de dénégation peut durer des semaines, voire des mois.

Cette attitude est normale au début. Mais tôt ou tard, cette espèce d'engourdissement se dissipe et vous devez affronter les sentiments de dépression et d'isolement que vous éprouvez. Il ne s'agit pas simplement de refouler ou de rationaliser ces sentiments; vous devez accepter la mort de la relation et en porter le deuil. Après tout, la perte d'un amour est probablement la pire expérience que peut subir l'être humain.

Mais, au fur et à mesure que le temps passe, vous vous en remettrez, bien qu'il y ait des jours où il vous sera difficile de vous en convaincre.

Il est normal de ressentir de la fatigue, d'être anxieuse, de manquer d'intérêt pour vos activités habituelles ou même d'être déprimée durant la période de deuil, que ce soit à la suite de la mort d'un être cher, d'une séparation ou d'un divorce. Il est normal aussi de ressentir de la culpabilité et de vous demander ce que vous auriez pu faire pour changer la situation.

France avait nié l'infidélité de son mari pendant plusieurs années avant qu'il ne l'abandonne pour une femme plus jeune. (France avait cinquante-cinq ans à ce moment-là.) Elle ne s'intéressait plus à rien et pleurait continuellement lorsqu'elle est venue me consulter.

Elle ressassait continuellement l'historique de son mariage, qui avait duré trente ans, tout en se rappelant les moments heureux passés avec son mari, et en se demandant ce qu'elle avait pu faire pour causer la rupture. Finalement, après plusieurs mois, France pouvait enfin cesser de se blâmer et exprimer la colère qu'elle éprouvait à l'endroit de son mari; il l'avait abandonnée comme on jette un objet devenu inutile. «Je ne pourrai plus jamais faire confiance à un homme; je lui faisais entièrement confiance et il m'a trompée.»

Son mari et sa famille prenant tout son temps, France ne s'était jamais fait beaucoup d'amis et se retrouvait sans la compagnie à laquelle elle était habituée. Elle a dû apprendre à apprécier les moments passés seule et forger de nouvelles amitiés afin de se rebâtir une vie plus agréable. Elle avait enfin réalisé que son mariage était bel et bien fini et qu'elle faisait face à un nouveau départ.

Maurice, âgé de trente ans, avait toujours adoré sa femme et lui avait toujours donné le meilleur de lui-même; aussi a-t-il ressenti un choc quand elle l'a laissé après deux ans de mariage. Il s'était toujours privé afin de pouvoir lui procurer tout ce qu'elle désirait et ne se plaignait jamais. Fidèle à lui-même, il a emménagé dans un meublé pour l'accommoder, et lui a laissé la maison même si elle lui appartenait depuis bien avant leur mariage. Il lui a aussi laissé la voiture, après s'être acheté une bicyclette pour ses propres déplacements.

Tout comme France, Maurice se sentait responsable de la rupture de son mariage et se demandait comment il aurait pu être plus généreux, montrer plus de compréhension et plus d'attention. Éventuellement Maurice a réussi à ressentir de la colère et à cesser de se blâmer pour l'échec de son mariage. Bien qu'il se soit senti terriblement esseulé, plusieurs mois se sont écoulés avant que Maurice ne recommence à fréquenter d'autres femmes. Blessé au plus profond de son âme, il lui fallait récupérer en privé, et l'énergie requise pour développer une autre relation lui faisait défaut. Bien qu'il ait perdu confiance en lui-même, Maurice a tout de même fini par se rétablir.

Gaétane, elle, a entamé des procédures de divorce après les séances de thérapie conjugale qu'elle et son mari avaient suivies sans résultat. La police avait dû intervenir à plusieurs reprises à cause des problèmes d'alcool et de drogue de Robert, et Gaétane n'avait jamais pu récupérer l'argent qu'il lui avait emprunté. Toutes les promesses que Robert lui avait faites étaient restées lettre morte et quatre ans après leur mariage il ne contribuait toujours pas aux dépenses. Il dépendait beaucoup de Gaétane et manquait de maturité.

Malgré les menaces de suicide que lui faisait Robert, Gaétane demanda le divorce. Ils continuèrent de se voir même une fois divorcés mais Gaétane se sentait anxieuse, déprimée et avait peur la plupart du temps. Pendant des mois après le divorce, elle a ressenti une certaine ambivalence à propos de sa décision; intellectuellement, elle savait avoir pris la bonne décision, mais elle ne pouvait s'empêcher de pleurer et d'être déprimée de temps en temps. Un an a passé avant que Gaétane puisse se sentir bien dans sa peau.

Après trois ans de vie commune, le compagnon de Renée, un jeune publicitaire ambitieux, l'a quittée parce qu'il ne pouvait pas se consacrer à une relation à long terme. Renée, une musicienne chevronnée, avait cru qu'ils se marieraient et fonderaient une famille; le choc de la séparation lui assena un dur coup.

Malheureusement, Renée n'avait pas le courage de faire face à cette situation et disait à tout le monde qu'elle et Benoît avaient pris cette décision d'un commun accord; l'attitude matérialiste de Benoît nuisait à la nature artistique de Renée. Elle se lança corps et âme dans la décoration de son nouvel appartement pour oublier sa peine. Renée continuait de maintenir qu'elle était tout à fait heureuse même si elle souffrait de gastrite et buvait fréquemment; elle refusait d'affronter le sentiment pénible d'avoir perdu la personne la plus importante de sa vie, même plusieurs mois après la séparation.

Ressentez votre douleur. Tant que vous éviterez de ressentir votre douleur, il vous sera impossible de procéder à la prochaine étape vers votre guérison, soit la création de nouvelles relations. Bien que des relations amoureuses formées dans de telles circonstances puissent vous aider, vous ne devriez pas prendre de décisions aussi importantes concernant votre avenir lorsque vous êtes aussi vulnérable. La personne qui vous semble aujourd'hui le parfait époux peut tôt ou tard se révéler un simple antidote à votre solitude. Si vous êtes récemment divorcée, séparée ou veuve, si vous avez rompu une affaire de coeur, vous savez combien est forte la douleur de la séparation. Et si vous êtes partie dans une autre ville ou avez changé d'école, vous connaissez cette impression de déplacement. La majorité des personnes ainsi affectées se remettent éventuellement et réussissent à établir de nouveaux liens affectifs, lorsqu'elles sont prêtes pour un tel changement.

Pour certaines, l'isolement est une situation chronique

Pour certaines personnes, l'isolement est une situation chronique; il n'est pas le résultat d'une séparation, d'un divorce ou de la mort d'un conjoint. Ces personnes manquent de manières sociales, sont excessivement timides et ont si peu confiance en elles-mêmes qu'elles croient que personne ne pourrait les aimer. À l'instar de la poétesse Emily Dickinson, les personnes chroniquement seules auraient pu écrire: «Voici ma lettre ouverte au Monde qui, lui, ne m'a jamais écrit.» Bien que plusieurs d'entres elles recherchent frénétiquement un mari, elles n'arrivent pas à établir de relations.

Alberte, âgée de trente-cinq ans, est l'une d'entre elles. Elle se rendait régulièrement à des réunions pour célibataires même si elle n'aimait pas cela; son seul but dans la vie était de se marier. Son travail de secrétaire ne lui apportait aucun plaisir; elle ne travaillait que par nécessité et refusait de prendre des cours en vue d'obtenir un meilleur emploi.

Très jolie, les hommes l'invitaient souvent à sortir, mais son intense désir de se marier avec le premier venu les éloignait.

D'autres personnes se retrouvent seules à cause de leur trop grande concentration sur leur carrière; ces gens ne pensent qu'à l'argent, à leurs accomplissements, à leurs mérites et à leur réputation, au détriment d'une relation affective. Même si, à certains moments de la vie, il est important de songer à votre carrière, vous vous devez d'établir un équilibre entre les deux afin de ne pas nuire à votre bonheur. Il est possible que cette intense concentration sur votre carrière soit le résultat de votre solitude.

«Je gagne tellement d'argent que je fais peur aux hommes, dit Mimi, âgée de trente-deux ans. Je n'ai jamais voulu que ma réussite soit telle qu'elle nuise à mon éventuel mariage. Je me retrouve seule parce que j'ai réussi ma carrière.»

Le succès peut poser un réel problème pour les femmes qui désirent une carrière; bien souvent elles doivent réviser ce qu'elles espèrent de leur conjoint. En général, les hommes ne sont pas attirés par les femmes de caractère, et le fait que notre culture s'attende à ce que l'homme soit le plus fort et ait plus de succès dans le couple cause un grand dilemme à la femme de carrière.

Contrairement à Alberte et Mimi, plusieurs femmes ont déjà été mariées ou ont vécu une relation avec un compagnon de vie, ont connu un échec et ont maintenant peur de s'aventurer dans une autre relation. Ces femmes ont peut-être vécu un seul rejet ou plusieurs difficultés dans leurs relations interpersonnelles, ce qui les porte à éviter de créer de nouveaux liens affectifs de peur de subir un autre échec.

Maryse, maintenant âgée de quarante ans, s'est mariée très jeune. Son mari l'a abandonnée après l'avoir trompée pendant de nombreuses années. Même si Maryse désirait se marier de nouveau, elle continuait de fréquenter le même type d'hommes, en qui elle ne pouvait avoir confiance et sur lesquels elle ne pouvait compter. «J'ai beau espérer qu'ils changeront, ils ne le font jamais. Les hommes simples et décents ne m'attirent pas. Je préfère les hommes intrigants. Cela vient peut-être du fait que mon père, que j'ai perdu à l'adolescence, ne m'avait jamais témoigné beaucoup d'amour, préférant mon frère. Je n'ai jamais appris à me rapprocher de quelqu'un.»

Chaque fois que Maryse subissait un échec dans une relation amoureuse, elle se sentait déprimée. «Je tentais toujours de me raccrocher; je continuais de téléphoner et d'écrire des lettres à mon ancien amoureux. Je n'arrivais pas à me faire à l'idée d'un nouvel échec.»

L'isolement à l'intérieur du mariage

Bien que la majorité des personnes qui se sentent esseulées soient réellement seules, il est possible pour certaines de se sentir isolées même mariées. Plus souvent qu'autrement, les deux personnes du couple se sont éloignées l'une de l'autre psychologiquement, bien qu'elles restent ensemble pour leurs enfants ou par peur de l'inconnu et de la solitude.

Si vous vous sentez esseulée à l'intérieur de votre mariage, il serait bon d'en chercher les raisons. Peut-être attendez-vous trop de cette relation. Personne n'est parfait. Même si vous vivez un mariage heureux, il est essentiel d'avoir des moments qui vous sont réservés; vous n'êtes pas obligée d'inclure votre époux dans toutes vos activités et de participer à toutes les siennes.

Plusieurs personnes paniquent à l'idée de passer quelques moments seules même si elles sont capables d'avoir des relations avec les autres. Ces personnes n'ont jamais appris à rester seules et recherchent frénétiquement la compagnie des autres.

Après son deuxième divorce, Marcel, homme d'affaires très prospère, avait l'habitude de fréquenter plusieurs femmes à la fois. Il lui était impossible de se consacrer à une seule relation. Il sortait toujours pour souper, que ce soit avec une compagne ou un collègue de travail: cela faisait plus de six mois qu'il n'était pas resté seul à la maison.

Ce genre d'activités fébrile est courant à la suite d'un divorce ou d'une séparation. N'importe quoi peut sembler plus attirant qu'une maison vide ou un logement choisi à la sauvette. Tôt ou tard cependant, l'individu sain finit par accepter sa solitude.

Il nous arrive tous, certains après-midi ou certains soirs, de ne pas vouloir rester seuls à la maison, peu importe la raison. C'est tout à fait normal, puisque l'être humain est une créature sociale et affectueuse, qui a besoin de contact avec les autres.

«Il faut reconnaître les moments où on a vraiment besoin de sortir de la maison, me dit une patiente qui vit seule. Pour moi, le dimanche est la pire journée pour être seule. Dès que je me lève le matin, je sais que je passerai une mauvaise journée si je reste à la maison. Mais si je vais à l'église et rencontre une amie pour dîner et que nous allons au cinéma, je sais que je me sentirai mieux en rentrant à la maison.» La plupart des gens ont leur propre solution pour ces moments-là. La meilleure solution est celle qui fonctionne le mieux pour vous.

Il est tout à fait normal de fuir la solitude de cette façon de temps à autre, et vous devriez vous permettre de le faire. Se sentir esseulé n'a rien de honteux. Il faudrait être surhumain pour ne jamais avoir envie de fuir ses quatre murs et l'impression de réclusion. Cela devient un problème lorsqu'on se surprend à vouloir fuir constamment.

Si vous cherchez fébrilement toutes sortes d'activités pour fuir votre solitude, vous n'avez pas appris à bien vivre avec vous-même. Vous n'avez pas accepté la solitude pour ce qu'elle est: une période de votre vie occasionnelle mais inévitable; vous n'avez pas appris à apprécier votre solitude.

2. Esseulement, isolement, solitude

L'esseulement se manifeste lorsque vous êtes seule, ce qui peut se produire très souvent.

L'isolement est ce que vous ressentez lorsque vous êtes seule et que vous aimeriez être avec quelqu'un. C'est une situation qui nous est familière à toutes et qui se présentera de temps à autre tout au long de notre vie.

La solitude est l'aspect positif de l'esseulement: la liberté d'explorer vos sentiments et vos pensées, de lire en toute tranquillité, d'écouter de la musique, de vous relaxer, de méditer et d'exercer votre créativité sans entraves.

Selon une étude récente, les adultes et les adolescents passent plus du quart de leur temps seuls; le plus souvent en fin d'après-midi, en soirée, ou durant le jour au cours de la fin de semaine. Les chercheurs ont démontré que la plupart de ces gens passent leur temps seuls à la maison, parfois en s'occupant de l'entretien de la maison, en étudiant, en lisant, en regardant la télévision ou même en préparant les repas.

D'autres encore se trouvent des passe-temps, écoutent de la musique ou font de l'exercice. En général, les adultes qui vivent seuls passent plus de temps seuls que les autres. Beaucoup d'entre eux affirment qu'ils préféreraient vivre avec quelqu'un. Chez les adolescents, on dénote cependant une préférence marquée pour la solitude. Ils utilisent ce temps passé seuls pour étudier ou lire. Leur solitude leur permet de se concentrer davantage sur leurs études. Mais en général, quand les gens sont seuls, ils sont plus irritables, s'ennuient et se sentent esseulés. Il n'est pas surprenant que pour les adolescents, le pire temps pour se retrouver seuls est le vendredi et le samedi soir.

Plusieurs adolescents ont déclaré se sentir beaucoup mieux quand, après avoir passé plusieurs heures seuls, ils rencontrent d'autres personnes. Certains se sentent même mieux qu'avant de passer ces quelques heures seuls. L'expérience de leur temps passé seuls leur a donc été bénéfique. La solitude est un moyen de s'analyser et de se découvrir soi-même.

Comme le dit Anne Morrow Lindbergh, veuve du célèbre aviateur: «La solitude est une chose précieuse. La vie reprend son cours, devient plus riche et plus intense, et le vide se comble. C'est comme si, en perdant un être cher, on perdait un bras et que, comme pour une étoile de mer, le bras repousse; on se sent complète de nouveau, même plus complète qu'avant.»

Comment percevez-vous votre solitude?

Comme la plupart des gens passent un nombre variable d'heures seuls, c'est la perception de ce temps passé seule qui détermine votre état d'âme; soit que vous vous sentiez isolée, mal dans votre peau, ou seule et à l'aise dans votre situation. Les personnes qui se sentent éloignées des autres perçoivent leur solitude comme un isolement.

Dans certaines sociétés, il est nécessaire de s'isoler volontairement des autres afin de compléter une phase de croissance personnelle. Selon certaines cultures tribales, les adolescents mâles sont contraints de prouver qu'ils sont capables de devenir adultes en passant jusqu'à plusieurs mois seuls en forêt ou en montagne ou même parfois dans le désert. Ils doivent, pendant ce temps, communiquer avec les dieux, composer une chanson, ou faire un rêve magique. L'adolescent qui revient sans son rêve magique doit retourner à son isolement et ne revenir que lorsque l'expérience est complétée. Ceci est un aspect très important du rite de puberté des tribus amérindiennes.

Les adolescents de notre société, qui ressentent le besoin d'affirmer leur indépendance, trouvent que le temps passé seuls leur permet d'évaluer leurs valeurs personnelles. Être seuls est presque un culte pour certains aventuriers, comme ceux qui traversent l'océan en solitaires. Il en est de même pour les mystiques, dont la solitude est nécessaire à la quête spirituelle. Un grand nombre de personnes refusent d'admettre qu'elles se sentent esseulées; elles craignent d'être perçues comme déficientes ou ratées. Des chercheurs ont développé toutes sortes d'échelles pour la solitude; en général, toutefois, on n'en a pas besoin: quand on est seul, on le sait.

L'isolement diminue avec les années

Contrairement aux croyances populaires, l'isolement diminue avec les années. En effet, selon l'une des conclusions encourageantes d'une étude intensive menée auprès de 2500 personnes de 65 ans et plus au Danemark, en Angleterre et aux États-Unis, seulement 9% des Américains, 7% des Britanniques et 4% des Danois ont dit se sentir esseulés. Cependant, la majorité des personnes interrogées ont dit croire que, contrairement à elles, les autres personnes âgées se sentent isolées. Selon une autre étude, concernant des personnes âgées et jamais mariées, les célibataires ont révélé voir leur vie de façon aussi positive que les gens mariés et même plus positive que les gens divorcés ou veufs.

Les adolescents ressentent l'isolement plus intensément. Une étude démontre que de 10 à 15% des adolescents se «sentent très isolés» tandis que 45% ressentent un plus léger sentiment d'isolement; 54% disaient se sentir isolés très souvent. Harry Stack Sullivan, l'un des premiers psychiatres à écrire sur le sujet, pense que la sensation d'isolement est plus intense à la préadolescence, lorsque le besoin d'intimité se développe.

Les étudiants de première année à l'université sont plus enclins que les autres à se sentir esseulés; ceux qui sont incapables de maîtriser la situation et ne peuvent former de réseau social font sûrement partie du grand nombre d'étudiants qui abandonnent leurs études.

Il existe évidemment plusieurs sortes de solitude: la solitude de transition qui suit la perte d'un amour, le départ pour une autre ville; la solitude occasionnelle qui accompagne une soirée passée seule lorsque les autres membres de la famille sont sortis; et la solitude chronique qui est ressentie comme un intense sentiment d'aliénation.

Selon Frieda Fromm-Reichman, une «solitude non constructive», différente de la solitude propice à la croissance de soi, peut causer une sévère dépression et même occasionner une détérioration de la personnalité. Cette situation n'est pas causée par une solitude transitionnelle mais peut suivre un isolement social et émotionnel prolongé, et est plus commune aux individus qui ont manqué d'affection pendant leur enfance. La perte d'un parent à un très jeune âge, le manque d'affection maternelle, le divorce des parents peuvent produire un sentiment d'isolement persistant et très pénible.

Il est difficile, pour les gens qui dépendent des autres pour leur respect de soi et leur sens des valeurs, d'apprécier la solitude. Ils n'ont jamais réussi à s'aimer eux-mêmes. Et pour vivre une vie enrichissante à titre de personne seule, vous devez développer la qualité qui vous permettra de vous apprécier vous-même et d'apprécier votre solitude.

Qu'est-ce qui vous fait plaisir?

Avant que vous puissiez apprécier votre solitude, vous devez vous connaître vous-même; savoir qui vous êtes, ce que vous aimez faire, ce qui remonte votre moral et ce qui vous donne un sentiment d'accomplissement et de satisfaction. Certaines personnes vivent toute leur vie sans vraiment se connaître.

Je reste toujours surprise quand, aux questions: «Qu'est-ce qui vous fait plaisir? Qu'avez-vous dans votre vie présentement qui vous donne un sentiment de bien-être?, mes patientes répondent: «Rien. Je n'arrive pas à trouver quoi que ce soit.»

L'une de mes patientes, âgée de cinquante ans, femme d'un avocat, mère de deux enfants, me répond: «Je joue au tennis une heure par semaine. C'est tout.» Cette sorte de vide est plus répandue qu'on l'imagine. (Il n'est pas surprenant que beaucoup de femmes deviennent boulimiques dans une telle situation.)

Je rencontre cet état de choses chez mes patientes mariées autant que chez mes patientes qui vivent seules. Plusieurs d'entre elles me disent aussi être si occupées qu'elles n'arrivent pas à se relaxer pendant quinze minutes le matin ni le soir. Elles n'arrivent pas à se libérer de leurs tâches même trente minutes par jour. Le matin, elles doivent aller travailler ou préparer les enfants pour l'école et le soir elles ont déjà tellement d'activités au programme qu'elles n'ont pas le temps de méditer ou de se relaxer. D'autres encore n'obtiennent pas l'intimité qui leur est nécessaire pour se relaxer; leur milieu familial ne le leur permet pas. Si elles se réfugient dans leur chambre à coucher ou même dans la salle de bains, un membre de la famille peut à tout moment les déranger. Je suis toujours étonnée qu'aucune d'entre elles ne songe à fermer une porte et à défendre à ses enfants ou à son mari d'entrer. Récemment, l'une de mes patientes avait besoin d'utiliser la salle d'eau avant notre session et sa fille de huit ans, qu'elle avait dû amener à mon bureau avec elle, l'a suivie sans que la mère ne proteste!

Il est essentiel pour tout être humain d'avoir un certain nombre d'heures consacrées à la méditation, à la relaxation ou encore à la lecture, à la création ou à l'écoute de la musique. Ce temps passé seul est nécessaire du point de vue de la santé mentale et ce, pour tout le monde.

Essayez la méditation

À l'exception des personnes qui essaient frénétiquement d'échapper à leur solitude, les personnes qui vivent seules ont toutes accès à une solitude personnelle. Je crois fermement qu'il est très important pour toutes les étapes de votre vie de méditer; c'est même une priorité.

Si vous n'avez pas l'habitude de méditer, je vous recommande fortement de vous garder une période de quinze à vingt minutes, le matin et le soir, que vous consacrerez à la méditation. Je ne vous suggère pas un système particulier, mais je vous en nomme quelques-uns.

La méditation transcendantale est une méthode enseignée partout à travers le monde. Elle consiste en une répétition subliminale chantonnée d'un «mantra», qu'on vous assigne pendant votre entraînement.

La méthode du docteur Herbert Benson en est une autre: il suggère d'utiliser un mot ou une phrase de votre propre religion ou système de croyances, ce qui vous aidera à atteindre une relaxation qui vous sera bénéfique.

Une troisième méthode consiste en une autohypnose comme je l'ai décrite au chapitre trois de la première partie et qui vous permet de considérer certains aspects positifs de votre vie à titre de personne seule.

Toutes ces techniques vous amènent au même but, soit la relaxation du corps et de l'esprit nécessaire à l'élimination du stress et de l'anxiété. Vous pouvez donc ainsi renouveler vos énergies et vos émotions positives. Ces trois méthodes peuvent aussi éliminer certains problèmes comme les maux de dos, les maux de tête, les problèmes digestifs, l'insomnie, les tensions menstruelles, la haute pression, l'anxiété, la dépression et toute une variété de problèmes physiques et émotionnels. De plus, la relaxation peut vous aider à devenir créative et à découvrir des idées auxquelles vous n'auriez jamais pensé.

Certaines de mes patientes me disent parfois se relaxer en faisant de l'exercice trente minutes par jour ou en lisant. Bien que je reconnaisse le bien-fondé de ces activités, rien ne peut remplacer la méditation. Il est nécessaire de rester de quinze à vingt minutes à ne rien faire d'autre que de relaxer votre corps et votre esprit en répétant un «mantra» ou en fixant votre regard sur un objet, réel ou imaginaire, jusqu'à ce que vous soyez dans un état d'hypnose ou de semi-hypnose. Cet état ressemble au moment où vous vous éveillez le matin et que l'on appelle état hypnagogique.

À l'exception de la méditation qui peut vous aider à chasser les mauvais moments de votre solitude, je crois que vous devez apprivoiser votre solitude en faisant les choses qui vous apportent le plus de plaisir et vous sont le plus bénéfiques.

L'exercice contribue à la paix de l'esprit

Une autre prescription est de faire de l'exercice. Pour rester en bonne forme physique il faut de douze à vingt minutes d'exercice aérobique par jour ou un minimum de quatre fois par semaine. L'exercice aérobique aide à vous protéger contre les difficultés physiques et émotionnelles reliées à l'esseulement et au stress.

Vous pouvez choisir le jogging, la bicyclette, le saut à la corde, la danse, la natation, le canotage, le ski de fond, le patinage ou la marche, selon votre âge et votre condition physique ainsi que vos préférences personnelles. Comme il est tout probable que vous abandonnerez un exercice qui ne vous convient pas, il est très important de choisir une activité que vous trouvez agréable. Vous pouvez faire alterner vos activités d'une journée à l'autre.

Les meilleurs exercices sont ceux que vous pouvez faire seule et à votre propre rythme. L'exercice aérobique se définit comme un exercice continu exigeant un rendement ininterrompu de tous vos muscles, qui brûle l'oxygène à un rythme accéléré et augmente votre rendement cardiaque. En plus d'améliorer votre santé, cet exercice garde votre corps en bon ordre tout en brûlant des calories, ce qui vous permet en plus de rester svelte.

Si vous suivez un programme régulier de méditation et d'exercices quotidiens, il est très probable que vous vous débarrasserez des problèmes créés ou amplifiés par le fait que vous vivez seule. J'affirme ceci parce que les bénéfices physiques et émotionnels que vous en tirerez vous permettront d'utiliser votre nouvelle énergie pour résoudre les autres problèmes que vous pourriez rencontrer.

Prenons en considération les autres plaisirs de la solitude. La lecture et l'écoute de la musique en font certainement partie. Si je passe une journée sans lire, j'ai l'impression qu'il me manque un élément nutritif essentiel.

Quand mes quatre enfants étaient petits et que la compagnie des adultes me faisait défaut, j'avais l'impression que mon cerveau mourrait de faim si je ne lisais pas pour le soutenir. Et il me faut mon journal pour bien commencer la journée (je dois admettre qu'il me faut aussi les mots croisés du journal) et ce, depuis de nombreuses années, quand j'étais mariée autant que lorsque je vivais seule. Cela fait partie de ma routine quotidienne.

Que vous lisiez pour vous détendre, vous informer, vous inspirer ou pour échapper au quotidien, la lecture peut contribuer à votre bien-être.

La musique enrichit

Tout comme la lecture, la musique peut vous enrichir et améliorer votre état d'esprit. La musique peut ajouter une autre dimension à votre solitude, que vous y consacriez toute votre attention ou que vous l'utilisiez comme toile de fond pour d'autres activités.

Il vous est maintenant possible de cultiver vos goûts musicaux si vous ne l'avez jamais fait auparavant. Il n'est pas nécessaire de posséder une collection considérable de disques ou de cassettes; votre poste FM est amplement suffisant. Mon mari passe le plus clair de son temps de solitude en écoutant de la musique, quand il n'est pas en train de sculpter. «La musique est comme une amie intime pour moi, dit-il, une amie qui a la capacité infinie de me divertir et de stimuler mes émotions. La musique de Bach, en particulier le *Magnificat en D Majeur* et *la Passion de Saint-Mathieu,* sont pour moi de merveilleuses expressions de la spiritualité de la foi humaine. La musique est pour moi une merveilleuse extension de mes sentiments religieux, à laquelle je peux faire appel à volonté. Puccini apporte une dimension romantique à ma vie. Par ailleurs, la musique instrumentale très rythmée, le jazz et les concertos de Brandenburg, par exemple, stimulent et réveillent mes esprits, surtout le matin, lorsque je commence ma journée.»

David, mon mari, joue d'un instrument et pratique tous les jours: «Jouer d'un instrument est pour moi une expérience thérapeutique merveilleuse. Vos yeux, vos mains, vos oreilles, votre cerveau et votre esprit travaillent de concert pour créer une expérience qui produit une joie privée et personnelle très intense pour moi. Il n'y a rien comme la sensation d'accomplissement et de sérénité que j'éprouve en jouant. C'est un peu comme la communion entre mon corps et mes sentiments intérieurs que me procure le yoga. Les personnes qui aiment la musique ne risquent pas de s'ennuyer. La musique remplit les moments vides de ma vie. Dès que je me retrouve avec du temps libre, je sors mon accordéon et je pratique.»

Ma fille Julie, étudiante en droit âgée de vingt-quatre ans, aime chanter en écoutant de la musique populaire. «Il y a tellement de chansons qui me rappellent de beaux souvenirs et des moments agréables, et qui me rendent heureuse, dit-elle. Je sais quelles chansons me font cet effet et ce sont celles-là que j'écoute.»

Shirley P., peintre divorcée, vit au bord d'un lac. La musique et la nature lui permettent de se renouveler. «Cela me rassure de voir que je change et que ma croissance personnelle augmente, tout comme les choses dans la nature; le rivage, les arbres grandissent et changent, tout en restant les mêmes. Je suis qui je suis mais je change aussi. Je considère les changements de saisons et de la nature comme une métaphore pour ma propre croissance. Je crois que nous recherchons toutes au fond de nous-mêmes notre spiritualité, c'est pourquoi tant de gens aiment aller camper, se promener ou aller en montagne et au bord de la mer. Ils ont besoin de s'éloigner de la ville et de retourner à la nature afin de retrouver ce renouveau si important à ressentir, qu'on soit mariée ou célibataire.»

Henry Thoreau, l'auteur américain, serait entièrement d'accord avec elle. Dans *Walden,* il a écrit: «Je ne me suis jamais senti vraiment esseulé, ou le moindrement opprimé par un sentiment de solitude, sauf une fois et c'était quelques semaines à peine après m'être exilé dans la forêt, alors que, pendant une heure, je me suis demandé si le voisinage de l'homme n'était pas essentiel à une vie sereine et saine. Être seul m'était désagréable à ce moment-là. J'étais toutefois conscient d'une légère folie dans mon état d'âme, et il me semblait entrevoir ma guérison. Une pluie légère se mit à tomber pendant que j'entretenais ces pensées, et je pris soudain conscience de la douce et bienfaisante société de la Nature, qui se manifestait dans le battement de la pluie, dans les bruits et le spectacle qui entouraient ma maison, comme une amitié infinie et inexplicable, une atmosphère qui me soutenait tout à coup et qui faisait paraître insignifiants les avantages de la société humaine que j'avais imaginés et auxquels je n'ai plus jamais pensé. Même la plus petite aiguille de pin s'est gonflée de sympathie et d'amitié pour moi.»

3. Réactions à éviter face à votre solitude

Jusqu'à maintenant, je n'ai fait que parler de l'aspect positif de la solitude et des moyens positifs de l'apprécier. Nous consacrerons le reste de ce livre à développer ces moyens positifs ainsi que d'autres approches plus en profondeur.

Je pense qu'il est temps à ce point de vous mettre en garde contre les façons négatives d'affronter votre esseulement. Je dis «affronter votre esseulement» parce que vous n'auriez pas recours à ces techniques s'il vous était possible d'apprécier votre solitude et si vous vous efforciez d'établir un réseau social ou de renforcer vos amitiés déjà établies.

Les réponses des 30 000 personnes interrogées par les chercheurs Carin Rubenstein et Phillip Shaver concernant l'isolement, ont démontré que plusieurs éprouvaient une «tristesse passive». «Les gens qui ont répondu à notre questionnaire et qui réagissent à leur solitude de façon passive sont plus enclins à souffrir d'une dépression intense et prolongée et à avoir une mauvaise santé. La tristesse passive nous rappelle le concept psychanalytique de «passivité orale», utilisé pour décrire les gens qui, comme des enfants pleurnicheurs, approchent la vie de façon passive et dépendante; ils se plaignent, supplient, et utilisent l'alcool, les pilules ou la télévision comme substituts aux moyens de s'en sortir, sont incapables de s'aider ou n'en ont pas le désir.»

Contrairement à ceux qui utilisent leur solitude de façon active, en méditant, en établissant un contact avec leur force intérieure et leurs sentiments ou en créant, et qui vont vers les autres, ceux qui réagissent passivement restent à ne rien faire.

Il est curieux qu'il existe en même temps une façon active et passive, négative et positive de ne rien faire. En un sens, lorsque vous méditez ou vous relaxez, vous ne faites rien; mais vous le faites pendant une période de temps limitée, dans un but précis, celui de vous aider à vous sentir mieux dans votre peau et d'ouvrir votre esprit à de nouvelles avenues de créativité. Méditer est très différent de rester assise dans un fauteuil et de regarder dans le vide.

Dormir plus qu'il est nécessaire est aussi une façon de ne rien faire, l'indice que vous n'arrivez pas à vous ajuster à votre isolement et que vous êtes déprimée. Bien que plusieurs personnes dorment mal lorsqu'elles sont déprimées (elles se réveillent tôt et sont incapables de se rendormir), d'autres dorment trop et utilisent ce moyen pour échapper à leurs problèmes.

Regarder la télévision, tout comme le sommeil, permet d'oublier votre isolement, mais cela ne résout pas le problème; c'est simplement une façon de passer le temps sans établir de contact avec les autres ou sans améliorer la croissance personnelle.

Il y a, bien sûr, quelques exceptions. Je regarde aussi la télévision à l'occasion quand un film ou une émission spéciale m'intéresse. Je ne suggère pas que vous ne regardiez jamais la télévision, mais je recommande de ne pas le faire à l'excès. Si tel est votre cas, vous contribuez à prolonger votre isolement en n'utilisant pas votre solitude de façon constructive ou créative. De plus, vous ne faites aucun effort pour vous rapprocher des autres.

Regarder la télévision peut créer une dépendance. C'est une façon de vous nourrir sans aucun effort.

D'autres attitudes à éviter qui peuvent créer une dépendance

Les attitudes les plus répandues pouvant créer une dépendance sont l'utilisation de l'alcool et des autres drogues; ils représentent un réel danger pour les personnes qui se sentent isolées. Un cocktail ou un verre de vin est une chose, mais si un verre n'attend pas l'autre, c'est très dangereux pour votre santé. De plus, en vous réveillant le lendemain matin, vous vous sentirez encore plus seule, en plus de vous sentir mal.

Les personnes qui vivent seules ont plus tendance que les autres à utiliser l'alcool, la marijuana, la cocaïne, les stimulants, les stupéfiants et les tranquillisants, possiblement parce qu'il n'y a personne pour les en empêcher. Mais vous pouvez et vous devez vous arrêter.

Un problème que je rencontre encore plus souvent que l'abus de l'alcool et des autres drogues est la boulimie. Pour la plupart des gens, manger trop n'est pas aussi nocif que d'abuser de l'alcool ou des autres drogues. Mais, à la longue, ce problème peut devenir aussi dangereux pour votre santé. Plusieurs expliquent cet état de choses ainsi: «Je mange continuellement trop pour combler le vide que je ressens.»

Elles reconnaissent que la boulimie est un sérieux problème dont elles voudraient se débarrasser. Mais après s'être contrôlées pendant quelques jours, elles succombent à nouveau dès qu'elles se sentent déprimées ou esseulées. La plupart des boulimiques se cachent pour manger. Celles qui vivent avec leurs familles ou avec des compagnes de chambre trouvent le moyen de s'empiffrer en secret.

Tandis que certaines des personnes qui mangent trop prennent du poids (il n'est pas rare qu'elles engraissent de plus de 20 kilos en peu de temps), d'autres restent sveltes tout en satisfaisant leur désir de trop manger. Elles font alterner les périodes où elles se gorgent de nourriture avec des périodes de diète ou de jeûne. La plupart absorbent des laxatifs ou se forcent à vomir afin de se débarrasser de la nourriture qu'elles viennent tout juste d'ingurgiter. Il est évident que cette attitude exige la solitude, et plusieurs femmes qui souffrent de cette maladie vivent justement seules.

Comme cette maladie est plutôt dégoûtante, celles qui en souffrent ont tendance à la garder secrète. Elles ne la révèlent bien souvent qu'au thérapeute qu'elles finissent par consulter. Mais, à ce moment-là, le problème est tellement ancré en elles qu'elles éprouvent une certaine ambivalence à l'éliminer. Autant ces personnes aimeraient se débarrasser de leur honteux secret, autant elles craignent de prendre du poids. (La plupart sont des femmes.) Plusieurs boulimiques sont des anorexiques rétablies. (Les anorexiques sont celles qui refusent de manger quoi que ce soit.) Comme la boulimie est une attitude compulsive ainsi qu'une dépendance orale, la personne boulimique a souvent connu une dépendance à l'alcool et aux drogues dans le passé. Je vois plus de personnes qui abandonnent leurs études parmi les boulimiques que chez les autres groupes de mes patientes. Même celles qui semblent vouloir surmonter leur problème ne se rendent pas à leur deuxième ou troisième rendez-vous et je ne les revois jamais. Mais le problème *peut* être éliminé avec succès et j'obtiens des résultats très encourageants avec les patientes qui continuent de suivre le traitement. Si vous avez un problème de boulimie ou d'anorexie, recherchez de l'aide immédiatement!

Voici une liste des choses à ne pas faire pour combattre votre esseulement:

Ne restez pas à ne rien faire.
Ne dormez pas continuellement.
Ne regardez pas la télévision à l'excès.
N'abusez pas de l'alcool ou des drogues.
Ne vous gavez pas de nourriture.

Ces attitudes ne vous aideront pas. Mais il en existe plusieurs qui le peuvent.

4. Établissez une routine

Plusieurs des attitudes négatives (les choses à éviter que j'ai énumérées dans le chapitre précédent) se manifestent parce que vos journées ou vos soirées manquent de structure.

Lorsque vous aurez développé un réseau social et des amitiés intimes et ainsi appris à apprécier votre solitude, vous ne sentirez plus le besoin de fuir la réalité en dormant continuellement, en regardant toujours la télévision ou en mangeant trop. D'ici là, établir une routine est une solution simple à votre problème.

Si vous travaillez de neuf heures à cinq heures chaque jour, votre vie est au moins structurée pendant ces quelques heures. Vous devez vous lever, vous habiller et vous rendre à votre travail chaque matin. C'est un très grand avantage. Il vous est alors plus facile de passer au travers d'un problème personnel si vous êtes occupée par les responsabilités, les exigences et la routine de votre emploi. Les personnes qui ont le plus de difficultés à surmonter la douleur du décès d'un être cher ou d'un divorce sont celles qui, en plus d'être seules, ne travaillent pas.

Cependant, même si vous avez la discipline d'un emploi régulier pour vous aider pendant la journée, vos soirées et vos fins de semaines peuvent compter trop d'heures vides.

«Je n'ai pas de problèmes tant que je suis au travail, me dit une femme célibataire que je connais. Mais je crains les fins de semaine. Le temps me semble très long à partir du vendredi soir jusqu'au lundi matin. Si je n'ai rien de planifié, je sais que je passerai un très mauvais week-end.»

«Je me sens déprimée aujourd'hui, me dit une autre patiente en arrivant à son rendez-vous du vendredi. Habituellement, je sors le samedi ou le dimanche et j'invite des amis. Mais je n'ai rien de planifié cette fin de semaine et cela me fait peur.»

Le truc est de prévoir une activité, quitte à faire une liste des choses que vous ferez lorsque vous serez seule; vous pouvez même écrire une liste détaillée pour chaque heure passée seule. Par exemple:

Samedi:	9:00-10:00	Prendre une douche, m'habiller, méditer
	10:00-11:00	Déjeuner, lire le journal
	11:00-12:00	Faire de la bicyclette ou de la marche
	12:00- 1:00	Dîner
	1:00- 4:00	Visiter un musée
	4:00- 5:00	Faire l'épicerie
	5:00- 6:00	Écrire des lettres, méditer
	6:00- 7:00	Souper
	7:00-10:00	Aller au cinéma
	11:00	Aller au lit

Si vous établissez un horaire quotidien de méditation et d'exercices comme je l'ai recommandé, cela va automatiquement ajouter une certaine structure à votre vie, ce qui vous permettra de vous sentir mieux, autant psychologiquement que physiquement. Le fait d'avoir un plan d'action préparé à l'avance vous aidera à éviter de vous sentir esseulée. À mesure que le temps passera, vous trouverez d'autres activités intéressantes à faire seule, ou avec d'autres personnes; peut-être en trouverez-vous tellement que vous n'arriverez pas à les faire toutes. Mais pour l'instant, établissez une routine que vous trouvez confortable et respectez-la.

Eleanor Roosevelt, veuve du Président Roosevelt, a toujours suivi une routine très productive pendant les années où elle a vécu seule après la mort de son mari. Elle se levait à sept heures, faisait de l'exercice et prenait une douche froide avant le déjeuner. Elle passait ensuite le reste de l'avant-midi à sa correspondance, et consacrait une heure ou deux après le dîner à écrire sa chronique de journal. Après avoir pris le thé de quatre heures, elle faisait une promenade ou nageait pendant une heure, ce qui l'amenait au repas du soir qu'elle prenait toujours en compagnie de ses amis.

Il y a sûrement des gens capables de fonctionner sans routine, mais je n'en ai jamais rencontrés. Quand personne n'attend rien de vous et que vous n'avez pas d'obligations à remplir, il est très facile de se laisser glisser vers une attitude de laisser-aller et de ne rien faire.

Si vous établissez une routine, il est parfois agréable de la laisser de côté occasionnellement, un samedi ou lorsque vous êtes en vacances. Mais un manque continuel d'organisation peut vous être nocif. Vous avez besoin d'une routine pour vous donner la liberté nécessaire à votre épanouissement et vous permettre de réaliser votre plein potentiel.

5. La liberté d'être vous-même

Vivre seule, bien que ce ne soit pas nécessairement le mode de vie que vous désirez, peut vous offrir l'occasion rêvée d'apprendre à mieux vous connaître vous-même et de devenir une personne unique et intéressante. Certaines de mes patientes ont décidé d'abandonner un conjoint pour exactement cette raison. «Il y a toujours eu quelqu'un pour me dire ce que j'avais à faire. Au début c'était mon père, maintenant c'est mon mari. Je n'ai jamais pu faire ce que je voulais», me dit Guylaine, âgée de trente-huit ans.

Je conseille autant que possible à mes patientes d'assumer leur propre identité, différente de celle du couple à l'intérieur de leur mariage, spécialement si elles ont des enfants. Il leur est parfois possible de le faire. Il arrive quelquefois qu'un époux, bien qu'étonné par le désir d'indépendance de sa femme, fasse des efforts pour sauvegarder le mariage. Une renégociation des rôles peut s'avérer une tâche difficile à accomplir, surtout après un mariage de longue date. Il arrive très souvent que ce soit l'épouse, nantie de sa nouvelle indépendance et de son désir d'affirmer sa nouvelle identité, qui refuse de faire fonctionner le mariage.

Diane avait déjà décidé de demander le divorce lorsqu'elle a accepté de suivre avec son mari des sessions de thérapie matrimoniale. Elle était tellement déterminée à partir et son mari tellement affligé, que j'ai cru pendant quelque temps qu'elle lui avait trouvé un remplaçant. Mais rien ne pouvait convaincre Diane de revenir sur sa décision, même si elle admettait que le mariage avait des aspects positifs. Diane est partie en laissant son fils de quatorze ans à son mari.

Richard, tout comme Diane, s'était marié tout de suite après l'université et n'avait jamais vécu seul. Comme il a épousé son amie d'enfance qui avait occupé un emploi de secrétaire après l'école secondaire jusqu'à leur mariage, il n'avait jamais eu d'autres fréquentations et ne connaissait pas la vie de célibataire. Au fur et à mesure qu'il progressait dans le monde des affaires, il avait l'impression de laisser sa femme en arrière, ou désirait le faire. Les femmes qu'il rencontrait au travail et au cours de ses voyages d'affaires étaient plus sophistiquées et lui faisaient regretter d'avoir épousé son amie d'enfance. Sa femme était bouleversée lorsqu'il lui a annoncé qu'il «ne voulait plus être marié».

De tels exemples démontrent fortement qu'il serait sage de vivre seul quelque temps avant le mariage.

Vivre seule fait partie de la maturation

Si vous ne prévoyez pas vous marier dans un avenir rapproché et qu'il est temps pour vous de quitter la maison familiale, vivre seule ou avec une compagne de chambre serait une étape naturelle dans votre développement personnel. Tout dépend de votre situation familiale et de votre culture. La jeune fille de famille italienne demeure chez ses parents tant et aussi longtemps qu'elle reste célibataire, même si elle ne se marie jamais.

Partir de la maison familiale et établir une vie indépendante est une situation plus courante dans la partie plus élevée de la classe moyenne. Cependant comme le coût de la vie est à la hausse, il arrive souvent que les enfants de ces familles restent plus longtemps chez leurs parents ou y retournent après un divorce ou la perte d'un emploi.

Gabrielle ne pensait pas que ses parents s'attendraient à ce qu'elle parte de la maison tout de suite après sa graduation de l'université. Elle ne travaillait pas, n'avait pas d'économies; il était évident qu'elle devrait vivre chez ses parents jusqu'à ce qu'elle puisse s'organiser. Mais les mois passaient et Gabrielle ne travaillait toujours pas (en fait, elle ne semblait pas savoir ce qu'elle voulait faire), et ses parents s'impatientaient. La tension commença à augmenter avec l'arrivée d'un grand-père âgé qui devait rester en permanence; Gabrielle considérait son arrivée comme une intrusion. Plusieurs disputes familiales se terminaient par cette remarque de son père: «Si tu ne peux pas contrôler tes émotions, tu devras partir!» Ces paroles terrifiaient Gabrielle. Mais lorsque sa mère, une femme très réservée, a perdu patience avec elle, Gabrielle a réalisé qu'il était temps pour elle de passer quelques jours ailleurs. Après avoir fait plusieurs téléphones elle a pu enfin louer une chambre chez l'ami d'un ami. Mais Gabrielle était misérable: «Je n'ai personne à qui parler. Mes parents ne comprennent pas combien je souffre. Ils n'ont jamais été dans une telle situation. Quand ils ont fini leur université, ils se sont tout de suite mariés. Je leur ai dit que je partirais aussitôt que j'aurais assez d'argent. Pourquoi ne veulent-ils pas me croire?»

En réalité, Gabrielle était horrifiée à l'idée d'avoir à se débrouiller seule. Elle espérait trouver des compagnes de chambre, mais elle devait premièrement trouver un emploi qui lui permette de subsister. Mais comme tout le monde, sauf Gabrielle, pouvait le constater, les efforts qu'elle fournissait dans le but de se trouver un emploi étaient bien minces.

Pour sa part, Berthe avait reçu en cadeau de son père un condominium. Elle n'était cependant pas pressée d'y emménager. Ses parents étaient divorcés, et après avoir abandonné ses études, elle était retournée vivre chez sa mère. Elles ne s'entendaient pas et leurs affrontements tournaient presque à la violence physique. «J'aurais pensé qu'elle aurait hâte de vivre seule dans sa propre maison. Mais elle ne semble pas vouloir partir, bien qu'elle soit misérable en vivant avec moi», disait la mère de Gabrielle.

Votre meilleure chance de devenir complètement indépendante

Si vous n'êtes pas tout à fait confortable avec votre choix de vivre seule temporairement, vous pouvez quand même faire de cette expérience un moment positif de votre vie. Les personnes qui n'ont jamais vécu seules ont, en fait, manqué une occasion de devenir indépendantes. Bien qu'il soit possible d'être indépendante tout en vivant au sein de votre famille, je crois qu'il est plutôt rare d'y parvenir. Et il est important pour vous de devenir complètement indépendante avant de pouvoir former des liens affectifs permanents avec une autre personne. Autrement, il devient trop facile d'adopter les intérêts et les valeurs de votre époux plutôt que d'établir les vôtres.

Lorsque vous vivez avec un époux, une compagne ou un compagnon, vous devez toujours prendre en considération les besoins de cette personne. Si vous êtes une de ces personnes qui considèrent toujours les besoins des autres avant les leurs, il vous sera difficile de vous affirmer et vous ne penserez qu'au plaisir des autres. Vous pourriez vous dire, beaucoup plus tard: «Qui suis-je?» et «Quand pourrai-je faire ce que je veux?»

Quand vous vivez seule, vous pouvez structurer votre propre temps et votre propre espace. Vous pouvez planifier vos journées et vos soirées selon vos goûts plutôt que conformément à ceux des autres. Si vous faites un changement de dernière minute, personne ne sera dérangé.

«Tout au long de mon mariage avec Daniel, je me sentais coupable si j'allais à une réunion ou au cinéma avec une amie, se rappelle Angèle, une femme de trente-deux ans. Je ne me sentais libre de sortir que lorsque Daniel était sorti. Lui pouvait, bien sûr, aller et venir à sa guise. Si j'avais l'audace de sortir sans lui, il insistait toujours pour que je lui téléphone pour confirmer que j'étais arrivée à destination en toute sécurité! Il me traitait comme une enfant de dix ans et le pire est que je l'ai laissé agir de la sorte pendant dix ans! Je crois que je le voyais comme un protecteur, tout comme papa l'avait été.»

Joseph, âgé de 22 ans, savait ce que représentait l'indépendance. «Depuis le mariage de mon frère à l'âge de 25 ans, je ne crois pas qu'il ait eu un seul moment à lui. Sa femme voulait l'accompagner partout. Elle lui faisait des reproches quand il allait prendre un verre après le travail. Elle voulait toujours qu'il aille avec elle faire de la bicyclette ou à la galerie d'art, les activités qu'elle préférait. Après son mariage à Ginette, Jean-Guy n'était plus la même personne. J'ai bien vite décidé que cela ne n'arriverait pas!»

Il pourrait sembler, d'après ce que j'ai dit, que vivre seule n'offre des avantages que comparativement à la vie avec une personne très exigeante ou trop dépendante. Il est vrai que beaucoup de personnes apprécient leur vie solitaire à cause de la perte de liberté qu'elles ont connue en vivant avec un compagnon. Pour d'autres personnes, qui ont déjà été mariées, vivre seules signifie la perte d'un amour cher et de sa compagnie. Elles échangeraient cette liberté contre un tel amour n'importe quand.

Je pense que, pour la majorité des gens, le mariage ou une situation similaire représente encore le mode de vie le plus satisfaisant et le plus sain. Vivre avec une personne que vous aimez peut vous protéger contre l'esseulement et la dépression et diminuer le risque de maladie. Mais il est souvent préférable de vivre seule, plutôt que de vivre sans la bonne personne pour partager votre vie (et votre situation). Vivre seule n'est pas toujours un fait inévitable de la vie.

Celles qui vivent seules ont la chance d'apprécier et d'agrandir leur territoire personnel, de faire leurs propres choix et d'exprimer leur personnalité.

Il n'est pas nécessaire de vous convaincre que vivre seule est ce que vous souhaitez faire pour le reste de votre vie. Il est probablement indésirable que vous le fassiez. Je ne pense pas que vous devriez devenir si rigide que, si vous tombez en amour et que vous vous mariiez ou décidiez de vivre avec une compagne ou un compagnon, vous n'arriviez pas à faire les ajustements et les compromis qu'un tel changement comporte. Il est certain que toute situation de vie commune est peuplée de compromis et d'ajustements qui affectent votre espace personnel.

Le mariage affecte beaucoup l'intimité

Lorsque je me suis remariée après plusieurs années de vie solitaire, je me suis vite rendu compte que mon intimité diminuait. Non seulement je manquais de temps pour peindre et écrire, mais encore, mon espace personnel rétrécissait: je devais maintenant partager mon espace avec David, mon nouvel époux. De plus, j'avais l'impression de ne pouvoir rien faire sans interruptions. En effet, David étant sculpteur, il ne travaillait pas à des heures régulières. Le studio dans lequel il travaille est tout près de la maison; il arrive souvent qu'il parte et revienne à toute heure du jour. Comme j'exerce ma profession à la maison dans une pièce qui me sert de bureau, je me suis vue obligée d'ajuster mon horaire en conséquence.

Bien que ma nouvelle vie me rende très heureuse, il reste que le mode de vie de David a complètement changé le mien, autant que mon mode de vie a changé le sien. Notre salon reflète maintenant beaucoup plus ses goûts en décoration que les miens. Il possédait déjà beaucoup d'antiquités et de pièces produites par quelques artistes de ses amis. En tant qu'artiste, il est naturel pour David de faire prévaloir ses goûts en matière de décoration intérieure.

J'aime les meubles et les objets d'art de David, mais ce ne sont pas *mes* choses. J'ai dû monter à l'étage un tableau de ma grand-mère représentant des fleurs, que David n'aimait pas. Une chaise que m'avait laissée mon grand-père a dû être reléguée à la chambre de ma fille parce que le style n'allait pas avec les meubles de David. Et j'ai même enlevé ma collection de photos de famille du mur. Il me semblait que ces photos n'allaient plus avec le nouveau décor.

J'aurais pu m'affirmer et insister pour tout garder comme c'était avant l'arrivée de David. Mais comment aurait-il réagi? Déjà, il emménageait dans ma maison, ce qui lui causait une certaine confusion de sentiments.

Je ne me plains pas des compromis que nous avons dû faire, je ne veux que souligner le fait que vivre avec une autre personne demande un ajustement que la vie seule n'exige pas. Il n'est alors plus possible d'exprimer vos goûts de façon absolue.

Cécile, issue d'une grande famille, a toujours partagé sa chambre à coucher avec sa jeune sœur. De ce fait, décorer son condominium entièrement selon ses propres goûts lui procurait un très grand plaisir. «J'adore mon appartement, dit-elle. J'aime m'installer dans mon fauteuil et écouter une symphonie, lire un bon livre et me relaxer. Je suis devenue une avide photographe et je passe mes week-ends à faire de la photo. J'ai tout un mur décoré de mes photos et j'en suis très fière. Je crois que j'aime peut-être un peu trop rester seule à la maison. Je dois parfois me forcer à sortir.

«J'aimerais me marier un jour, mais pour l'instant j'aime bien ma solitude, surtout après avoir vécu dans une famille de six enfants, où il était impossible de vivre sans prendre les besoins et les goûts des autres en considération. Je garde cependant des liens affectifs très intenses avec mes frères et mes sœurs.»

Le docteur Vallo Benjamin, célibataire et neurochirurgien à New York, apprécie beaucoup son environnement. Il a passé sept ans à chercher un appartement très haut de plafond; il a ensuite passé huit ans à le rénover, aidé par un architecte. «Je voulais un espace d'une blancheur pure d'où ressortiraient les différents objets d'art que j'y installerais. Pour faire un contraste entre l'ancien et le moderne, j'ai installé un escalier en Lucite transparente. Je viens d'une culture (il est né en Iran) pour laquelle l'endroit où vous vivez est très important. Il est essentiel pour moi d'habiter un endroit bien à moi.

Les compromis de la vie en commun

Vivre seule vous permet d'exprimer vos préférences et vos goûts sans entraves, aussi particuliers qu'ils soient. Vivre avec une autre personne entraîne toujours des compromis, dont quelques-uns sont parfois très mineurs. Par exemple, vous aimez peut-être vous retirer tôt avec un bon livre et votre conjoint préfère peut-être aller au lit après minuit. Dans un tel cas, vous devez tous deux montrer une certaine tolérance.

Adèle est conseillère en informatique. «Je fournis mon meilleur rendement de onze heures du soir à une heure du matin. Je sais bien qu'un tel horaire rendrait un conjoint fou, mais c'est ce qui me convient le plus. Je me détends pendant quelques heures après le souper en lisant ou en regardant la télévision, après quoi je suis prête à affronter une autre session de travail. Je n'ai jamais eu besoin de beaucoup de sommeil et je m'endors dès que je me couche. Cela agaçait toujours Richard qui avait de la difficulté à s'endormir et se réveillait quand je venais me coucher plus tard que lui. Je me sentais coupable mais je ne pouvais pas ou ne voulais pas changer mes habitudes. Le fait d'aller au lit à des heures si différentes n'améliorait pas notre vie sexuelle non plus.»

Élise avait besoin de silence total pour s'endormir mais son mari, lui, aimait s'endormir en écoutant la télévision. Malgré leur efforts pour surmonter un problème aussi trivial, l'un des deux se fâchait toujours contre l'autre.

L'heure des repas peut aussi exiger beaucoup de compromis. «Yvon a toujours voulu prendre le repas à six heures exactement, le plus tôt possible après son retour du travail, dit Marguerite. Je préfère un horaire différent. J'aime prendre le temps de me relaxer en lisant le journal avant de préparer le repas. Mais j'ai toujours cru que les goûts d'Yvon passaient avant les miens.»

Jacques n'arrivait jamais à la maison avant sept heures trente, après avoir parcouru un long trajet. Sa femme et ses deux enfants s'impatientaient. Il avait à peine le temps de se changer que le repas était servi. «Je ne comprenais pas la frustration et l'énervement de Catherine. Mais après une journée éreintante et bien remplie, manger dès le retour du travail me rendait souvent malade. Quand je le lui disais, Catherine me traitait d'égoïste et disait que je ne pensais qu'à moi. Après tout, c'était elle qui passait la journée seule avec les enfants et je sais qu'elle se sentait esseulée de temps à autre. Il semblait impossible de régler l'heure des repas à la satisfaction de tout le monde.»

Pour certaines personnes affectueuses et grégaires, faire un compromis à propos de l'heure et du menu est un bien mince prix à payer pour les conversations et la compagnie que cela apporte. Il est surprenant que les repas dans plusieurs familles soient pris en silence devant ce que l'une de mes patientes appelle familièrement la «boîte», la télévision. Il en est de même pour plusieurs couples. On ne trouve pas tellement de sujets de conversation et de compagnie dans une telle situation. Il est vrai qu'*il y a* une autre personne dans la pièce.

Lucie détestait la télévision, mais son mari insistait toujours pour prendre le repas en écoutant les nouvelles de sept heures. Si elle fermait la télévision, il se fâchait et la conversation devenait impossible de toute façon. Il avait horreur de faire la vaisselle après le repas bien que ce soit toujours Lucie qui le prépare. Lucie gardait le silence devant les plaintes répétées de son mari.

Si vous vivez seule, vous avez le contrôle de vos habitudes alimentaires. Vous n'avez pas à devenir végétarienne parce que votre conjoint se refuse à manger de la viande, et vous pouvez consommer des asperges aussi souvent que vous le désirez. Il vous est plus facile de suivre un régime parce qu'il n'y a personne pour manger des biscuits ou de la crème glacée devant vous. Et rien ne vous oblige à préparer des repas si vous n'en avez pas le goût.

«Je suis absolument fatiguée de préparer les repas tous les soirs. Après quinze ans sans répit, je ne veux plus jamais avoir à le faire. Pendant plusieurs mois après mon divorce, je n'ai mangé que des repas congelés ou je suis allée au restaurant.»

La liberté de préparer ce que *vous* voulez ou de manger ce que *vous* désirez vous évite de préparer et de manger ce dont *vous* ne voulez pas. Vous préférez peut-être faire cuire une dinde et en manger toute la semaine. Vous pouvez essayer une nouvelle recette un soir et manger des sandwiches le reste de la semaine, si c'est ce que vous souhaitez.

La plupart des personnes qui vivent seules se préparent rarement des repas raffinés. Certaines ne le font jamais et manquent de cette façon l'occasion de s'offrir une gâterie, que ce soit un bol de maïs soufflé, ou une délicieuse salade. Mais si vous aimez cuisiner, vous trouvez du plaisir dans la préparation des repas. C'est l'occasion rêvée d'apprendre à cuisiner si vous ne savez pas le faire.

Comme le dit Craig Claiborne, auteur de la chronique alimentaire dans le journal *New York Times,* «Cuisiner, c'est comme de la musique, cela me réconforte lorsque je suis seul. Cela me procure beaucoup de plaisir quand je reçois des amis. D'une façon ou d'une autre, c'est très agréable.»

Recevez des invités pour vous divertir

Si vous aimez recevoir, vous pouvez essayer de nouvelles recettes sans vous inquiéter des résultats. Une dame de quatre-vingt-dix ans que je connais confectionne des gâteaux plusieurs fois par semaine et les distribue au facteur, à la caissière de la banque, à sa coiffeuse et au commis du supermarché. Elle compte beaucoup d'amis dans son entourage et en a invité plusieurs lors de la réception soulignant son quatre-vingt-dixième anniversaire.

Recevoir des invités apporte beaucoup de plaisir à plusieurs personnes qui vivent seules. D'autres, par contre, sont effrayées à l'idée de recevoir sans l'aide d'une autre personne pour partager les tâches et les responsabilités. Commencez en invitant un ou une amie de longue date avec qui vous êtes très à l'aise, pour un brunch ou un dîner. Plus vous tarderez pour commencer à inviter des gens, plus cela vous sera difficile. Si vous faites un effort une première fois, il vous sera plus agréable de le faire à nouveau.

Un repas entre amis n'a pas besoin d'être très élaboré. Il est même préférable de vous en tenir à quelque chose de simple; une présentation à la bonne franquette vous laisse le loisir de passer plus de temps avec vos amis et de vous relaxer en leur compagnie. Vous pouvez même, comme je l'ai lu dans un magazine, recevoir des invités sans servir de repas. Un jeune célibataire avait envoyé des invitations pour une réception informelle; il servirait les croustilles, les bretzels, la bière et les cocktails. Vous pouvez, comme cette divorcée dans la cinquantaine, servir fraises et champagne sur la terrasse.

Il est préférable de garder les choses le plus simple possible. Tout dépend de ce que vous trouvez confortable, de ce que vous pouvez dépenser et de votre adresse culinaire. Si vous êtes un cordon bleu, ou si vous voulez le devenir, vous voudrez sûrement partager vos repas avec vos amis. Quand vous donnez une réception, il est important de le faire à votre façon; vos préparations refléteront votre personnalité. C'est un autre moyen d'apprécier votre indépendance.

6. La liberté de créer

Wordsworth, célèbre auteur anglais, parlait de la «conscience inté-rieure qui est le fruit de la solitude». Tandis que Shelley, un autre auteur anglais, aimait la «solitude paisible» et Lowell, auteur américain, disait que «la solitude est aussi essentielle à l'imagination que la société est salutaire à la formation du caractère.»

«Je n'ai jamais rencontré de compagnon aussi agréable que la soli-tude, écrit Thoreau, un autre auteur américain. Nous nous sentons pres-que tous esseulés quand nous sommes avec d'autres personnes, souvent plus que lorsque nous sommes seuls. L'homme qui est occupé à réflé-chir ou à travailler est toujours seul, laissez-le là où il pourra le faire.»

La solitude a donné naissance à la plupart sinon à toutes les grandes créations artistiques du monde entier.

Frieda Fromm-Reichmann décrit la solitude de la créativité comme «un isolement constructif». Elle affirme: «Seule la personne créative qui ne craint pas l'isolement constructif réussira à contrôler sa créativité et à la pousser à fond.»

Non seulement la solitude est-elle nécessaire aux personnes créatives, aux peintres, sculpteurs, compositeurs et écrivains, mais elle est aussi essentielle aux inventeurs, hommes de science et à ceux qui ont à résoudre des problèmes. Et ce, contrairement à la plupart des personnes seules qui tentent continuellement de fuir leur solitude. Même l'étude d'un instrument de musique et les heures de pratique exigent une certaine solitude nécessaire à la concentration requise. La concentration vient plus facilement lorsque nous sommes seules.

Même les personnes sociales ont besoin de se retirer pour arriver à créer. Picasso, qui aimait rencontrer beaucoup de ses amis et participer à des activités sociales, avait besoin d'une solitude absolue pour peindre. Pour sa part, William Styron, écrivain américain, disait: «J'aime avoir de la compagnie et être entouré d'amis. Mais pour écrire, j'ai besoin de silence et d'une intimité totale, même sans musique; un bébé qui pleure dans le voisinage m'exaspère.»

Deux des avantages évidents qu'apporte le fait de vivre seule, sont l'espace et l'intimité qui rendent possible le travail créatif, quel qu'il soit.

Vous croyez peut-être que la créativité est l'exclusivité de peintres comme Picasso et Matisse et d'écrivains comme Proust et Marois. Mais la créativité est un attribut que nous possédons tous, à différents degrés.

Ce que le psychiatre Silvano Arieti appelle la «créativité ordinaire» existe en chacun de nous. «Et, cette créativité ordinaire aide à remonter le moral et l'être humain et à chasser les névroses», dit-il. Ce n'est pas le fruit du hasard que l'ergothérapie soit une partie essentielle des programmes de psychiatrie en milieu hospitalier et que la thérapie artistique, principalement, soit de plus en plus utilisée, autant dans un but diagnostique que thérapeutique.

En développant vos pouvoirs créatifs, non seulement ressentirez-vous une satisfaction personnelle, mais encore votre énergie et votre confiance en vous-même s'en trouveront augmentées. Vous favoriserez ainsi votre croissance personnelle.

Edna Ferber décrit ses oeuvres littéraires comme «un tranquillisant, une évasion, un exercice, une diversion et une passion. Quand mon plaisir diminuait et que mon esprit se fatiguait, ou que mes amis s'éloignaient, il y avait ma machine à écrire et il y avait mon propre monde, ma coquille. Je travaille quotidiennement depuis un quart de siècle et j'adore ça. J'ai travaillé blottie dans mon lit, en voyageant en Europe, ou en train. J'ai écris dans le hangar, dans la chambre à coucher, dans le salon, dans la salle de bains, le jardin, sur le porche, à l'hôtel, dans la cuisine, au théâtre et parfois dans le bureau d'un journal. Rien dans ma vie ne me soutenait autant et n'était aussi satisfaisant que mon travail.»

Arieti, thérapeute et éducateur intéressé à promouvoir la créativité, croit que le principal prérequis est l'isolement. «Une personne seule n'est pas constamment exposée aux stimulations conventionnelles et risque moins d'être submergée par les clichés de la société, dit-il. Il lui est plus possible d'écouter son for intérieur et d'entrer en contact avec ses propres ressources. L'isolement, comme nous l'avons décrit, devrait être recommandé, non seulement en tant que préparatif pour une vie créative, mais encore quand un travail artistique est entrepris, et comme un état d'âme.»

Arieti poursuit en suggérant que l'inactivité, non pas l'oisiveté, développe la créativité, c'est un temps libre pour réfléchir et ressentir. Il recommande de rêvasser et de créer des associations d'idées pour se permettre «de petites excursions dans un monde irrationnel.»

Être seule peut vous ouvrir les portes de la créativité

La recherche sur la créativité indique que plus d'idées originales voient le jour quand l'individu est dans un état de relaxation suivant un temps de préparation intellectuelle (cette recherche concerne aussi les affirmations des personnes créatives à propos de leurs expériences de créativité). Souvent, la solution à un problème se présente à notre esprit alors que nous n'y pensions plus. Cela peut arriver lors d'une promenade dans les bois, en prenant une douche, en fait à un moment ou l'inconscient n'est pas entravé par des pensées de jugement conscient.

Le mathématicien Poincaré décrit plusieurs épisodes qui servent à illustrer le cycle du processus de créativité. «Après m'être débattu pendant deux semaines, j'ai essayé plusieurs combinaisons sans obtenir de résultats. Contrairement à mes habitudes, j'ai bu un café noir un soir, et je ne pouvais pas m'endormir. Les idées me venaient à l'esprit en foule; je les sentais s'entrechoquer et s'entrelacer, créer des combinaisons stables. Le lendemain matin, j'avais ainsi établi l'existence d'une catégorie de fonctions Fuschienne, celles qui viennent des séries hypergéométriques; il ne me restait plus qu'à écrire les résultats, en quelques heures seulement.»

Le poète A.E. Houseman décrit un procédé similaire. «J'avais l'habitude de faire une promenade après le dîner. Et souvent, lors d'une de ces promenades où je ne pensais à rien en particulier, et que j'observais le progrès des saisons, j'étais saisi par une émotion inattendue qui faisait naître en moi un poème; parfois un vers à la fois, parfois une strophe entière, accompagnée d'une vague impression de savoir à quelle partie du poème se rattacheraient ces vers. De retour à la maison, j'écrivais ces poèmes en laissant des espaces que j'espérais combler un jour ou l'autre. C'était comme si je faisais ces promenades l'esprit ouvert et réceptif; mais il arrivait que je doive compléter l'oeuvre en m'arrêtant pour y penser, ce qui me causait parfois de l'anxiété et se révélait une tâche ardue, pleine de déceptions qui se soldait quelquefois par un échec.»

La composition d'une histoire ou d'un roman semble se produire en quatre étapes; premièrement, l'idée qui naît d'une chose entrevue, entendue ou qui revient à la mémoire. Après quoi vient une période pendant laquelle le conscient et l'inconscient s'allient pour donner forme à l'histoire. Un premier brouillon est ensuite écrit, suivi d'une révision.

Le romancier Joyce Cary décrit comment lui est venue l'idée d'un roman, alors qu'il voyageait à bord d'un bateau, en croisière autour de Manhattan: «J'ai remarqué une femme d'environ trente ans, assise seule de l'autre côté du pont et qui portait une vieille jupe. Elle semblait prendre beaucoup de plaisir et affichait une expression agréable, le front plissé de rides, de beaucoup de rides. J'ai alors dit à mon ami: «Je pourrais écrire à propos de cette fille... qui est-elle d'après toi?» «Environ trois semaines plus tard, je me suis réveillé une nuit vers quatre heures, non pas que je dorme mal, mais je ne dors pas longtemps. Je me suis réveillé, dis-je, avec une histoire plein la tête. J'ai esquissé l'histoire aussitôt éveillé: c'était l'histoire d'une jeune Anglaise, se passant en Angleterre, une vraie histoire anglaise. Quelques jours après, à bord d'un avion, endroit propice à l'écriture, j'ai commencé à l'améliorer et à la polir et je me demandais pourquoi toutes ces rides; c'est la troisième fois que je les mentionne. Et j'ai soudain réalisé que mon héroïne était la jeune femme entrevue sur le bateau de Manhattan. Elle était restée dans mon inconscient, et était remontée à la surface dans mon histoire.»

L'écrivain américain Robert Penn Warren dit de la préparation intellectuelle pour écrire un roman: «Vous avez pris certaines décisions objectives, comme de choisir lequel de vos personnages fera la narration. Mais en ce qui a trait à l'aspect structurel et artisanal, je crois que, pour la composition ou la réflexion préliminaire, j'essaie de m'immerger dans le motif et de ressentir la signification plutôt que de planifier une structure ou des résultats. Le plus difficile, le côté objectif, doit être établi avant la rédaction. Si le travail est fait, alors le rêve viendra à celui qui s'y est préparé; cela ne viendra pas du fait de rêvasser de façon générale.»

Matisse raconte l'évolution de l'une de ses oeuvres selon le même processus d'effort conscient suivi d'une solution subliminale. «Dans mon atelier, avant mon départ pour Tahiti, je travaillais depuis plusieurs mois à produire une peinture, sans pouvoir la finir. Plusieurs fois pendant mon voyage, alors que j'étais très impressionné par tout ce que je voyais, je continuais de penser à mon tableau inachevé. Je pourrais même dire que j'y pensais continuellement En retournant à Nice pour un mois pendant l'été, je me suis remis à la tâche et j'ai travaillé sur mon tableau quotidiennement. Après quoi je suis reparti pour l'Amérique. C'est pendant la traversée que j'ai réalisé ce que je devais faire, c'est-à-dire que j'avais trouvé la solution à la faiblesse de construction de ma peinture. Quand vous travaillez au même endroit depuis longtemps, il est bon de voyager et de laisser de côté la routine mentale habituelle et de laisser une partie de votre esprit libre, spécialement celle qui est habituellement régie par votre volonté».

Comment atteindre un état propice à la créativité

Matisse remarque aussi: «Atteindre un certain esprit de créativité demande des efforts conscients. Préparer une oeuvre consiste à nourrir ses propres sentiments en faisant des études qui montrent une certaine analogie avec la peinture, et c'est par ce moyen que le choix des éléments s'opère. Ce sont ces études qui permettent à l'artiste de libérer son inconscient.»

Que ce soit en peignant, en sculptant, en écrivant, en fabriquant des catalognes, ou en recherchant une solution créative à un problème, la première chose à faire est le travail conscient afin d'établir la scène pour que se rencontrent les événements dans votre subconscient.

Si votre projet consiste à écrire ou à trouver la solution à un problème, la première phase demande souvent une période «d'écriture libre» pendant laquelle vous vous assoyez, crayon et calepin à la main, et que vous écrivez tout ce qui vous vient à l'esprit. Il peut être pratique de régler un réveille-matin pour vous donner une heure pendant laquelle votre crayon ne quitte pas la feuille une seule fois. Il est bon de continuer, même si vous devez vous répéter pour que le procédé se poursuive. Plus vous notez d'idées, plus vous courez la chance d'en trouver une qui sera la bonne ou qui résultera en une association d'idées qui sera votre récompense au moment où vous ne vous y attendez pas. Si vos efforts créatifs concernent un art visuel, utilisez votre tablette à esquisses pour y garder vos dessins, vos impressions ou vos griffonnages. Les peintres se «réchauffent» parfois de la sorte, en expérimentant avec des couleurs. L'important dans cette phase est de se mettre à la tâche. Quand vous pensez avoir atteint la limite de ce que vous pouvez faire consciemment, laissez votre projet de côté et pensez à autre chose pendant quelque temps. Ou encore, utilisez la méditation, faites une promenade ou rêvassez pour atteindre un état réceptif et détendu.

«Mais, me direz-vous peut-être, je ne suis pas une personne créative. Je ne sais même pas si je devrais essayer de faire de la poterie, tresser des paniers ou faire de la peinture sur soie.» Je vous suggère alors d'utiliser les méthodes que j'ai décrites pour parvenir à faire un choix. Si ce n'est pas le bon choix, vous n'avez qu'à répéter le procédé jusqu'à ce que vous ayez trouvé l'activité qui vous convient le mieux. Vous devez commencer par faire le travail *conscient* nécessaire à la découverte de toutes vos possibilités. Ce travail conscient peut inclure la lecture de livres sur l'artisanat, la visite d'expositions artisanales, la rédaction d'une liste des activités créatives qui vous ont toujours attirée, la consultation des catalogues de cours créatifs offerts par les écoles locales, les programmes d'éducation aux adultes ou les centres d'art. Cette phase peut durer plusieurs semaines. Mais il ne faudra pas vous y attarder indéfiniment.

Laissez maintenant de côté vos pensées conscientes, en vous assurant de vous réserver un temps de concentration. Vous pouvez y parvenir en utilisant la méthode d'autohypnose ou de méditation (voir page 57). Il est possible que les idées vous viennent en méditant, pendant une promenade sur la plage, en lavant la vaisselle ou en faisant une balade en auto.

Je trouve moi-même mystérieuse la facilité avec laquelle me parviennent les solutions pendant mes périodes de méditation. Cela peut être un nom que j'avais oublié, la signification d'une remarque d'une de mes patientes, ou un sujet pour un article de magazine. Et j'ai toujours constaté qu'en travaillant à la rédaction d'un livre, je suis instinctivement les phases du processus créatif tel que décrit par d'autres personnes. Il y a au début une période de travail conscient intense; je pense au projet en lisant des livres sur le même sujet afin d'établir un champ de connaissances plus vaste et de provoquer des associations d'idées, je note ces idées, quelques titres et différentes approches. Cette phase dure habituellement plusieurs semaines. Je laisse ensuite le projet de côté, et je n'y pense plus, mais pour une courte période seulement, de deux ou trois semaines. Pendant cette phase, le projet commence à prendre forme par lui-même et je n'ai plus qu'à rédiger le livre à la fin de cette période.

Toutes les sortes de créativité requièrent une certaine solitude, et être seule, d'une façon constructive, est nécessaire pour chaque phase du processus créatif. J'utilise mon bureau pour écrire lorsque je n'y reçois pas de patientes: ce bureau a donc deux utilités pour moi; j'écris aussi au coin du feu, à la plage ou dans mon lit.

Je crois que la solitude est encore plus primordiale pour le peintre amateur que pour le professionnel, car, en plus de la quiétude nécessaire à l'amateur, il y a aussi le désir de ne pas être observé. Si vous vivez seule, vous n'avez peut-être pas la chance de posséder un atelier, un bureau ou un studio, mais rien ni personne ne peut vous empêcher d'installer un chevalet dans un coin du salon, si tel est votre désir. Vous n'avez pas à craindre les critiques de qui que ce soit à propos de vos travaux ni même les plaintes à propos des objets que vous n'avez pas ramassés. L'obligation de tout ranger est l'aspect le plus décourageant pour l'artiste (ou l'artiste amateur) qui n'a pas de studio.

Je n'avais une pièce réservée exclusivement à la peinture que lorsque je vivais seule. Je viens tout juste de remédier à cette situation en transformant une chambre récemment libérée. Je sens que je *dois* être seule pour arriver à peindre, complètement seule. Je ne ressens pas la même liberté. Je n'aime pas l'impression que quelqu'un peut entrer à tout moment dans mon espace. De temps à autre, j'assiste à des leçons de peinture, mais je ne peins pas à ces endroits. Je m'y rends surtout pour assister aux critiques et aux démonstrations et je retourne chez moi pour peindre. Je trouve utile de parler à d'autres peintres et de voir leurs oeuvres. Il est aussi fascinant de regarder les étudiants se développer. J'ai vu tellement de gens depuis des années, jeunes, âgés, et entre deux âges, devenir d'excellents artistes, que je suis persuadée qu'il existe beaucoup de talents qui ne sont pas encore développés. Deux des femmes de la classe à laquelle j'assiste ont gagné des prix et ont déjà présenté une exposition de leurs oeuvres.

Il n'est jamais trop tard
pour commencer

Bien entendu, tout le monde ne peut pas peindre ou dessiner, mais il n'est jamais trop tard pour s'inscrire à des cours d'art afin de découvrir si vous pouvez ou devez peindre.

L'âge n'est pas un obstacle; plus vous êtes âgée, plus votre bagage d'expériences peut vous aider à créer, consciemment ou non. Après tout, Grandma Moses n'a pas commencé à peindre avant l'âge de 80 ans et a quand même réussi à se faire un nom. À la suggestion de sa soeur, elle a commencé à produire des tableaux qu'elle a ensuite fait parvenir au magasin général local où un ingénieur de New York, collectionneur d'art, les a achetés lors de son passage dans la région. Dès son retour à New York, les tableaux furent inclus dans une exposition du Musée d'art moderne.

Le succès de Grandma Moses est peut-être un conte de fées qui n'arrivera pas plusieurs fois. Mais d'autres artistes ont commencé leurs carrières relativement tard et ce, sans même avoir reçu de formation spécifique en art.

Mon mari, sculpteur depuis maintenant quinze ans, avait plus de 40 ans lorsqu'il a appris les techniques de soudure par l'entremise de son beau-père, ingénieur, et commencé à fabriquer des mobiles en métal. Il a même gagné le premier prix lors d'une exposition présentée par les employés de *Time Inc.* pour lesquels il rédigeait la chronique «Sports Illustrated». Sa première pièce, qui avait mérité le prix, était un totem qui représentait sa famille. Il a bientôt commencé à vendre ses sculptures et à passer ses soirées torche à souder en main (dans son studio situé dans le garage). Et il trouvait cela beaucoup plus satisfaisant que ses journées au bureau. Quelques années plus tard, il a laissé son emploi à *Time Inc.* pour se consacrer entièrement à la sculpture.

David a besoin d'être seul pour sculpter, non seulement parce que son esprit créateur a besoin de solitude pour produire, mais encore parce que les outils qu'il utilise sont très bruyants, comme le prouvent les plaintes formulées par l'entourage. Il travaille maintenant dans un endroit éloigné de la maison où il peut faire autant de bruit qu'il lui est nécessaire, sans déranger qui que ce soit.

Hélène, une de mes patientes âgée de 35 ans, s'est intéressée à la poterie après s'être séparée de son mari. La pension alimentaire qu'il lui envoyait était suffisante pour qu'elle puisse vivre confortablement; elle avait donc décidé de consacrer quelques années à son art, et de devenir une artiste sérieuse. L'effort physique requis pour modeler l'argile tenait du défi autant que de la thérapie; elle a vite développé un style bien distinct et personnel.

Une habile artiste au collège, Hélène avait expérimenté le dessin et la peinture, mais avait découvert dans la poterie le moyen idéal pour exprimer sa créativité, en combinant son amour du travail manuel et son talent de dessinatrice. Elle s'est jointe à une coopérative de potiers, ou elle partageait un tour et un four de potier avec plusieurs autres artisans. Plus tard, dès qu'elle s'est sentie prête à voler de ses propres ailes, elle s'est acheté un tour et un four à poterie et a installé son propre studio. Une fois par année, elle présente une exposition de ses oeuvres; elle arrive toujours à en vendre quelques-unes. Elle en vend aussi plusieurs par l'entremise des galeries d'art locales.

«Il existe tellement de techniques excitantes que j'ai l'impression d'être encore une débutante, commente-t-elle. Quand je travaille, j'oublie tout autour de moi. Mon travail est toute ma vie. Je n'arrive pas à croire combien le temps passe vite et comme je me sens renaître après chaque session de travail.»

Clarisse, une autre de mes patientes, divorcée elle aussi, est une tisserande accomplie et a gagné plusieurs prix pour ses travaux. Elle enseigne aussi dans une école d'art locale. «J'adore enseigner parce que je trouve stimulant d'échanger des idées avec les autres. Mais j'ai besoin d'être seule pour mon propre travail créatif. J'ai besoin d'une tranquillité absolue, propice à mes efforts créatifs. J'ai bien essayé de partager un espace de travail avec d'autres artistes, mais sans succès. Le studio que j'utilise, au-dessus de mon garage, est parfait pour moi. J'ai un superbe panorama qui me garde en contact avec la nature pendant que je travaille. Et ce, même si je ne regarde pas à l'extérieur; je sais que je n'ai qu'à lever les yeux pour le voir et la sérénité que je ressens m'aide à communier avec mon sens des couleurs et du dessin, que j'exprime ensuite dans mes travaux.»

Les cours d'art sont nécessaires à l'apprentissage et il vous est possible d'accomplir des oeuvres artistiques en y participant. Vous pouvez aussi rencontrer d'intéressantes personnes. Comme mon amie, Ethel T.G., enseignante, le dit: «Si vous avez besoin d'apprendre la technique, il est bon d'avoir un professeur. Mais si vous désirez vous exprimer par la peinture, il est préférable d'être seule.»

Il est encore plus évident que l'écriture créative exige une plus grande concentration et supporte moins les interruptions. Les écrivains qui n'ont pas d'endroit privé pour écrire ne reculeront devant rien pour en obtenir un quelque part. Je me rappelle avoir lu qu'une auteure se réfugiait dans son auto pour écrire quand ses enfants étaient petits. C'était le seul moyen pour elle d'obtenir la solitude qui lui était nécessaire pour travailler. Une autre écrivaine que je connais passe le plus clair de la nuit à écrire; c'est son seul moyen d'échapper aux téléphones et aux interruptions de ses enfants.

«Heureusement que je n'ai pas besoin de beaucoup de sommeil. Si c'était le cas, ma carrière prendrait fin très vite. Certaines personnes que je connais réussissent à travailler malgré le chahut, mais j'en suis incapable.»

Virginia Woolf, romancière anglaise, a écrit au sujet du nombre restreint de femmes écrivains dans son livre publié en 1929 *Une chambre à soi*, «Qu'avait George Eliot en commun avec Emily Brontë? N'est-il pas vrai que Charlotte Brontë n'arrivait pas du tout à comprendre Jane Austen? Sauf pour le fait qu'aucun d'entre eux n'avait d'enfant, quatre personnages plus incongrus n'auraient pu se rencontrer dans une pièce, tant et si bien qu'il est tentant de leur inventer une réunion et un dialogue. Mais une force étrange les a tous poussés à écrire des romans. Cela avait-il quelque chose à voir avec le fait qu'ils étaient tous issus de la classe moyenne, et que la classe moyenne du début du dix-neuvième siècle ne possédait qu'une seule pièce commune où se retrouvait toute la famille? Lorsqu'une femme écrivait, elle était obligée de le faire dans cette pièce commune où il était plus facile d'écrire de la prose ou de la fiction, plutôt que des poèmes ou une pièce de théâtre, ce qui demandait une concentration plus intense.»

Ce n'est pas par accident qu'un nombre disproportionné de femmes ayant accompli quelque chose ne sont pas mariées. Malheureusement, bien qu'il soit plus facile pour un homme d'avoir du succès lorsqu'il est marié, sa femme le débarrassant des corvées reliées à l'entretien d'une maisonnée (qu'il soit professionnel, homme d'affaires ou artiste), le mariage rend le succès de la femme plus difficile à atteindre. La femme de carrière qui est également épouse et mère de famille occupe deux emplois à temps complet.

Les choses ont changé, mais pas beaucoup. La femme qui peut suivre sa propre étoile, plutôt que celle d'un autre, est la femme qui vit seule.

Des quatre-vingt-deux femmes parmi les trois cents femmes connues interrogées lors d'une récente étude, seulement sept affirmaient avoir un mariage de longue durée ainsi que des enfants, tout en exerçant leur carrière (ces sept artistes étaient Grandma Moses, la romancière Vita Sackville-West, la psychanaliste Helen Deutsch, l'artiste Käthe Kollwitz, l'auteure dramatique Enid Bagnold, l'actrice Helen Hayes et l'écrivaine Anne Morrow Lindbergh). Seulement 32 % étaient mariées au moment de l'étude, tandis que 40 % étaient divorcées et 22 % ne s'étaient jamais mariées; 58 % n'avaient pas d'enfants.

Non seulement la solitude, mais aussi le fait de vivre seule et même l'isolement peuvent être propices à la créativité. L'état de bonheur, même s'il est désirable au point de vue de la santé mentale et physique, peut entraver le processus créateur et ne constitue peut-être pas le stimulant nécessaire pour vous convaincre de vous asseoir devant le chevalet ou la machine à écrire. Mais on ne peut douter qu'il arrive fréquemment que les artistes ressentent un intense esprit de créativité quand ils sont bien ancrés dans leur inaction, comme l'attestent les grands poètes romantiques du monde entier.

7. Les femmes qui vivent seules possèdent une certaine force

Il est ironique que, jusqu'à ce que les événements nous forcent à vivre seules, nous ne connaissions pas ou ne développions pas notre force.

Vivre avec une personne que vous aimez et sur laquelle vous pouvez compter au point de vue de la compagnie, de la tendresse et du support émotionnel (sans mentionner l'argent et le contact sexuel) est probablement le mode de vie qui vous apporte le plus de bonheur. Mais il est très différent de vivre avec quelqu'un par choix, ou parce que vous en ressentez le *besoin*.

Il n'y a rien de mal à vivre une relation de dépendance mutuelle; c'est l'une des meilleures expériences de la vie. Trop de gens cependant, surtout des femmes, dépendent désespérément d'une autre personne parce qu'ils n'ont jamais appris à se débrouiller seuls.

«J'ai parfois l'impression que mon mari me traite plus en petite fille qu'en épouse, me dit l'une de mes patientes. Je suis allée vivre avec mon mari tout de suite en quittant la maison paternelle à l'âge de dix-huit ans. Je n'ai jamais eu de compte bancaire bien que je sois âgée de quarante ans. J'ai toujours remis mon chèque à mon mari, comme je le faisais avec mon père», ajoute-t-elle.

Elle ne pouvait faire valoir ses droits dans sa relation avec son mari, pas plus qu'avec d'autres personnes. Chaque fois qu'un problème se présentait, son mari s'en occupait, comme son père l'avait toujours fait auparavant.

Il y a quelques années, plusieurs femmes se sont inscrites aux séances d'entraînement que je donnais en «affirmation de soi», parce qu'elles se retrouvaient seules pour la première fois de leur vie, à la suite d'un divorce ou de la mort d'un époux, et qu'elles n'arrivaient pas à se débrouiller. Non seulement devaient-elles faire face au sentiment d'avoir perdu un amoureux et sa compagnie, mais encore leur routine se retrouvait-elle perturbée et elles devaient affronter une situation entièrement nouvelle.

«Je n'ai jamais eu à parler à un mécanicien jusqu'à maintenant, mon mari s'est toujours occupé de ces choses-là. Si quelque chose brisait dans la maison, c'est lui qui appelait le réparateur. Je me sens inadéquate devant ces gens-là et je crois qu'ils le remarquent tous. Mais je suis maintenant seule et je dois surmonter ce sentiment d'incompétence que je ressens devant certaines situations.»

Le rôle de maîtresse de maison nuit à la confiance en soi

Le besoin de trouver un emploi, souvent pour la première fois après plusieurs années, est une source d'anxiété pour plusieurs femmes qui doivent apprendre à se débrouiller seules. «Cela fait vingt ans que je ne travaille pas, me dit l'une des femmes qui participent à mon séminaire. J'ai toujours vécu sous la protection de mon mari, qui avait du succès en affaires. L'idée de me chercher un emploi me terrifie. Je ne peux même pas faire de téléphone afin de prendre rendez-vous pour une entrevue. Je ne sais pas comment surmonter cette peur. J'étais beaucoup plus indépendante à l'âge de seize ans que je ne le suis maintenant à trente-six ans.»

Quelque chose, dans le rôle de maîtresse de maison, occasionne une perte sévère de confiance en soi chez la plupart des femmes. En effet, la maîtresse de maison se retrouve très souvent coupée du contact quotidien avec des adultes que procure une carrière, et souffre d'un isolement très intense. Il lui manque aussi la valorisation d'un emploi rémunéré. Même si le mari et les enfants apprécient tout ce qu'elle fait pour eux, il lui manque quand même la récompense concrète, le chèque de paie.

Dépendre financièrement de quelqu'un d'autre crée souvent un sentiment d'asservissement émotionnel. L'argent procure le pouvoir à celui qui en a; et les revenus relatifs de l'épouse et du mari affectent les prises de décisions. Beaucoup de femmes ont le même revenu que le mari, ou un salaire presque égal, mais remettent leur chèque au mari, par peur d'utiliser le pouvoir que leur confère cet argent.

Cependant, une femme qui gagne un revenu raisonnable peut utiliser cette liberté économique pour abandonner son mariage, si tel est son désir. C'est une liberté que la femme sans emploi a rarement, à moins que son mari ne gagne un salaire très élevé ou qu'elle soit indépendamment riche. Mais un autre facteur de l'équation est que, quand les femmes sont financièrement indépendantes, les hommes ont *eux aussi* la liberté d'abandonner le mariage. Ils ne se sentent pas obligés de continuer la relation si leur épouse peut subvenir à ses propres besoins. De ce fait, il existe un certain pouvoir dans le manque de ressources.

Qu'elles travaillent ou non, peu de femmes ont l'expérience de la gérance actuelle de l'argent. «Très peu de maîtresses de maison et de femmes qui travaillent dans un milieu autre que financier connaissent la question monétaire, ce qu'elles peuvent en faire, ce que l'argent peut rapporter, les différents niveaux de sécurité, le pouvoir qu'elles peuvent exercer sur l'argent, constate un conseiller financier. Je parle des femmes de 25 à 70 ans. Je me rends compte que plus elles sont âgées, moins elles en savent. Les femmes de n'importe quel âge paniquent lorsqu'elles deviennent veuves. Elles n'arrivent pas à organiser leur chéquier; certaines d'entre elles ne peuvent même pas faire un chèque, ce qui est très triste.»

Même les femmes qui oeuvrent en milieu financier n'arrivent pas nécessairement à administrer leur situation monétaire de façon avantageuse. C'est ce qu'a découvert Chérie M., employée d'une compagnie de courtage lorsqu'elle et son mari se sont séparés il y a trois ans: «J'avais un emploi dans une compagnie de courtage, je conseillais les clients sur la façon d'utiliser leur argent, il y avait même parmi eux des femmes divorcées, et je n'avais jamais pensé à me protéger moi-même. J'ai dû ajuster ma façon de penser concernant les besoins financiers à longue échéance comme l'éducation de ma fille Diane, une caisse de retraite pour moi, et les dépenses reliées à l'entretien de la maison, toutes des choses que je tenais pour acquises.»

Le problème vient du fait que peu de femmes apprennent à gérer leur argent et à le faire travailler pour elles et qu'elles hésitent très souvent à prendre des décisions. Contrairement aux hommes, elles tendent à être prudentes et conservatrices.

Les stéréotypes des caractéristiques du rôle féminin, la dépendance, la passivité et la docilité, rendent difficile la gestion efficace de l'argent et empêchent de fonctionner de façon indépendante dans n'importe quel domaine. Les hommes qui montrent de tels traits sont considérés comme des mésadaptés, ou pour le moins des inefficaces, tandis que les femmes qui se conduisent avec assurance sont considérées comme masculines.

Mais à toutes fins utiles, les caractéristiques extrêmement féminines sont un désavantage pour les individus des *deux* sexes. L'indépendance et l'assurance, habituellement considérées comme des caractéristiques masculines, sont des avantages, autant pour les femmes que pour les hommes.

Les femmes doivent apprendre à s'affirmer

Considérant la façon dont elles sont élevées et les exemples avec lesquels elles grandissent, il n'est pas étonnant que les femmes ressentent un sentiment d'ambivalence lorsqu'elles tentent de s'affirmer. Non seulement doivent-elles surmonter toute une vie de conditionnement religieux et culturel (l'Église catholique est l'une des pires instigatrices de la soumission et de la docilité, en particulier chez les femmes), mais encore risquent-elles d'être jugées peu féminines.

Mais quand les femmes apprennent à s'affirmer, elles éprouvent une très grande amélioration dans leur sentiment de confiance en soi et constatent que les autres les respectent beaucoup plus. S'affirmer leur permet d'exercer un contrôle qu'elles n'avaient pas auparavant sur leur vie. Certaines m'ont dit avoir vu leur vie changer grâce à un séminaire d'affirmation auquel elles avaient assisté pendant cinq semaines.

Plusieurs femmes deviennent autoritaires seulement lorsqu'elles n'ont pas le choix. Quand une femme se retrouve soudainement seule, à la suite du divorce ou de la mort d'un conjoint, elle *doit* apprendre à livrer ses propres combats ou succomber à la bataille qu'elle doit livrer pour survivre. La femme de carrière est habituellement moins vulnérable que la maîtresse de maison; bien qu'elle puisse craindre la perte d'une relation amoureuse et qu'elle trouve perturbant le changement dans sa vie, elle n'a pas à se préoccuper de la façon dont elle subsistera seule. Elle a déjà connu le succès dans un domaine et n'a pas à se demander comment survivre en même temps qu'elle apprend à vivre seule.

Le divorce peut être douloureux, et l'est la plupart du temps. Il n'y a cependant aucun doute qu'il est habituellement propice à la croissance personnelle.

«Je n'ai jamais passé une nuit seule à la maison jusqu'au moment où Joseph est parti, me dit Félicia âgée de vingt-neuf ans. Nous avions eu des disputes auparavant, mais il ne m'était jamais venu à l'idée qu'il me laisserait un jour. Et soudain, il n'était plus là. Après tout le bruit, cette tranquillité était vraiment nouvelle pour moi. Joseph savait à quel point j'avais horreur d'être seule: j'en faisais une maladie. Il en a eu assez de toujours prendre en considération mes peurs et ma dépendance. Je crois que c'est ce qui l'a éventuellement poussé à partir, même si, au début, il était fier du fait que je ne puisse pas vivre sans lui, même pour une seule soirée.»

Félicia, dotée d'une grande intelligence et ayant terminé avec succès ses études à l'université, occupait un emploi qu'elle détestait quand elle et Joseph s'étaient rencontrés. Ils avaient, quelques mois plus tard, décidé de se marier. Joseph l'avait alors encouragée à laisser son emploi: après tout, sa mère n'avait jamais travaillé. Sans carrière en vue, Félicia avait accepté avec joie. «Il gagnait assez d'argent pour que nous puissions tous les deux vivre confortablement et cela me semblait la solution rêvée. Mais je constate maintenant que c'était une façon de me laisser tomber moi-même. Au lieu de résoudre mes problèmes, j'en créais de nouveaux.»

Joseph, ingénieur diplômé d'une prestigieuse université, possédait déjà, à l'âge de trente ans, sa propre maison. Félicia y avait emménagé après leur mariage et s'était tout de suite ancrée dans une routine de cours d'exercices aérobiques, de parties de bridge et d'après-midi à la plage. «Je me suis vite rendu compte que je ressentais de l'anxiété lorsque je sortais seule ou que je devais rester seule à la maison pendant la soirée. Je me sentais relativement à l'aise durant le jour, mais aussitôt que le soir tombait, tout changeait. Je paniquais chaque fois que Joe devait s'attarder pous assister à des réunions ou devait travailler tard.» Et plutôt que lui suggérer de voir un psychiatre, Joseph avait changé son horaire pour contourner les peurs de Félicia.

À l'occasion cependant, Joseph se fâchait contre elle; il trouvait de plus en plus irritant de satisfaire ses besoins et trouvait que Félicia nuisait à ses responsabilités professionnelles. Leur mariage avait pris fin lors d'un voyage d'affaires raté. Bien que le vol menant aux Bermudes effrayait Félicia, elle avait accepté d'accompagner Joseph. Elle n'avait pris l'avion qu'une seule fois auparavant, lors de leur lune de miel; elle n'avait pas eu peur à ce moment-là. «J'ai constaté à quel point mes frontières avaient diminué en trois ans de mariage.

«Ce n'est que lorsque nous fûmes assis dans l'avion, avec plusieurs collègues de Joseph, que ma peur s'est transformée en panique. «Sors-moi d'ici! Sors-moi d'ici! disais-je à Joseph tout en pleurant. Je ne peux pas y aller.» Joseph a bien essayé de me calmer mais il n'y avait rien à faire. Il a finalement cédé et nous sommes retournés à la maison. C'est ce soir-là que sa colère a éclaté et qu'il est parti.

«Je ne pouvais pas croire qu'il était vraiment parti. J'avais perdu mon père, mon compagnon, mon protecteur, ma nourrice. Il n'y avait plus personne pour me tenir la main. Personne n'était au courant de mon problème sauf Joseph. Je m'étais toujours fiée à lui pour me protéger. Je comprends maintenant que je n'aurais jamais pu me remettre tant et aussi longtemps que nous serions restés ensemble. Je ne *voulais pas* être indépendante. Mais quand Joe m'a laissée, je n'ai pas eu le choix.»

Pour Félicia, ne pas avoir le choix faisait toute la différence. Elle a dû consulter un psychologue; elle a pu retourner travailler et se trouver, avec l'aide de son thérapeute, un emploi plus approprié à sa personnalité et à ses talents. Étudiante spécialisée en anglais à l'université, elle a obtenu un emploi d'assistante à l'éditeur pour un magazine d'alimentation.

«J'avais enfin une identité bien à moi, dit-elle un an après son divorce. J'aimais Joseph, mais l'amour que j'éprouvais pour lui venait de ma dépendance infantile. Sans lui, j'ai dû apprendre à grandir, et j'en avais bien besoin.»

Adulte, mais encore fille à papa

Avoir besoin de grandir, mais rester ancrée désespérément dans le rôle de fille à papa est une situation que l'on rencontre très souvent chez les femmes qui se sont mariées jeunes, sans avoir résolu leur crise d'identité.

«J'ai rencontré mon mari à l'âge de seize ans et nous nous sommes mariés le jour où il a terminé ses études, me dit Annette, maintenant âgée de quarante-huit ans et mère de quatre enfants. Mon expérience des fréquentations se limitait à l'école secondaire, et j'ai soudain dû recommencer à l'âge de quarante-six ans. Mon mari m'a dit, six semaines avant notre vingt-cinquième anniversaire de mariage: «J'ai toujours été un bon fils, un bon mari et un bon père; j'ai maintenant besoin de temps à moi. Je voudrais une période sabbatique, prendre congé de notre mariage.»

«J'ai eu beau le supplier de ne pas partir, tout ce que j'ai réussi à faire a été de le persuader de retarder son départ jusqu'après notre vingt-cinquième anniversaire. Il m'a alors demandé d'amener notre fille magasiner pendant qu'il déménagerait dans son nouvel appartement. Au début, j'ai refusé, mais j'ai bien vite réalisé qu'il faisait cela pour nous faciliter les choses. Nous nous sommes ensuite assis et avons révélé la vérité à notre fille. Elle s'est enfuie chez sa meilleure amie en pleurant.

«Quand Bill est parti, je suis allée dans la chambre à coucher et j'ai vu qu'il ne restait plus rien de lui et je me suis mise à pleurer. J'ai pleuré pendant trois mois sans arrêt. Ma mère avait toujours réagi de cette façon avec mon père, comme une petite fille. Je pensais que c'était la façon normale de faire les choses. Il m'avait toujours semblé masculin de s'affirmer; j'utilisais mon esprit de compétition d'une façon manipulatrice, et je constate maintenant que tous mes enfants ont cette caractéristique. Mon mari endurait ma conduite, de peur de me faire du mal, jusqu'au moment où il ne pouvait plus le supporter. Il faisait alors une violente colère et quittait la maison pour aller s'enivrer, pendant que je restais à la maison pour pleurer.

«Je crois que j'ai grandi un peu, dit maintenant Annette. Je n'attends pas d'une relation avec un homme les mêmes choses qu'à vingt ans, alors que j'avais douze ans du point de vue émotionnel. J'attendais de mon mari qu'il prenne soin de moi financièrement, physiquement et émotivement.»

Annette note qu'elle a pu continuer sa croissance personnelle et a pu passer au travers de cette période difficile grâce à trois éléments:

«Premièrement, j'ai suivi une bonne thérapie; je suis plus consciente de mes sentiments qu'avant. Je ne me connaissais pas du tout lorsque je me suis mariée.

«Deuxièmement, la satisfaction que je retire de mon travail (Annette est tisserande et dessine des tissus destinés au marché des vêtements faits à la main) m'apporte une si grande richesse que cela me procure un épanouissement, beaucoup plus grand que lorsque j'étais mariée. J'ai beaucoup plus de temps et d'énergie à y consacrer. Je peux me rendre à mon studio le samedi ou le dimanche, si je le veux. Je n'ai pas à prendre en considération les sentiments d'une autre personne. J'ai maintenant la liberté de concentrer toute mon attention à mon travail. Et parce que je me donne beaucoup à mon travail, j'en retire beaucoup.

«Troisièmement, la musique m'aide à me renouveler. Un jour, il n'y a pas très longtemps, je me sentais déprimée. Je suis allée à mon studio où j'ai écouté du jazz à plein volume tout en travaillant jusqu'à six heures. J'ai ensuite réalisé que je me sentais bien à nouveau. Il est dur de rester déprimée en écoutant de la musique rythmée et en tapant du pied. La musique est là chaque fois que j'en ai besoin, et cela m'arrive souvent.»

Après son divorce, Annette a comblé son besoin désespéré de grandir. Heureusement, la pension alimentaire qu'elle recevait de son ancien mari était assez généreuse pour lui permettre de vivre confortablement sans occuper d'emploi régulier; elle pouvait ainsi investir son argent en prévision du jour où elle ne recevrait plus cette pension. Elle décrit son mari comme «une personne extrêmement fiable» qui ne manquerait pas un seul paiement de la pension.

«Je regrette beaucoup mon divorce, mais je réalise que je n'aurais pas atteint le point que j'ai atteint si j'étais restée mariée. J'ai tiré de cette expérience traumatisante une amélioration au point de vue de l'indépendance, de la force personnelle ainsi qu'une meilleure connaissance de mes sentiments».

Forces personnelles tirées de la vie solitaire

Annette s'est lentement aperçue des forces personnelles qu'elle possédait et qu'elle ne connaissait pas; sa relation avec son mari les avait dissimulées. «J'ai découvert, en prenant la tête d'une organisation de rencontres pour personnes seules, que j'avais des qualités de dirigeante; je me suis rendu compte que j'étais une personne très organisée, je savais que toute chose avait un début, un milieu et une fin. Je n'avais jamais apprécié cette qualité auparavant. Bill était tellement organisé que j'avais toujours eu l'impression de ne pas l'être.»

«J'ai aussi réalisé que je pouvais tenir une bonne conversation. Quand j'étais mariée et que nous invitions des collègues de travail de Bill, il était toujours le point de mire et la conversation portait toujours sur le monde des affaires. Je ne me sentais pas apte à participer de façon valable à la conversation. Après le divorce, je me suis aperçue que le fait de lire beaucoup et d'aimer le cinéma, le théâtre, la musique et les bons livres, me procurait d'intéressants sujets de conversation et ne me limitait pas à de simples bavardages. Mes peurs qui m'avaient écrasée tout au long de mon mariage et le besoin qu'avait mon mari de toujours être le centre d'attention, me donnaient l'impression d'être aussi animée qu'une fleur de tapisserie.

«Si j'étais encore avec lui, je reconnaîtrais son besoin de monopoliser l'attention; je participerais mais je le laisserais mener la conversation aussi loin qu'il le désirerait. Parce que je ne me sentirais plus obligée de le faire, cela ne me dérangerait pas comme avant. Maintenant que je sais qui je suis, je n'ai pas à m'efforcer d'impressionner mon entourage ou à me sentir inadéquate parce que je n'y arrive pas.»

Annette a aussi appris qu'elle pouvait très bien prendre des décisions. «Bill prenait toutes les décisions pendant notre mariage. Quand je n'aimais pas ses décisions, nous nous disputions ou je pleurais. Je n'ai jamais vraiment entendu ce qu'il disait. Je n'entendais que mes propres pensées. Après la fin de notre mariage, j'ai tout à coup été obligée de prendre des décisions. J'ai dû décider comment dépenser mon argent et où j'allais vivre. J'ai dû décider aussi à quels événements sociaux assister et quel genre de vacances je devais prendre.

«J'aime voyager mais je n'ai jamais pensé pouvoir le faire seule. La première fois que je l'ai fait, c'était quatre mois après le départ de Bill, après que j'eus cessé de pleurer toute la journée en me promenant de pièce en pièce et que je ne pleurais plus qu'*une* fois par jour, ou un jour de temps à autre. Je me suis retrouvée toute seule dans une maison à trois étages lorsque ma fille est partie dans une autre ville pour aller à l'école. Je me suis enfuie! J'ai sauté dans l'auto et je suis partie pour une semaine. J'étais effrayée. Je suis restée dans des auberges qui servaient des repas de style familial. Déjeuner ou même dîner seule ne me dérangeait pas. À ma grande surprise, je me suis rendu compte que j'appréciais ma propre compagnie... L'an passé je suis allée en Norvège et j'ai pris un cours de tissage. J'y suis restée un mois et j'ai voyagé de village en village hors des sites touristiques. J'étais tellement fière de moi et je me suis tellement amusée que je songe à participer à des fouilles archéologiques au Pérou, ce à quoi j'ai souvent rêvé.

«Comme vous voyez, vivre seule m'a donné la liberté d'éprouver mon courage. J'ai descendu des rapides en canot. Et je suis allée visiter ma famille, seule, sur la côte ouest. Je sens que, pour la première fois de ma vie, j'ai appris à être moi-même.»

Même une femme de carrière, habituée de voyager seule et de prendre en main ses responsabilités professionnelles, peut éprouver de la difficulté à assumer ses responsabilités personnelles, et ce, pour une longue période de temps. Carole, maintenant âgée de quarante et un ans, s'est mariée peu de temps après avoir terminé ses études; après cinq ans, elle en a eu assez de son mari, professeur à l'école, et a demandé le divorce.

Ils n'avaient, par choix, jamais eu d'enfants, et Carole, éditrice pour un magazine, n'avait pas besoin d'aide financière de la part de son mari (elle gagnait un salaire plus élevé que le sien et n'aurait pas eu droit à une pension). Elle avait décidé de quitter la maison la première et son mari devait continuer d'y habiter jusqu'à ce qu'il réussisse à la vendre. Ils partageraient entre eux le montant obtenu.

Carole s'était trouvé un appartement très plaisant dans un beau quartier et avait hâte de commencer sa vie de célibataire. Mais, à sa grande surprise, plus le jour de son déménagement approchait, plus Carole se sentait déprimée et pleine d'anxiété. Elle n'avait jamais vécu seule et elle était terrifiée à l'idée de le faire. Elle a commencé à souffrir de maux de tête et avait tellement de difficulté à dormir qu'elle se présentait au travail exténuée.

Quand ses deux soeurs sont venues l'aider à déménager, elles l'ont trouvée si déprimée qu'elles craignaient de la laisser seule pour la soirée. Carole n'allait toujours pas mieux le lendemain. Elles lui ont suggéré de consulter un psychiatre, mais Carole a refusé: «Je n'ai pas l'intention de discuter de mes problèmes avec un étranger.»

Cela m'a tout à coup frappée: je suis seule!

«Je m'en suis tirée grâce à mon travail, dit Carole. Si je n'avais pas été obligée de me lever et de me rendre au bureau, je serais restée à la maison à pleurer sur mon sort. C'est curieux, après tout, le divorce relevait de ma décision. Je savais que je ne voulais plus vivre avec William. Mais je ne voulais pas non plus être seule. Au début, quand je rentrais à la maison, cela me frappait: je suis *seule*. Les heures me semblaient interminables. Je n'en pouvais plus d'attendre l'heure d'aller au lit. Mais lorsque je me couchais, je n'arrivais pas à dormir.»

En quelques semaines, Carole a commencé à se sentir mieux dans sa peau. Elle a fait connaissance avec une voisine, divorcée elle aussi, qui occupait l'appartement au-dessus du sien, et se sentait maintenant moins seule. Plus important encore, elle aimait être entièrement en charge de sa vie. «Une fois que mon sentiment initial d'isolement s'est dissipé, j'ai senti que mon appartement m'appartenait d'une façon dont la maison que j'avais partagée avec William ne m'avait jamais appartenu. Et ma vie était la mienne. Je pense que j'ai toujours eu l'impression qu'une partie de ma vie appartenait à mon mari, et que je n'étais pas libre d'être moi-même. Cette période de ma vie était un temps de croissance personnelle très excitant. Je ne suis pas sûre que je voudrais me remarier, bien que je n'aie pas encore pris de décision.»

Donald, qui a lui aussi entamé des procédures de divorce après vingt ans de mariage, s'est soudainement retrouvé aux prises avec des changements qui bouleversaient toutes les facettes de sa vie quand son employeur le transféra dans une autre ville. Il devait non seulement vivre sans son épouse et sa famille, mais encore devait-il travailler dans un nouveau bureau situé dans une nouvelle ville. Tous ses points de repère s'étaient envolés.

«Au début je trouvais rafraîchissant de vivre seul. Je l'avais voulu. Je voulais être libre de faire du saut en parachute, du ski et de la voile sans que mon épouse s'inquiète à mon sujet ou veuille m'accompagner. Je me suis retenu trop longtemps. Tout allait bien durant la fin de semaine; j'étais rarement à la maison. Mais quand je rentrais du bureau les soirs de semaine, mon instinct me poussait à sortir de cet appartement d'une seule chambre à coucher. Après avoir vécu dans une maison très spacieuse, mon appartement me semblait minuscule et oppressant. J'avais horreur d'ouvrir la porte chaque soir et de pénétrer dans cette place vide pour m'installer devant la télévision ou pour manger un repas congelé vite réchauffé. Je repartais le plus tôt possible pour me réfugier dans un bar pour célibataires.»

Mais l'attrait pour ce mode de vie s'était bientôt effacé, et quand Donald a réalisé qu'il ne pourrait jamais former une relation permanente de cette façon, il a cessé de fréquenter ces endroits. Il ne *voulait* pas d'une relation permanente à ce moment-là, mais il ne voulait pas non plus de rencontres d'un soir. Passer ses soirées seul lui était très difficile au début, mais cela lui avait permis de mieux connaître ses propres sentiments.

«J'ai toujours pensé que Guylaine était la plus dépendante de nous deux. Je vois maintenant que, à ma façon, je l'étais autant. Je me fiais à elle pour porter mes chemises chez le nettoyeur, préparer mes repas et m'appuyer émotionnellement quand j'en avais besoin. Il m'a été relativement facile d'apprendre à faire toutes les tâches reliées à l'entretien d'une maison, mais j'ai vite découvert qu'il me manquait une personne à qui me confier et avec qui discuter de choses et d'autres. Notre mariage avait été rempli de problèmes et je ne voulais pas y retourner, mais je réalisais qu'il n'y avait pas que des mauvais côtés.»

Petit à petit, Donald a commencé à organiser sa vie. Il s'est fait quelques amis au travail et s'est joint à un club de tennis où il a aussi noué de nouvelles amitiés. Comme Guylaine s'était toujours occupée de leur vie sociale, c'était nouveau pour lui. Il ne s'était jamais donné la peine d'apprendre à cuisiner; il s'est inscrit à des cours de cuisine pour se donner une certaine confiance qui allait lui permettre d'inviter ses nouveaux amis. Il s'est acheté une chaîne stéréophonique et a commencé à apprécier la musique classique pour la première fois de sa vie.

«Je réalise maintenant que je me remarierai probablement éventuellement. Mais je sais que je ne serai pas prêt pour ça avant un bout de temps. Je n'ai jamais vraiment été indépendant et je dois travailler à le devenir pendant quelque temps. J'avais besoin de ce temps pour connaître mes propres besoins et mes priorités. Je suis entrée dans le mariage comme j'en suis sorti, c'est-à-dire sans direction. J'ai cru pendant quelque temps que le mariage ne m'allait pas. Je vois maintenant que j'étais marié à la mauvaise personne, à quelqu'un qui voulait me donner des ordres.»

En particulier quand les gens se marient très jeunes et voient leurs aspirations personnelles et leurs chances de se développer mises de côté, l'impasse ainsi créée peut mener à l'échec du mariage. La douleur du divorce est ressentie par les deux conjoints, mais celui qui est abandonné par l'autre souffre en général beaucoup plus. Néanmoins, le besoin de fonctionner de façon indépendante provoque une croissance personnelle très intense et fait ressortir les forces inhérentes à chacun.

8. L'art de s'apprécier soi-même

«J'ai besoin de quelqu'un d'autre pour entériner tout ce que je fais, me dit l'une de mes patientes qui se sent esseulée. C'est comme si quelqu'un devait constamment me dire que je suis dans la bonne direction.»

Comme de nombreuses personnes esseulées, Irène n'a aucune confiance en elle et n'a pas encore appris à s'apprécier. Elle dépend entièrement de l'approbation de son entourage. Sa recherche constante de l'approbation et de l'acceptation des autres a détruit son mariage et à forcé Irène à voleter de psychiatre en psychiatre pour plus de la moitié de ses trente-sept années d'existence.

«Je sais que je fais peur aux gens avec mes besoins. Personne ne peut supporter moralement quelqu'un d'autre sans arrêt. J'ai l'impression d'avoir tellement besoin de l'apport des autres qu'il ne me reste rien à leur apporter. J'essaie continuellement de trouver quelqu'un pour subvenir à mes besoins émotionnels. Et qu'importe combien on m'aide, je ne suis jamais rassasiée.»

Les parents d'Irène ont divorcé alors qu'elle avait quatre ans. Son père est parti vivre dans une autre ville, sa mère est retournée sur le marché du travail et Irène s'est retrouvée entre les mains de gardiennes d'enfants. «Même quand ma mère *était* là, elle n'avait rien à m'offrir. Elle était tellement limitée au point de vue émotionnel qu'elle ne pouvait subvenir aux besoins émotionnels d'un enfant. Quand je pleurais, elle semblait ne jamais savoir que faire ou que dire.»

Il n'est pas surprenant qu'Irène ait pesé quinze kilos de trop, lorsqu'elle est venue me consulter pour que je l'aide à surmonter ses sentiments de ne pas être à la hauteur. «Je sais que je mange beaucoup en espérant me nourrir émotionnellement. Ce n'est certainement pas parce que j'ai faim. Je me déteste parce que je suis obèse, et je me sentirais beaucoup mieux si j'étais mince. Mais il me semble que manger est la seule façon de me faire plaisir.»

Le manque de tendresse maternelle et l'absence de son père (pour lesquels Irène se sentait responsable) la faisaient se sentir méprisable. La mère d'Irène la complimentait lorsqu'elle faisait quelque chose de bien, mais la critiquait sévèrement quand elle faisait une erreur. Irène a appris très bientôt à ne se concentrer que sur ses pensées négatives. Elle ne pensait jamais de façon positive et se répétait continuellement ses pensées négatives.

Cessez de vous abaisser

Comme beaucoup de gens qui ont un amour-propre très restreint, Irène était déprimée. Sa manie de constamment se répéter ses pensées négatives la faisait se sentir de plus en plus mal.

«Je sais ce que je fais, mais je ne peux m'arrêter.» Mais elle le pouvait et elle a réussi à cesser de toujours s'abaisser. Vous le pouvez aussi.

Si votre isolement vous déprime, ou si vous êtes déprimée pour d'autres raisons, votre vision des choses est certainement faussée. Quand vous avez le moral bas, vos pensées moroses peuvent vous faire voir votre entourage d'une façon très différente que lorsque vous êtes de meilleure humeur.

Le docteur David Burns, de l'Université de Pennsylvanie, était un pionnier du traitement des patients déprimés par la méthode de la thérapie cognitive (avec le docteur Aaron Beck, créateur du traitement). Le docteur Burns énumère dix «distortions cognitives» causant une dépression sans fin chez certains individus.

1. L'ATTITUDE TOUT OU RIEN déforme la réalité par la façon de voir les choses en termes absolument noirs ou blancs. «J'ai fait une erreur au bureau l'autre jour, je suis complètement stupide» est un exemple

de cette façon de penser. Quand vous êtes bien dans votre peau, vous réalisez qu'une erreur ne veut pas dire que vous êtes complètement stupide.

2. UNE TROP GRANDE GÉNÉRALISATION est indiquée par l'utilisation fréquente des mots «toujours» ou «jamais» «Je ne suis jamais invitée à sortir», est une trop grande généralisation basée sur le fait que vous avez passé un samedi soir toute seule. «Je rate toujours mes examens», en est une autre qui dérive d'une seule mauvaise note obtenue lors d'un examen final.

3. LES FILTRES MENTAUX agissent exactement comme un filtre de caméra. Si vous vous concentrez sur les choses négatives et ignorez les choses positives, vous filtrez la réalité autant que le filtre de votre caméra élimine certains rayons ultraviolets.

Lisette, jeune avocate, aimait beaucoup son emploi mais était irritée à l'idée de travailler un samedi pour terminer un important document, comme on le lui avait demandé. Même si c'était la première fois depuis les six mois qu'elle travaillait à cet endroit, elle ne pouvait penser qu'à cela. Chaque fois qu'elle planifiait son week-end, elle disait sur un ton exaspéré: «Bien entendu, on pourrait me demander de travailler ce samedi-ci.» Chaque vendredi elle pensait à la probabilité de devoir passer la journée au bureau.

4. DISQUALIFIER LE POSITIF va encore plus loin. C'est une façon de créer des situations négatives en interprétant mal les faits, en plus de ne regarder que l'aspect négatif des choses. C'est une façon typique de vous blâmer pour des situations qui ne sont pas de votre faute.

Supposons que vous deviez rencontrer une amie pour dîner. Vous êtes ponctuelle, mais votre amie ne se présente pas au rendez-vous. Au lieu de penser que votre amie a pu avoir des problèmes avec son auto (la bonne explication), vous croyez qu'elle ne vous considère pas assez pour être votre amie. Vous disqualifiez alors le positif en ignorant complètement le fait que vous avez toutes deux dîné ensemble à plusieurs reprises dans le passé et qu'elle vous a toujours montré qu'elle vous aimait bien.

5. SAUTER AUX CONCLUSIONS n'est pas seulement réservé aux personnes esseulées et déprimées, mais ces personnes le font de façon intensive. Le docteur Burns sépare cette façon de voir les choses en deux catégories qu'il appelle «la lecture des pensées» et «l'erreur de la diseuse de bonne aventure».

Dans la lecture des pensées, vous présumez qu'on vous évalue négativement, même si rien n'a été dit. Supposons que vous parlez à une amie qui semble exceptionnellement silencieuse. «Elle me trouve ennuyante», vous dites-vous. *Vous* pensez être ennuyante; elle doit alors le penser aussi et doit présentement se le dire.

Il n'est pas aisé de lire les pensées de quelqu'un dans les meilleures conditions, mais les personnes qui ont peu de respect de soi ont tendance à le faire constamment, et se trompent presque toujours. J'ai une patiente que j'essaie encore de guérir de cette habitude.

«Vous ne voulez plus que je vienne, n'est-ce-pas? me dit-elle presque chaque fois qu'elle se présente à son rendez-vous. Son raisonnement est que si elle était à ma place, c'est ce qu'*elle* se dirait, alors c'est ce que je dois penser aussi.

Par la bonne aventure, vous imaginez que quelque chose de terrible va vous arriver. Vous vous conduisez ensuite comme si votre prédiction était une certitude.

«Je vais perdre mon emploi, me répétait continuellement l'une de mes patientes. J'en suis sûre. On ne me donne que les tâches que personne d'autre ne veut faire. Mes patrons ne sont pas satisfaits de mon travail, mais jusqu'à maintenant ils n'ont pas eu le courage de me dire de partir. Je devrais peut-être leur rendre la situation plus facile et laisser mon emploi, mais j'ai besoin de mon salaire.» Malgré ses craintes, elle travaille toujours au même endroit et a récemment reçu une augmentation de salaire.

6. L'EXAGÉRATION ET LA MINIMISATION tombent dans la catégorie du comportement appelé aussi «catastrophique». L'éxagération et la minimisation se caractérisent par l'application d'étiquettes telles «effroyable» et «terrible» de façon à ce que le moindre petit ennui se transforme en désastre colossal. Par exemple: «Il pleut! C'est terrible qu'il pleuve. Mon week-end sera complètement ruiné. La température est vraiment affreuse depuis quelque temps.» Et «Je serai seule pour souper, encore une fois. C'est *effroyable* de souper seule.»

7. LE RAISONNEMENT ÉMOTIONNEL vous porte à croire que vos émotions représentent la vérité, ce qui est loin d'être le cas, surtout lorsque vous êtes déprimée. «Je me sens sotte, alors tout le monde doit rire de moi» et «Je me sens rejetée, personne au monde ne voudrait d'une perdante telle que moi» sont des exemples de raisonnement émotionnel. Quand vous faites de telles réflexions, vous tournez en rond, parce que vos pensées négatives causent vos sentiments de dépression au départ.

8. LES «JE DEVRAIS» sont utilisés par certaines dans le but de se pousser à agir. «Je devrais inviter tante Mathilde à souper» ou «Je devrais finir la lecture de ce livre parce que j'ai gaspillé 16,95$ pour l'acheter» sont des exemples typiques. Si vous en remplissez votre vie, les «je devrais» peuvent vous faire sentir coupable, rancunière et déprimée la

plupart du temps. Il n'est pas agréable de toujours faire les choses parce que vous en sentez l'obligation.

Je parlais récemment avec l'une de mes patientes qui avait assisté à une rencontre sur l'utilisation efficace du temps et sur l'organisation. Elle n'avait pas aimé l'oratrice et presque tout le contenu du séminaire, incluant une longue liste quotidienne de priorités, de points de repère qui n'étaient pas appropriés à son mode de vie. «Je devrais l'utiliser, m'avait-elle dit, je devrais au moins l'essayer. Après tout, j'ai passé toute une journée et payé cent dollars pour participer à cette rencontre.»

9. ÉTIQUETER ET MAL ÉTIQUETER sont des formes extrêmes de généralisation par lesquelles chaque erreur est tellement gonflée que vous créez une image de vous-même totalement négative. Si vous manquez un coup au tennis et vous exclamez «Je suis une perdante!» ou que vous manquez un rendez-vous et décidez que vous êtes une idiote, vous vous affublez d'une étiquette, même d'une étiquette erronée.

10. LA PERSONNALISATION est le procédé par lequel vous vous rendez responsable de quelque chose qui n'est pas de votre faute. Si votre mari est en retard au travail parce qu'il n'a pas entendu sonner le cadran et qu'il s'est levé en retard et que vous dites «C'est de ma faute. Je suis une mauvaise épouse», vous prenez le blâme pour quelque chose qui ne relève pas de votre responsabilité.

Je suis sûre que vous pourrez vous reconnaître dans cette façon de voir les choses; nous agissons presque toutes de la sorte de temps à autre. Mais si cet état de choses domine votre vie, il en résultera définitivement un état de dépression.

Comment restructurer votre façon de penser

La thérapie cognitive vise à restructurer votre façon de penser. Éliminer la distorsion mentale peut changer votre disposition de façon significative et améliorer les sentiments que vous éprouvez envers vous-même.

La première étape pour surmonter la distorsion cognitive est de reconnaître et de noter lesquelles parmi les dix distorsions vous utilisez. Ensuite vous devez *répliquer* à la critique interne qui vous dit, «Tu n'es bonne à rien», «Personne ne m'aimera jamais» ou «Tu devras prendre tes repas seule le reste de ta vie». Quand vous commencerez à réagir de façon rationnelle à ces pensées irrationnelles et négatives, vous serez en voie de surmonter le problème.

Supposons un instant que vous oubliez de retourner un appel et que vous vous attrapez à vous dire: «Je suis complètement inefficace. J'oublie tout. Je n'accomplirai jamais rien si je ne peux même pas me souvenir d'un simple appel téléphonique.» Votre côté rationnel peut vous faire dire: «Tu as oublié de retourner un appel une fois, c'est tout. Ce n'est pas si grave.»

Supposons que vous passez une entrevue pour obtenir un emploi. Presque toute la conversation se passe bien, mais on vous pose une question à laquelle vous ne vous attendiez pas et vous devez réfléchir quelques minutes avant de répondre.

En repensant à l'entrevue plus tard, et en évaluant vos chances d'obtenir l'emploi, vous en oubliez complètement le ton positif et ne vous concentrez que sur cette pause momentanée quand vous avez dû réfléchir avant de répondre. «Je suis stupide. Il pensait que je suis complètement idiote. Ils n'offriront pas l'emploi à une nouille comme moi.» Ceci est une combinaison du filtre mental et de la lecture de pensées. Vous vous concentrez sur l'aspect négatif de l'entrevue et concluez que l'intervieweur pensait la même chose que *vous*.

Votre côté rationnel peut vous répliquer: «Tu n'es pas complètement idiote parce que tu as dû faire une pause pour réfléchir pendant quelques minutes. En général, l'interview s'est bien passée. Et tu ne sais pas vraiment ce que pensait Monsieur Joli.»

Bien entendu, il est possible que vous n'obteniez pas cet emploi. Mais rien ne sert de vous rabaisser en attendant.

En d'autres mots, vous devez commencer à vous parler à vous-même d'une façon aussi rassurante que vous le feriez pour une amie qui exprimerait le même genre de pensées négatives et le même manque de respect de soi que vous exprimez en ce moment. Si une amie vous disait les choses que vous vous dites en ce moment, vous ne resteriez pas amies très longtemps. Qui a besoin de telles amies? Il est temps d'être votre propre amie. Vous le méritez.

Écrire vos pensées d'autocritique peut vous aider à mieux les percevoir. C'est aussi une bonne idée de les compter. Je demande souvent à mes patientes la fréquence de leurs pensées négatives en intervalles de temps (en divisant la journée en périodes d'une heure ou d'une demi-heure. Est-ce que la même pensée négative se répète? Ou plus exactement, la répétez-vous continuellement? La technique «d'arrêt» (voir page 35) de même que la réplique rationnelle peuvent aider énormément.

Souvenez-vous que ce sont les *pensées* que vous attaquerez directement et non les sentiments. Dans une grande proportion, ce sont vos pensées négatives qui vous font sentir mal dans votre peau. Quand vous changez votre façon de penser en altérant votre dialogue interne, vous vous sentez mieux.

Bien entendu, certains problèmes sont réels et certaines situations sont décourageantes. Vous pensez peut-être que tout ce que j'ai dit ne s'applique pas à vous parce que vos problèmes sont *réels*. Je n'ai pas l'intention de suggérer que toutes les formes de dépression sont causées par des pensées négatives. Si vous avez perdu une personne que vous aimez, vous serez certainement déprimée pendant quelque temps; en fait, vous devriez l'être. C'est quand votre sentiment de dépression persiste pendant une longue période de temps, ou quand ce sentiment n'a rien à voir avec les événements, que les pensées négatives sont probablement à blâmer, du moins en partie. Et il faut reconnaître le fait que lorsque vous êtes déprimée pour n'importe quelle raison ou que vous vous sentez plus démoralisée que d'habitude, vous avez tendance à voir ce qui vous entoure de façon déformée. Presque chaque situation peut être observée sous plus d'un angle. Au fur et à mesure que vous évaluerez vos pensées rationnellement, vous commencerez naturellement à voir votre entourage ainsi que vous-même plus positivement.

L'amour-propre se développe habituellement très tôt dans la vie, alimenté par l'amour inconditionnel et l'acceptation de nos parents. Certains parents cependant sont tellement exigeants, ou tellement perfectionnistes, que leur enfant n'arrive jamais à leur plaire. Cet enfant grandit et devient un adulte qui a peu de sentiments positif envers lui-même.

Qui doit-on blâmer?

Vous pouvez bien être persuadé que vos parents sont à blâmer pour votre manque d'amour-propre. Vous avez peut-être raison. Peut-être l'étaient-ils au départ. Mais *vous* maintenez ce manque d'amour-propre par vos pensées dénigrantes et négatives. N'est-il pas temps pour vous de prendre vos responsabilités vis-à-vis de vos pensées? Chaque individu doit à un moment ou à un autre de sa vie (et j'espère plus tôt que tard) accepter cette responsabilité et cesser de blâmer les erreurs de ses parents.

Irène, en thérapie depuis longtemps, avait l'habitude de blâmer ses parents. «Ma mère ne m'a jamais rien donné, répétait-elle constamment. J'ai cette terrible tristesse en moi; je ne peux jamais m'en défaire. Je sais que cela dépend du fait que j'ai été très négligée lorsque j'étais petite.»

Au début, j'ai laissé Irène exprimer ses plaintes comme elle l'avait sûrement fait avec d'autres thérapeutes (six ou sept au moins). Mais j'ai vite réalisé que ce n'était pas productif pour elle et ne servait qu'à renforcer ses sentiments de dépression et d'inadéquation. J'ai dû me montrer très ferme et refuser de la laisser continuer de parler de son enfance malheureuse.

Elle s'est mise à progresser en suivant une thérapie d'hypnose. Elle arrivait à se voir comme elle voulait être: plus positive, plus sûre d'elle-même, capable de tenir une bonne conversation, une meilleure mère. Irène, bon sujet hypnotique, réagissait bien aux suggestions post-hypnotiques lui disant qu'elle commencerait à se concentrer sur le positif plutôt que sur le négatif, qu'elle porterait son attention loin de l'habitude de douter d'elle-même et regarderait les autres aspects de son environnement.

Au début, Irène résistait à l'hypnothérapie; elle préférait utiliser ses sessions de thérapie pour se plaindre et pleurer. Mais elle a bientôt découvert que l'hypnose l'aidait à se sentir mieux et a commencé à demander que je l'hypnotise à chaque rendez-vous. «Je me sens tellement mieux. J'ai presque peur d'avoir confiance en l'hypnose. Je me suis sentie si mal dans ma peau pendant si longtemps, que j'ai peine à croire que je vais vraiment mieux. Mais je peux constater que cela fait une différence. Je me sens plus spontanée et je fais des choses que je n'ai jamais faites auparavant. Dans le passé, discuter de choses personnelles me rendait mal à l'aise, mais je me sens de plus en plus capable de me mêler aux autres et je me sens bien pendant que je le fais.

«C'est étonnant pour moi de réaliser que j'ai des choses intéressantes à dire. J'ai été tellement occupée à m'abaisser, si vite à me persuader que je ne savais pas quoi dire que, bien entendu, je ne pouvais pas soutenir de conversation intelligente. D'une façon ou d'une autre, j'ai toujours cru que je ne valais pas autant que les autres.»

Ne vous préparez pas un échec

Colette, une femme dans la quarantaine, a commencé à m'énumérer ses défauts dès qu'elle est entrée dans mon bureau pour sa première visite. «Je suis une ratée», m'a-t-elle dit. Sa voix et son apparence étaient peu imposantes. Elle avait l'air agréable, mais ses manières étaient celles d'une personne abattue, incertaine qui a subi un échec. «Je n'ai même pas réussi une seule vente cette semaine. Je sais que j'aurais pu le faire si j'avais utilisé les bons mots. Mais voilà mon problème. Je dis toujours la mauvaise chose.»

Colette vendait de l'assurance. Il était évident qu'elle réagissait avec difficulté aux rejets inhérents à ce domaine des affaires où le pourcentage d'appels sans résultat est très élevé. De plus, le directeur auquel elle devait se rapporter était un individu agressif qui lui reprochait continuellement de ne pas faire assez d'appels et de ne pas avoir de succès avec ses présentations à la clientèle.

«Je sais que je ne réussirai jamais une autre vente. Cet après-midi, j'ai prouvé une fois de plus que je suis une ratée. Je n'ai réussi aucun de mes appels. J'ai mis tous mes espoirs dans ce travail, mais cela ne marchera pas. Je ne sais jamais quoi dire à qui que ce soit. Je ne sais pas comment convaincre qui que ce soit d'acheter de l'assurance. Il n'y a vraiment rien que je sais. Je ferais aussi bien d'abandonner.»

Il était évident que Colette généralisait trop et prenait l'attitude du tout ou rien. Mais, pour aller encore plus loin, il me semblait que Colette s'était dirigée dans un domaine où elle était sûre d'essuyer un échec. Bien que son patron ait été encore plus exigeant que ne l'avaient été ses parents, Colette était déterminée à lui plaire, autant qu'elle avait voulu plaire à ses parents.

Colette réalisait maintenant que les demandes de ses parents avaient été déraisonnables et impossibles à satisfaire. Mais elle ne pouvait pas reconnaître le fait que son patron était aussi déraisonnable. La suggestion que j'ai faite à Colette n'était pas du tout celle qu'elle voulait entendre. «Pourquoi ne laissez-vous pas votre travail? Vous n'avez probablement aucun moyen d'amener votre patron à changer.» Ce à quoi elle m'avait répondu: «Mais si j'abandonne, je me sentirai encore plus ratée. Je veux avoir du succès.» Mais, chaque fois qu'elle se rendait à son travail, son patron détruisait son amour-propre aussi sûrement que l'avaient fait ses parents, et qu'elle-même le faisait. En outre, elle avait choisi un domaine, l'assurance, dans lequel les rejets fréquents étaient garantis.

Colette m'a confessé avoir des doutes intrinsèques à l'assurance qu'elle vendait. «L'assurance, c'est important. Mais je pense *réellement* qu'un travailleur devrait avoir une couverture tout à fait différente de celles que mon patron insiste pour que je vende. Quand j'essaie de conclure une vente, c'est à cela que je pense. Et c'est ce qui m'empêche de m'efforcer autant que je le devrais. Il m'arrive quelquefois d'être secrètement soulagée lorsque le client n'achète pas ce que je lui propose.»

«Pourquoi vous torturez-vous de la sorte? lui ai-je demandé. N'y a-t-il pas autre chose que vous aimeriez faire?»

Pour Colette, abandonner son travail représentait un échec. C'était son premier emploi après avoir été vingt ans maîtresse de maison. Après son divorce, il y a deux ans, une de ses amies l'avait persuadée d'entrer dans le monde de l'assurance. Elle était excitée à l'idée de travailler, mais rentrait chaque soir à la maison complètement découragée par son patron et par ses perspectives d'avenir. «Je pensais que le travail me permettrait de me sentir mieux, mais ça n'a pas marché, me dit-elle d'une voix triste. Je commence à me sentir encore plus mal.»

Il arrive quelquefois que les personnes qui ont un amour-propre très restreint et se retrouvent dans les pires situations, s'arrangent inconsciemment pour que leur entourage vienne renforcer leur dialogue interne négatif. Ils pensent mériter un tel traitement et s'organisent pour le recevoir.

Une partie des raisons qu'avait eues Colette de se diriger dans le domaine de l'assurance était bien fondée. Elle n'aimait pas travailler dans un bureau, de neuf à cinq: elle avait essayé avant son mariage. Elle n'aimait pas non plus enseigner: elle avait aussi essayé. Elle aimait cependant avoir la liberté de contrôler ses heures, elle aimait parler aux gens, elle aimait aussi le fait que son emploi exigeait qu'elle voyage en auto d'un rendez-vous à l'autre. Mais elle n'avait pas songé à ce qu'elle ressentirait en travaillant sous la direction d'un patron exigeant qui lui rappelait son père. Elle n'avait pas non plus songé à sa réaction à la vente sous pression d'un produit auquel elle ne croyait pas.

«Je ne suis bonne à rien» était sa réaction de tout ou rien face à son incapacité de bien fonctionner dans de si accablantes conditions. Colette a finalement appris à reconnaître et à répliquer à ses pensées négatives, mais dans cette situation particulière, cela ne suffisait pas. Elle devait trouver un travail plus convenable, ce qu'elle a fait. Elle est devenue courtière en immobilier, car elle aimait les maisons et ressentait beaucoup de satisfaction à aider ses clients à trouver la maison qui répondait le mieux à leurs besoins.

Vous bâtir une vie n'est pas facile lorsqu'on vous abaisse continuellement. Et si vous ne pouvez changer l'attitude de cette personne (un époux peut changer avec l'aide d'un thérapeute, mais vous pouvez difficilement forcer votre patron à changer sa façon de vous parler, il ne vous reste plus qu'à sortir de cette situation. Songez à la façon dont vous conseilleriez un ami ou une personne que vous aimez, et suivez vos propres conseils.

L'isolement peut être maîtrisé par l'entremise des hautes espérances reliées aux relations

Il est normal de vous sentir isolée si vous n'avez pas autant d'amis que vous le désirez, ou si vous n'avez personne de proche à qui vous confier. L'isolement est un fait, c'est le sentiment qui résulte du fait que vous vivez seule.

Mais la façon que vous avez d'interpréter votre solitude, votre dialogue interne sur le sujet, affecte votre humeur et vos espérances pour l'avenir. Si vous considérez n'avoir pas fait assez d'efforts pour vous faire des amis, ou que votre situation n'est que passagère du fait que vous êtes nouvellement arrivée dans la région, vous verrez l'avenir d'une façon plus optimiste que si vous blâmez votre apparence ou l'idée que vous êtes peu attachante pour votre solitude.

Des chercheurs ont étudié les différences entre les étudiants d'université qui ont surmonté leur sentiment initial d'isolement et ceux qui n'y sont pas parvenus. Leur succès ou leur échec n'avait rien à voir avec leur éloignement de la maison familiale, ou le nombre de relations sociales qu'ils entretenaient au début de l'année scolaire. La différence la plus significative était l'*attitude* des deux groupes. Ceux qui montraient des espérances plus élevées pour leurs relations futures ont réussi à surmonter leur isolement tandis que ceux qui sont restés isolés avaient peu d'espoir que leur situation s'améliore.

Ce à quoi les étudiants s'attendaient, en fait, leur est arrivé. Leurs attitudes étaient de meilleurs indices pour prédire ce qui leur arriverait que ne l'étaient leurs différents niveaux de conduite sociale. Les étudiants qui souffraient d'isolement chronique étaient ceux qui se blâmaient pour leur propre solitude.

D'autres recherches ont démontré que le développement d'amitiés satisfaisantes allégeait le sentiment d'isolement plus efficacement que de simples fréquentations. Pour les deux sexes, les amitiés avec des femmes étaient un remède plus efficace contre l'isolement que les amitiés avec les hommes, apparemment parce que les femmes sont plus aptes à créer des relations constructives.

Daniel menait une existence plutôt isolée quand il est venu me consulter. À sa sortie d'une université renommée, il a quitté la ville où il vivait afin d'occuper un emploi en ingénierie. Mais l'emploi n'a pas fonctionné. Daniel a été congédié après quelques mois. Son amour-propre en a pris un coup, mais en même temps Daniel s'est senti soulagé. En fait, il n'aimait pas l'emploi et détestait s'y rendre jour après jour. Il pensait maintenant avoir commis une erreur en se dirigeant dans le domaine de l'ingénierie.

Au moment où il est venu me consulter, il ne travaillait pas et recevait des prestations d'assurance-chômage. Il dormait tard le matin et avait de la difficulté à se lever; ce qui n'était pas étonnant étant donné qu'il n'avait rien à faire et nulle part où aller. Il passait le plus clair de ses après-midi à bricoler son auto, un passe-temps qu'il aimait beaucoup. Il songeait au fait qu'il préférait le travail manuel au travail intellectuel et aux exigences sociales propres aux corporations.

Nouveau dans la région, Daniel n'avait pas beaucoup d'amis. Mais il croyait que son manque d'habileté était plus la cause de son isolement que sa situation. «Personne ne voudrait m'avoir comme ami, m'a-t-il dit. Je ne suis tout simplement pas le genre de personne avec qui on se lie d'amitié. Je suis paresseux et peu productif. Je ne suis pas très brillant non plus. Il n'est alors pas étonnant que je sois seul tous les soirs.»

La perception qu'avait Daniel de la réalité était faussée. Premièrement, Daniel était grand et très beau, il avait une apparence robuste et masculine. Il était évident que beaucoup de femmes le trouveraient attirant. Il était aussi assez intelligent pour avoir décroché son diplôme d'ingénieur (ce n'est pas là le diplôme le plus facile à obtenir) d'une université reconnue pour ses très hauts standards. Quand je le lui ai fait remarquer, il m'a répondu: «Mais j'étais au dernier rang de ma classe!» J'ai essayé de l'aider à constater qu'être le dernier parmi les premiers n'était pas la même chose qu'être le dernier.

Daniel assistait souvent à des réceptions données par ses anciens compagnons de classe ou par des collègues rencontrés au travail, mais chaque fois qu'il voyait une jeune fille attirante qu'il aurait aimé fréquenter il se disait: «Elle n'accepterait jamais de sortir avec *moi*. Je n'ai rien de spécial, et elle l'est.»

À cause de cette attitude, Daniel se retrouvait de plus en plus seul. Le fait de ne pas avoir d'emploi et aucune vie sociale le rendait de plus en plus dépressif et léthargique. Quand il a commencé à répliquer à ses pensées négatives comme je le lui avais montré («Oui tu *es* intelligent. Tu possèdes un diplôme d'ingénieur d'une excellente université.»), son amour-propre s'est assez amélioré pour qu'il commence des fréquentations.

«Je crois que je ne suis pas aussi mauvais que je le pensais, m'a-t-il avoué un jour. Mireille semble m'aimer beaucoup, et elle est superbe, alors je dois avoir de bons côtés.»

Il mit plus de temps à accepter la réalité à laquelle il pensait depuis plusieurs mois: il n'était pas fait pour la vie sédentaire du monde des corporations. Il aimait être à l'extérieur (il avait joué au football à l'université) et travailler avec ses mains, et il aimait la vie des petits villages. Pendant qu'il grandissait, Daniel passait ses étés avec sa famille dans un petit village. Poussé par les encouragements de sa famille ainsi que par les miens, Daniel a décidé de s'établir dans une petite ville et s'est lancé dans le domaine de la construction, ce qu'il avait fait pendant l'été alors qu'il allait à l'école secondaire et à l'université.

Comme il était un travailleur vaillant, et aimait son métier, il a réussi. Ses qualifications d'ingénieur l'aidaient à visualiser les maisons et à les dessiner, et bien qu'il n'ait pas reçu de formation spécifique en architecture, il était beaucoup en demande. Il avait tellement de succès qu'après quelques années, il a acheté une petite auberge dont il adore s'occuper. «L'une des meilleures choses à propos de cette auberge, c'est le nombre de personnes que j'y rencontre, ce que j'apprécie beaucoup. J'aime ces gens et ils m'aiment aussi.»

Dès que Daniel a cessé de se rabaisser et a décidé de trouver l'environnement de travail qui contribuait à son sentiment de compétence et d'amour-propre, plutôt que de le faire sentir inadéquat, il s'est exprimé de façon plus naturelle et avec plus de facilité.

Je me suis arrêtée pour le voir un jour que j'étais descendue dans sa région. Il m'a amenée voir quelques-unes des maisons qu'il avait dessinées et construites. Il était très plaisant de voir tout ce qu'il avait accompli et aussi plaisant de constater les liens d'amitié qu'il avait liés dans cette petite ville: avec les chauffeurs de taxi, les policiers, et les voisins. Il semblait être un membre important de la communauté. Et il m'a dit avoir une amie avec qui il projetait de se marier. Il s'était bâti un mode de vie nouveau et très satisfaisant. L'un des facteurs les plus importants qui lui avait permis de le faire avait été de changer sa façon de penser à propos de lui-même.

Vous constaterez que vous aussi, vous pouvez faire de grands changements en modifiant la façon dont vous vous voyez et parlez de vous.

9. Travaillez à résoudre le problème

La plus grande partie de ce que j'ai dit dans les chapitres précédents concernait l'importance de trouver un travail qui vous convient. J'ai parlé de courtiers qui sont devenus entrepreneurs en construction, de divorcées devenues antiquaires et d'agents immobiliers et de personnes des deux sexes qui ont abandonné une carrière en affaires pour un domaine artistique.

Le travail est trop important pour n'occuper qu'un seul chapitre dans un livre qui se rapporte à votre vie personnelle plus qu'à votre carrière, comme celui-ci, mais je veux en souligner l'importance. Qu'importe votre genre d'occupation, tant que vous en retirez un sentiment d'accomplissement et de satisfaction. Que vous soyez architecte, plombier, vendeuse dans un grand magasin, ou en charge de votre propre entreprise de relations publiques, vous devez apprécier votre travail et vous y sentir bien. C'est ce qui est le plus important.

«Je suis tellement heureuse dans mon travail, m'a récemment révélé une directrice de banque. J'ai appris à m'affirmer auprès de mes employés, et ils me respectent plus qu'avant. Ma succursale a réalisé le chiffre d'affaires le plus élevé de toutes les succursales, dans la catégorie de nouveaux clients, et j'ai été promue directrice. Mon succès à la banque se reflète dans les autres domaines de ma vie. J'ai encore des choses à améliorer mais je suis satisfaite de ma carrière.»

Une autre employée de banque, une caissière, se plaignait de la pression constante et du manque de satisfaction de *son* emploi. «Nous manquons tellement d'employés que je déteste me rendre au travail le matin. J'ai dû travailler tard tous les soirs de la semaine passée, et c'est un travail répétitif et ennuyant en plus. Je compte garder cet emploi jusqu'à ce que j'aie obtenu un diplôme qui me permette de trouver un emploi que j'aimerai et qui me fera me sentir bien dans ma peau.»

Passer huit heures (ou plus) par jour à un emploi que vous trouvez dégoûtant, décevant, ou même simplement ennuyant est beaucoup trop. À moins que vous ne dormiez plus que la plupart des gens, vous passez plus de temps au travail chaque jour que dans toute autre activité. Quand vous ajoutez aux heures travaillées le temps de faire le trajet dans les deux sens, votre journée de travail devient encore plus longue.

Il existe plusieurs façons d'évaluer le niveau de satisfaction que vous procure votre emploi, selon vos critères concernant votre travail. L'argent que vous gagnez, l'intérêt que vous portez à votre travail, le défi que vous affrontez dans son exécution, vos chances d'avancement, vos conditions de travail; tous ces aspects sont importants, comme le sont vos collègues (voir page 155).

Mais le sentiment que vous inspire votre travail est aussi un facteur majeur, parce qu'il influence vos sentiments d'amour-propre. L'une de mes patientes, commis à la poste, reçoit un salaire très élevé, mais déteste ses conditions de travail. Et elle déteste en particulier dire aux gens où elle travaille, parce qu'elle ne s'y sent pas bien. Elle considère que son travail est une source d'embarras.

Lorsque vous essayez de choisir une carrière ou de changer de direction, il est quelquefois pratique de faire des phrases descriptives et de voir comment elles vous vont. «Je suis avocate»; «Je suis architecte»; «Je suis photographe»; «Je suis professeure»; «Je suis agente d'immobilier». Si vous n'aimez pas le dire, vous n'aimerez probablement pas effectuer le travail en question, qu'importe le salaire que vous pourriez en tirer ou à quel point il sied à vos aptitudes.

Vos aptitudes ne représentent qu'une partie du tableau. Vous pouvez être douée en mathématiques et détester travailler avec des chiffres comme comptable. Ou vous pouvez avoir du talent pour jouer de la guitare, mais réaliser que vous ne pouvez pas gagner votre vie de cette façon. La plupart des gens doivent prendre en considération l'aspect financier des choses; il est difficile d'être heureuse dans un travail qui ne vous procure pas un niveau de vie raisonnable ou qui ne vous donne pas le potentiel de le faire dans l'avenir.

Et s'il vous est important de faire beaucoup d'argent, il n'y a rien de mal à vous l'avouer. Vous ne pouvez planifier de façon réaliste si vous n'évaluez pas honnêtement vos valeurs personnelles.

Le travail est important pour celles qui vivent seules

Lorsque vous vivez seule, votre travail occupe certainement une place plus importante dans votre vie que si vous êtes mariée ou que vous vivez avec quelqu'un. Vous avez peut-être beaucoup d'autres intérêts et un cercle d'amis qui vous offre un certain soutien, mais votre travail sera probablement plus essentiel en termes de sentiments d'accomplissement et de satisfactions personnelles.

Même les professionnelles les plus dévouées à leur travail divisent leurs énergies entre leur travail et leur famille si elles sont mariées (et veulent le rester). Mais celles qui vivent seules n'ont pas besoin de jongler avec de telles responsabilités. Elles peuvent consacrer autant de temps et d'énergie à leur carrière qu'elles le désirent. Il existe cependant un danger à laisser le travail devenir trop important, même si vous vivez seule, mais il est certain que le travail sera *plus* important.

Un travail que vous aimez est un facteur majeur dans tous les cas, mais lorsque vous vivez seule, c'est essentiel. Parmi les femmes les plus malheureuses que je connaisse, il y a celles qui n'ont jamais songé sérieusement à leur carrière, ou qui ne se sont jamais mariées, ou encore celles qui se retrouvent divorcées à quarante ans.

Peut-être êtes-vous l'une de ces personnes chanceuses qui ont adopté la bonne carrière du premier coup ou avez déjà changé d'orientation pour un domaine qui vous plaît? Si vous avez le sentiment de vous diriger dans la mauvaise direction, il n'est jamais trop tard pour y remédier. Il est difficile de changer de domaine si cela entraîne une diminution de salaire, comme cela arrive quelquefois, mais un travail sans satisfaction intrinsèque ne vaut peut-être pas la peine d'être conservé, même si cet emploi vous permet un niveau de vie assez confortable.

D'autre part, un changement doit être considéré très sérieusement. À moins que vous n'ayez des économies assez substantielles, un revenu indépendant, ou un parent sur lequel vous pouvez compter pour vous dépanner, vous pourriez être obligée d'étudier le soir et de vous présenter à des entrevues pour obtenir un emploi pendant vos heures de dîner pour éviter une perte de revenus temporaire. Il est plus facile de trouver un emploi lorsque vous en occupez déjà un. Mais n'ayez pas peur de prendre le risque de chercher une nouvelle niche qui vous conviendra mieux.

Josette, une enseignante divorcée, a commencé une thérapie à cause de son besoin de trouver une deuxième carrière. Elle aimait enseigner mais devrait prendre une retraite partielle avec salaire d'ici quelques années et voulait travailler dans un domaine plus excitant. Elle pensait compléter un doctorat dans le but de devenir conseillère en éducation: elle songeait aussi à acheter une agence de voyages, étant donné que voyager était l'une de ses activités préférées. Mais elle a finalement décidé de faire des études de droit et de se spécialiser dans la médiation de divorce.

Élyse, une jeune institutrice célibataire, a vite été désenchantée de son salaire restreint et de ses possibilités d'avancement réduites et s'est jointe à une entreprise d'investissements où elle suivrait un entraînement de courtière. «Ce travail me fascine, déclare-t-elle. J'aime me rendre au travail tous les jours, et je gagne maintenant autant d'argent en suivant l'entraînement que j'en gagnais en enseignant.»

Mylène était une conseillère génétique avant de devenir courtière en valeurs boursières. «Cela s'est fait par hasard, dit-elle modestement. J'ai tout simplement rencontré quelqu'un qui pensait que je serais bonne dans ce domaine. Les mathématiques et les probabilités sont les mêmes mais le travail est extrêmement excitant, et j'ai triplé mon salaire.»

Stéphane, un architecte, était fatigué d'essayer de plaire à ses clients et de superviser des employés. Il a décidé de transformer son appréciation de la nourriture en deuxième carrière et d'acheter un petit restaurant. Les heures sont plus longues que dans son emploi en architecture, mais il adore ça. «Je n'y retournerais jamais. C'est une chose à laquelle je pensais depuis longtemps et je m'y préparais aussi depuis longtemps en prenant des cours de fine cuisine ici et à l'étranger. Toutes mes économies et mes investissements y sont passés. C'est une affaire de chance, mais j'ai pensé qu'il était temps d'amorcer l'hameçon et de commencer à pêcher.»

Édith, assistante administrative dans une grande compagnie, aimait la compagnie et le domaine mais gardait à l'oeil une meilleure position dans le bureau du personnel. «C'est une bonne compagnie pour laquelle travailler, mais sans diplôme, je ne me rendrai pas là où je veux arriver. La compagnie paie mes frais de scolarité et je pourrai accéder à ce nouveau poste dès que j'aurai terminé mes études.»

Charlène s'est vu offrir le poste de directrice de l'école maternelle où elle enseigne à la condition de prendre les cours nécessaires pour l'obtention de son diplôme. «J'ai une attitude différente vis-à-vis de l'école maintenant que j'en ferai une carrière. Soudain, je me sens partie de tout ce qui se passe et c'est très agréable.»

Les premiers choix de carrière

Pour plusieurs de mes patientes, les problèmes de carrière n'impliquent pas un changement de domaine ni des études approfondies pour avancer. Mais plutôt, elles sont inquiètes de devoir faire un premier choix de carrière. Les hommes, même ceux qui sortent du collège, ont une idée bien définie de la direction qu'ils prennent (ils peuvent bien sûr changer d'idée plus tard) mais les femmes montrent une très grande indécision sur le sujet.

Récemment j'ai parlé avec trois étudiantes d'université, toutes des femmes qui venaient tout juste de terminer leurs études, toutes brillantes, et vivant toujours avec leurs parents. Aucune d'entre elles ne savait ce qu'elle voudrait faire dans cinq ans. L'une d'entre elles, qualifiée pour enseigner, n'arrivait pas à s'organiser pour se trouver un poste. Elle n'était pas sûre de vouloir enseigner et travaillait temporairement comme serveuse dans un restaurant. Elle détestait le travail mais avait besoin du salaire. Une autre encore s'était trouvé un emploi en comptabilité qu'elle n'aimait pas, et essayait de penser au genre de travail qu'elle trouverait plus agréable. La troisième, diplômée en histoire, n'avait aucune idée de ce qu'elle voulait faire. Elle avait pensé aux techniques de vente des marchandises, mais son vrai but était de «faire quelque chose d'intéressant et de travailler avec les gens.»

Elles occupaient toutes un emploi pour subvenir à leurs besoins. Mais là encore, elles n'étaient pas préparées à faire un choix, elles n'avaient pas de talents concrets à offrir, et malgré un long et coûteux processus d'éducation, elles avaient porté peu d'attention à ce problème particulier.

Il est encore plus difficile pour une femme de quarante ou cinquante ans sans carrière, qui n'a jamais travaillé, ou qui n'a pas travaillé pendant de nombreuses années, de se retrouver tout à coup veuve ou divorcée et forcée de trouver un moyen de subvenir à ses besoins. Non seulement doit-elle faire face à une crise financière majeure, mais elle doit aussi résoudre une crise d'identité qui, chez les hommes, est généralement résolue pendant l'adolescence.

Il arrive parfois qu'un conseiller en orientation puisse vous aider à prendre une décision, mais il est important de vérifier les qualifications de la personne ou de l'entreprise que vous consultez, de lire les caractères fins s'il y a lieu, et de vous assurer que vous n'allez pas vous engager dans un investissement majeur de temps et d'argent.

Les tests visant à trouver votre vocation peuvent se montrer utiles dans certains cas, mais les résultats ont souvent tendance à renforcer ce que vous saviez déjà. Vous songez peut-être à passer toute une série de tests, mais ne soyez pas déçue si les résultats ne vous indiquent pas de nouvelles et renversantes découvertes.

Les meilleurs guides pour l'orientation de votre carrière viennent de votre for intérieur: les choses que vous avez aimées, qui vous ont intriguée, avec lesquelles vous avez eu du succès et que vous vous êtes imaginée en train de faire sont probablement le genre de choses que vous devriez prendre en considération. Vous pourriez trouver utile le livre de Richard Bolle, *What color is your parachute?* (Berkeley: Ten Speed Press, 1972). Des variations sur les exercices contenus dans ce livre forment la base de plusieurs programmes d'orientation de carrière, même parmi les plus dispendieux.

Un bon psychiatre peut souvent aider. J'ai constaté que plusieurs carrières sont graduellement altérées au cours d'une thérapie, au fur et à mesure que les patientes changent leur mode de vie. Elles deviennent plus affirmatives, plus détendues, plus ambitieuses, ou plus aptes à explorer les alternatives en même temps qu'elles deviennent plus à l'aise avec elles-mêmes et se concentrent moins sur le problème qu'elles devaient surmonter. Le travail n'est pas une activité isolée, mais un facteur grandement significatif affectant chaque aspect de votre vie.

Je ne prétends pas que la thérapie est indiquée, ou même nécessairement une bonne idée, pour toutes celles qui songent à entreprendre un changement de carrière. Il s'agit seulement d'une source possible d'assistance à laquelle vous pourriez réfléchir.

Vous êtes celle qui devrez prendre la décision finale à propos de ce que vous désirez faire avec les huit heures ou plus que vous passez à travailler. Trouver exactement ce que vous voulez faire peut prendre du temps, et peut-être devrez-vous travailler à autre chose en attendant. Vous devriez cependant, de temps à autre, réévaluer vos progrès et décider si vous voulez vraiment faire ce que vous faites en ce moment. Quand vous serez dans la bonne voie, vous le saurez. Vous éprouverez un sentiment de bien-être envers votre travail et vous vous sentirez bien dans votre peau.

10. Faites-vous plaisir

J'ai parlé de l'avantage de pouvoir être soi-même, de développer sa force de caractère et son indépendance, d'accroître son amour-propre, de s'exprimer de façon créative et de trouver la carrière ou la profession qui vous convient. Dans le présent chapitre, je vous ferai des suggestions au sujet d'une seule chose: comment vous dorloter vous-même.

Enfants, nous avons tous fait l'objet de traitements particuliers de la part de nos mères, quand les choses allaient mal ou que nous ne nous sentions pas bien: une étreinte, un baiser, un cornet de crème glacée, une tasse de thé au miel, une visite au magasin pour acheter un nouveau jouet.

Puisque vous vivez seule, vous n'avez peut-être personne présentement qui puisse vous prodiguer ces traitements spéciaux. Mais vous pouvez vous les procurer vous-même. Vous savez ce qui vous fait du bien, et vous n'avez pas besoin d'attendre de vous sentir particulièrement mal pour faire ces choses qui vous remontent le moral. Vous devriez les faire régulièrement: pas si souvent, bien sûr, qu'elles en perdent leur caractère spécial, mais pas seulement une fois par année non plus.

Un long bain chaud, par exemple, peut faire disparaître la fatigue et vous donner une merveilleuse impression de dorlotements. Et cet effet ne rate jamais, même si vous vous offrez un bon bain chaud à chaque jour.

Dorrine, à 42 ans, vit seule depuis son divorce d'il y a huit ans. «Je suis devenue une experte dans l'art de me dorloter moi-même, dit-elle. Une de mes activités favorites consiste à prendre un congé total de temps à autre, le dimanche. Ces jours-là, je ne me lève pas avant quatre heures de l'après-midi. Je garde un thermos rempli de café près de mon lit. Je reste en robe de nuit, au lit, toute la journée, à lire les journaux de fin de semaine. Si ça me tente, je téléphone à des parents ou des amis. C'est une merveilleuse façon de passer la journée.»

Dorrine a aussi plusieurs vêtements, à la fois élégants et confortables, qu'elle aime porter quand elle est seule. «Si je traîne en vieux jeans, je me sens négligée, déprimée, dit-elle. J'aime porter quelque chose de confortable, mais jamais de négligé. L'autre jour, par exemple, je me suis acheté un pyjama d'hôtesse que je n'aurais tout simplement pas l'audace de porter pour recevoir des gens, mais je le trouve adorable à porter quand je suis seule.»

Maintenant qu'elle gagne suffisamment d'argent pour ne pas avoir peur d'en dépenser, Dorrine ne fait pas la cuisine quand elle n'en a pas envie. «Je n'aime pas manger seule au restaurant, dit-elle, mais quand je n'ai pas envie de cuisiner, j'aime aller à la charcuterie du quartier, où j'achète une belle salade de fruits de mer, que j'emporte pour manger à la maison, avec une bonne bouteille de vin.»

Naturellement, l'utilisation de la nourriture et de l'alcool comme moyens de se dorloter fait appel à la modération. Prendre un repas copieux et se payer une bonne bouteille de vin de temps en temps est une merveilleuse idée, mais si vous vous surprenez à meubler vos loisirs en vous gavant de nourriture ou d'alcool, il est temps d'y mettre un frein.

Éléonore, une jeune femme célibataire, m'a consultée quand elle s'est vue développer une dépendance pour l'alcool. «La quantité d'alcool que je prends m'inquiète, dit-elle. J'ai commencé par prendre un verre de vin en revenant du travail, en attendant de souper. Puis, graduellement, j'ai passé à deux ou trois verres avant le souper, pour continuer parfois après avoir mangé.»

Une fois qu'elle eût identifié le problème, Éléonore a trouvé d'autres façons de se détendre qui sont meilleures pour elle. «Maintenant, je vais à un cours de gymnastique trois soirs par semaine, dit-elle. Les soirs où je ne vais pas au gymnase, je fais du saut à la corde chez moi. Quand j'ai commencé, je n'arrivais à faire que vingt sauts. Aujourd'hui, j'en fais facilement cinq cents. C'est incroyable toute l'énergie que j'ai, et comme je me sens mieux! L'exercice, pour moi, est devenu une façon de me dorloter. Quand je saute à la corde, je mets un de mes disques préférés sur le tourne-disques et je m'amuse follement.»

Noëlle, pour sa part, a la passion du théâtre. Le prix des billets ne lui permet pas toujours de satisfaire cette passion, mais quand un spectacle spécial arrive en ville, elle se serre un peu la ceinture pour pouvoir s'acheter un billet.

«Je me sens toujours heureuse après avoir vu un bon show, dit-elle. En fait, presque n'importe quel spectacle a un effet tonifiant sur moi.

«Je me souviens d'un temps où je ne serais pas allée au cinéma toute seule, dit-elle. J'avais toujours l'impression que les gens me regarderaient en se demandant pourquoi personne ne voulait venir avec moi. Je me sentais trop vulnérable et trop «visible» pour y aller toute seule. Aujourd'hui, ça ne me dérange plus. Quand je suis allée à une matinée l'autre jour, je suis arrivée un peu tôt. J'ai regardé autour de moi et découvert que, sur les dix personnes déjà assises, six étaient seules.»

Accepter d'aller au cinéma toute seule a été un véritable point tournant dans la vie de Noëlle. Le théâtre avait été moins intimidant: elle ne risquait pas d'y rencontrer des gens qu'elle connaissait, et il y avait toujours quelques autres personnes seules. Mais pour aller au cinéma près de chez elle, elle a dû surmonter l'impression que les gens la regarderaient et la prendraient en pitié parce qu'elle était seule.

Une sortie seule: agréable ou déprimante?

La différence entre jouir d'une sortie quand on est seule, ou se sentir en évidence et solitaire, est essentiellement une question d'attitude.

Robert s'était acheté un billet pour un spectacle qui passait à Montréal, mais quand il s'est mis en route, une pensée le harcelait: «Pourquoi est-ce que je me donne tout ce trouble, alors que je suis tout seul?» Il faisait chaud et le climatiseur de l'autobus ne fonctionnait pas, ce qui n'était pas pour mettre Robert de meilleure humeur. Au terminus déjà, il s'était convaincu que son projet était une erreur… et il n'était pas encore au théâtre. D'ailleurs, une fois à la salle de spectacle, il fut dirigé par un placier qu'il trouva impoli. «On me traite ainsi seulement parce que je suis seul, se dit Robert, contrarié. Le monde appartient aux couples. Je ne me donnerai plus jamais la peine de sortir seul.» Lorsqu'il se trouva, en plus, que le placier l'avait dirigé dans la mauvaise rangée et qu'il devait changer de place, Robert se retrouva complètement furieux. Il était tellement frustré par la tournure des événements qu'il ne réussit pas à se concentrer sur le spectacle et quitta à l'entracte.

Si Robert ne s'était pas senti si embarrassé d'être seul, il n'aurait pas attaché tant d'importance aux contradictions mineures qu'il avait rencontrées, et il aurant profité pleinement du spectacle.

IL N'Y A RIEN DE MAL À ÊTRE SEUL. Je suis souvent allée voir des spectacles toute seule, et j'ai apprécié pleinement chacun d'eux. Si j'ai le choix, je préfère aller au théâtre avec quelqu'un avec qui je peux partager mes réactions, mais je préfère y aller toute seule que de ne pas y aller du tout.

Se considérer comme une personne négligeable parce qu'on est seul, comme l'a fait Robert, peut ruiner le plaisir qu'on peut retirer de n'importe quelle activité quand on a la bonne attitude. Vous n'êtes pas un individu de second ordre. Vous avez le droit, comme n'importe qui d'autre, d'aller où vous voulez et de vous amuser.

Pour le moment, je ne parle que d'événements auxquels vous *voulez* participer, et non d'événements auxquels vous vous sentez obligé d'assister pour votre culture, pour être au courant des sujets de conversation à la mode, ou pour surmonter votre peur de sortir seul. Il y a un temps pour tout cela, mais ce dont je parle présentement, c'est simplement de vous «payer la traite», de faire ce dont vous avez envie pour vous sentir bien.

L'une de mes propres activités thérapeutiques favorites consiste à aller magasiner à New York. Je peux me sentir dorlotée et satisfaite à bas prix mais il y a des fois où je vais plutôt dans des magasins dispendieux, pour me sentir encore plus dorlotée.

Comme la plupart des gens, je n'aime pas particulièrement manger seule au restaurant. Je sais toutefois que c'est une question d'attitude, parce que lorsque je voyage loin de chez moi, ça ne me dérange pas de manger seule. J'apporte alors un livre au restaurant et je trouve l'expérience tout à fait plaisante.

J'ai souvent entendu raconter que le client seul n'est pas bien traité par les serveurs, qu'on a tendance à lui donner une mauvaise table et un mauvais service. Je dois dire que cela ne m'est jamais arrivé. Si cela vous arrive, vous avez parfaitement le droit de vous plaindre, et vous devriez d'ailleurs le faire. Mais je crois que vous ne devriez pas anticiper que cela se produise.

Louise, une de mes patientes, divorcée, dans la cinquantaine, a résolu son problème de manger seule en choisissant le restaurant local qu'elle préfère et en y allant de façon régulière. Elle s'arrête occasionnellement au bar pour prendre un verre de vin quand elle magasine dans le quartier, et bavarde avec le barman. Comme elle soupe au même endroit au moins une fois par semaine, et laisse alors des pourboires généreux, tous les serveurs la connaissent et s'efforcent de faire en sorte qu'elle se sente chez elle.

Une hôtesse de l'air de mes connaissances, récemment séparée de son mari, se fait plaisir, elle, en faisant des achats spéciaux au cours de ses escales outre-mer. «J'ai trouvé un beau chandail en cachemire, au rabais, en Angleterre, m'a-t-elle raconté. Je n'en avais pas besoin, mais ça me faisait plaisir de l'avoir. Et quand je suis à Londres, habituellement je me fais faire un manucure et un pédicure. Ça ne me viendrait jamais à l'idée de faire cela quand je suis chez moi, mais après un vol transatlantique, j'ai habituellement envie de me faire plaisir et d'être au mieux de ma personne.»

Une autre de mes amies trouve qu'une coupe de cheveux coûteuse est l'une des expériences les plus thérapeutiques qu'elle connaisse. «Comme je parais habituellement mieux après une coupe de cheveux, je me sens mieux aussi», dit-elle. Elle se fait aussi donner un masque facial une fois par mois. «Et je me dorlote en faisant venir une femme de ménage chez moi deux fois par semaine, dit-elle encore. Pendant des années, j'ai essayé de tout faire: courir au travail, courir à la maison, faire le magasinage, le ménage, les repas, la vaisselle, etc. Il m'a fallu voir un psychologue pour me convaincre que je ne suis pas une «superwoman», et pour commencer à prendre la vie plus doucement. Aujourd'hui, je ne saurais me passer de Diane. La veille du jour où elle doit venir, je ne m'oblige pas à faire la vaisselle si ça ne me tente pas, parce que je sais qu'elle la fera à ma place. C'est une femme maternelle, et ça n'a pas l'air de la déranger. De toute façon, c'est pour faire ces choses-là que je la paie!»

Plaisirs extravagants et dispendieux

Charlène, une courtière qui fait beaucoup d'argent pour la première fois dans sa vie, se dorlote (et dorlote les autres) en faisant des choses extravagantes pour les gens qu'elle aime. «J'ai bûché tant d'années, dit-elle, et mes parents et Claude (son ami) m'ont tellement aidée que leur donner de beaux cadeaux aujourd'hui est l'une des choses qui me fait le plus plaisir. Une fois par mois, j'amène Claude au théâtre ou voir un ballet; nous soupons ensuite dans un restaurant chic. Si quelqu'un m'avait dit, il y a un an, qu'un jour je dépenserais 200$ pour une soirée au théâtre et au restaurant, je ne l'aurais certainement pas cru. Mais ma philosophie a changé aujourd'hui. Je me dis que s'il fallait que je meure demain, je ne voudrais pas avoir raté des choses simplement parce que j'avais peur de dépenser mon argent.»

En plus de ses soirées de sorties, Charlène se paie des petites folies dont elle se serait privée auparavant, comme d'acheter des cartes de souhaits coûteuses et des livres nouvellement parus. «Je surveille mon alimentation, alors je ne mange pas souvent à l'extérieur, dit-elle, mais je trouve agréable d'acheter des aliments frais comme de grosses fraises juteuses, ou des asperges tendres. Aussi, si j'ai envie d'une bouteille de parfum, je l'achète, peu importe le prix.» Le jour où nous avons parlé de ce qu'elle faisait pour se dorloter, elle venait de faire l'acquisition d'un ordinateur, pour son usage personnel.

Solange travaillait fort depuis plus de dix ans, lorsqu'elle a décidé que son horaire de travail ne lui permettait pas vraiment de voyager, une activité qui lui plaît particulièrement. Même si sa position à la banque lui assurait un mois de vacances par année, elle se sentait pressée dans ses voyages et s'inquiétait de ce qui se passait au bureau en son absence. Elle commençait aussi à avoir l'impression de plafonner dans son emploi, d'être rendue aussi loin qu'elle le pouvait, puisqu'elle était déjà la femme la plus haut placée à la banque.

Comme elle avait amassé suffisamment d'argent pour subsister pendant deux ans, Solange a décidé de faire preuve d'audace et de se payer un long voyage en Europe. «C'est quelque chose que j'ai toujours eu envie de faire, dit-elle, un long voyage en Europe sans m'inquiéter de ce que les autres penseraient. Quand je suis à l'étranger, je me sens merveilleusement détachée de ce qui se passe chez moi, mais je me demande toujours ce qui m'attend à mon retour à la banque. Cette fois, je n'aurai pas à m'en faire avec les problèmes qui m'attendent au travail. Quand je reviendrai, je m'inquiéterai plutôt de me trouver un autre emploi.

«Je ne me sentirai peut-être plus jamais aussi libre, poursuit-elle, mais quand j'ai dit à mon patron que je quittais mon emploi, c'est comme si mes épaules avaient été soulagées d'un poids énorme. Je considère ce voyage comme une façon de me ressourcer. J'ai toujours rêvé de visiter le nord de l'Angleterre, mais je n'avais pas envie de me casser la tête avec les détails du voyage, alors je me suis inscrite à un voyage organisé plutôt dispendieux. J'ai loué un appartement à Londres pour plusieurs semaines, puis j'irai en France, où je ferai aussi partie d'un voyage organisé, cette fois pour une visite au pays du vin. Ce voyage est ce que j'ai fait de plus excitant de toute ma vie.»

Solange avait trouvé ce qui, semble-t-il, était le voyage parfait pour elle: une partie du temps seule, une partie du temps en groupe.

Pour certaines personnes seules, particulièrement pour celles qui n'ont jamais voyagé auparavant, un voyage organisé peut s'avérer la meilleure solution. Il existe des voyages organisés centrés sur tous les thèmes imaginables: la cuisine, les restaurants, la voile, l'observation des oiseaux, la peinture, etc.

Une peintre de mes amies est devenue, depuis son divorce, une adepte des voyages centrés sur les visites de musées et de galeries d'art. Elle est allée à Monhegan Island (dans le Maine), en Caroline du Nord, au Mexique, au Portugal, et se préparait à un voyage en Chine la dernière fois que je l'ai vue. Elle n'est jamais en manque de compagnons de voyages et a établi plusieurs amitiés solides au cours de ses périples. «Comme personne seule, je trouve que ces voyages d'art sont la meilleure façon de voyager, dit-elle. Je n'ai pas à m'occuper d'arrangements compliqués et les instructeurs, de même que les membres du voyage, sont tous sympathiques. Aussitôt que je reviens de voyage, je commence à me demander où je pourrais bien aller ensuite.»

Des plaisirs plus modestes

Voyager plus modestement peut quand même vous donner la satisfaction de faire quelque chose de vraiment spécial pour vous-même. Une de mes amies a un motel favori à Cape Cod, où elle adore se retirer de temps à autre pour une fin de semaine. «Je m'allonge près de la piscine et je lis un livre, dit-elle. Ça ne me fait rien s'il pleut, parce que le motel a aussi une piscine intérieure chauffée».

Une autre, qui aime l'atmosphère plus personnelle des auberges de campagne, s'est acheté un guide des auberges et tente d'en visiter une nouvelle toutes les six semaines. «Jusqu'à maintenant, elles ont toutes été charmantes, dit-elle. Et chacune était facile d'accès par automobile. Les propriétaires sont chaleureux et sympathiques et, parce que ces endroits sont petits et intimes, il est facile de faire connaissance avec les autres clients. Les prix sont d'ailleurs généralement plus bas que dans les hôtels, et l'ambiance y est beaucoup plus détendue. Je me sens comme une espèce de collectionneuse de fins de semaine à la campagne.»

Vous n'aimez peut-être pas les auberges de campagne. Ce qu'il faut retenir, c'est qu'il vous faut trouver un moyen de faire ce que vous voulez. Ce peut être quelque chose d'aussi simple que d'aller déjeuner toute seule chez McDonald un dimanche matin, et d'y lire votre *Journal de Montréal*. Ce peut être de prendre de longues marches, de vous acheter un saucisson sur «*la Main*» et d'aller le manger sur un banc de parc. Ce peut être de vous acheter un nouveau roman dont vous avez lu une critique dans le journal. Peu importe de quoi il s'agit, ce qu'il vous faut trouver, c'est ce qui vous permet de vous sentir dorlotée, spéciale.

Et avant de dire: «Je n'ai pas les moyens de me payer ça», assoyez-vous et pensez-y bien. Si c'est ce qui vous ferait le plus plaisir, alors ça vaut la peine de laisser tomber autre chose pour pouvoir vous l'offrir.

11. Organisez-vous!

Peu importe à quel point vous vous sentez solitaire ou déprimée, vous pouvez vous sentir mieux dans votre peau en faisant en sorte de mieux paraître. En même temps que vous vous aidez à vous sentir mieux, vous améliorez votre image face aux autres.

L'apparence n'est pas ce qu'il y a de plus important, et ce serait bien, jusqu'à un certain point, si les gens ne se jugeaient pas les uns les autres selon leur apparence. Mais tel n'est pas le cas. Les psychologues ont découvert que les personnes, hommes ou femmes, qui sont considérées plus belles sont également perçues comme plus désirables, plus agréables, comme réussissant mieux et comme étant de meilleurs parents.

Évidemment, certaines personnes sont plus belles que d'autres par nature. On ne peut pas tous avoir l'air de Meryl Streep ou de Warren Beatty. Mais ce n'est pas nécessaire. Vous pouvez être belle à votre façon en mettant vos meilleures caractéristiques en valeur et en tirant le plus grand profit de ce que vous avez.

Votre apparence affecte tous les domaines de votre vie. Elle affecte votre évaluation au travail et la façon dont vous êtes perçue par les autres en société. Plus important encore, votre apparence affecte ce que vous pensez de vous-même.

De récentes études en psychologie des cosmétiques, à l'Université de Pennsylvanie, ont indiqué que l'usage efficace du maquillage accroît le bien-être psychologique des gens souffrant d'acné, de désordres pigmentaires, de taches de naissance, de rides, de difformités, de même que des gens souffrant de dépression.

Deux des chercheurs de l'Université, le docteur Jean Ann Graham, psychologue, et le docteur Albert M. Kligman, dermatologue, ont étudié les effets d'un changement de maquillage auprès d'un groupe de femmes de plus de soixante ans. La moitié du groupe a eu droit à une séance de maquillage, et les femmes furent renvoyées chez elles avec une trousse de maquillage et des instructions quant à la meilleure façon de s'en servir; l'autre moitié a été laissée à ses propres moyens.

Les femmes qui avaient bénéficié d'une thérapie cosmétique avaient rapporté un bien-être psychologique accru, et un désir plus grand de socialiser avec les autres. Un mois plus tard, il y avait des différences marquées entre les deux groupes. Celles qui étaient moins belles par nature s'étaient plus améliorées après la thérapie cosmétique que celles qui étaient déjà naturellement plus belles.

On sait depuis longtemps que la négligence de son apparence est courante dans les cas de dépression, et que la réapparition du rouge à lèvres et d'une chevelure plus soignée signale souvent le retour à une meilleure santé.

Vous n'avez pas besoin de souffrir de dépression ou de difformité pour comprendre la relation entre votre humeur et votre apparence. Reportez-vous, de mémoire, à une journée où vous n'étiez pas à votre avantage: vos cheveux étaient gras peut-être, ou vous aviez l'impression de ne pas avoir choisi la bonne robe pour l'occasion... Votre bien-être intérieur n'était-il pas affecté lui aussi? N'aviez-vous pas l'impression d'être mal *dans* votre peau aussi? Tout probable, également, que vous avez parlé à moins de personnes ce jour-là que vous ne l'auriez fait normalement, ou que vous leur avez parlé de façon moins intime. Et si vous avez croisé une personne attrayante avec qui vous auriez normalement voulu faire connaissance, il est probable que vous êtes allée vous «cacher» dans un coin.

Vous avez donc toutes les raisons de faire tout ce qui est en votre pouvoir pour paraître à votre avantage. (Évidemment, ici aussi, il faudrait prendre des moyens correctifs si cela devenait une obsession.) Si vous êtes divorcée ou que vous avez été rejetée par quelqu'un que vous aimez, votre ego a d'autant plus besoin du baume psychologique qu'une belle apparence peut procurer.

Il est difficile d'obtenir une opinion franche d'amis ou de membres de sa famille. Ils peuvent se montrer trop critiques ou, au contraire, pas assez critiques parce qu'ils craignent de vous blesser. Même les thérapeutes n'osent habituellement pas s'avancer sur ce terrain. Ils essaient d'aider leurs patients qui se sentent inférieurs à améliorer leur amour-propre, mais ils le font habituellement sans s'attaquer à la façade extérieure. Pourtant, cette façade est liée étroitement à l'amour-propre. Milton Erickson, l'un des psychiatres les plus innovateurs de tous les temps, envoyait systématiquement ses patients chez le coiffeur, ou consulter des experts de la mode, et il n'hésitait pas à leur dire de perdre du poids, si nécessaire.

C'est un sujet délicat, évidemment. J'ai récemment perdu une patiente parce que je lui avais suggéré (avec tact, avais-je cru) de s'habiller de façon plus professionnelle si elle voulait mieux réussir en affaires. (Elle portait des jupes plissées, des colliers de coquillages et des sandales de plage.) Mais ce n'était pas ce qu'elle aurait voulu que je lui dise.

S'attaquer au problème intérieur est capital, bien sûr, mais s'attaquer au problème extérieur est important aussi et peut produire des résultats rapides en termes d'amélioration de l'amour-propre. J'ai vu un grand nombre de patientes trouver une assurance décuplée après avoir perdu dix kilos.

Guide d'auto-évaluation

Je vous suggère de vous étudier vous-même, avec l'aide d'un allier des plus objectifs: votre miroir. Examinez-vous minutieusement et sur tous les angles: de face, de dos, de côté. Analysez-vous de façon critique, nue, tout habillée et en costume de bain. Vous êtes maintenant prête à faire une évaluation réaliste de votre personne en tenant compte des questions suivantes:

1. Avez-vous besoin de perdre du poids? Ces kilos en trop et ces bourrelets disgracieux n'aident certainement pas à vous remonter le moral. Vous évitez peut-être les autres parce que vous vous sentez trop grosse pour vous montrer sur la plage ou en uniforme de tennis. Il a été question dans les chapitres précédents de patientes qui se sont retrouvées avec de sérieux problèmes de poids parce qu'elles avaient tenté de combler au moyen d'aliments le «vide» de leur solitude. Si vous vous reconnaissez ici, ou même si votre poids n'excède que de quelques kilos ce

qui vous semblerait votre poids idéal, il est temps de faire quelque chose pour corriger cette situation.

La fille obèse qui blâme son obésité pour ses échecs sociaux n'a pas tout à fait tort. Les gens, en général, se forment des opinions négatives sur les personnes obèses, sans se donner la peine de les connaître. Et même si les hommes obèses arrivent habituellement à se trouver quand même des partenaires sexuels, les femmes obèses, par contre, éprouvent généralement plus de difficulté. Elles peuvent très bien avoir des personnalités agréables mais, sauf exception, elles ne sont généralement pas considérées comme sexuellement désirables. Je parle des femmes excessivement grosses, évidemment, et non celles qui ont un ou deux kilos en trop.

L'obésité n'est pas quelque chose d'attirant, et ce n'est pas bon pour votre santé non plus. Mais la plupart des patientes obèses que je rencontre veulent perdre du poids pour améliorer leur apparence et leur amour-propre, beaucoup plus que pour des raisons de santé. Si vous avez échoué par le passé dans vos tentatives de perdre du poids, ou de ne pas en reprendre, le simple fait d'en parler vous décourage sans doute. Mais vous pouvez y arriver si vous le voulez vraiment. Perdre du poids est beaucoup moins une question de régime, qu'une question de détermination et de changement permanent des habitudes alimentaires.

Un programme de contrôle du poids en groupe, avec accent sur un changement de comportement, est peut-être ce qu'il vous faut; ou peut-être que l'hypnose serait efficace dans votre cas. Ce ne sont peut-être pas là des solutions pour tout le monde, mais elles se sont avérées utiles pour bien des gens.

L'exercice est aussi essentiel à la perte de poids, et il vous aidera également sous d'autres aspects, dont l'affermissement des muscles, l'accroissement de l'énergie et la conservation d'une bonne forme physique.

Si vous avez besoin de perdre du poids, donc, cessez de remettre le problème à demain et passez à l'action.

2. Avez-vous besoin d'une nouvelle coupe de cheveux? Allez voir un coiffeur ou une coiffeuse renommé(e) et remettez votre tête entre ses mains. Une nouvelle coupe de cheveux, un style peut-être carrément différent de celui que vous portez en ce moment, peut vous donner une nouvelle perception de vous-même.

3. Pouvez-vous utiliser les produits de maquillage de façon plus efficace? Vous pouvez camoufler vos imperfections et rehausser vos bons traits par l'utilisation adéquate des cosmétiques. Si vous n'êtes pas particulièrement habile avec les produits de maquillage, laissez un expert vous faire une démonstration.

4. Votre tenue est-elle soignée? Vérifiez vos ongles: sont-ils sales, cassés, rongés? Votre vernis à ongles est-il écaillé? Vos jambes ont-elles besoin d'être épilées? Avez-vous la peau grasse? Avez-vous des trous dans vos bas, des vêtements froissés ou tachés? Ces imperfections sont faciles à corriger: si vous en êtes affublée, corrigez-les.

Prenez-vous un bain ou une douche chaque jour? Vous servez-vous de déodorant? Brossez-vous vos dents régulièrement? Vous servez-vous de rince-bouche lorsque c'est nécessaire? Il est tentant de négliger ces choses-là quand on est déprimé ou quand on se sent seul, mais on ne fait alors qu'aggraver le problème?

5. Votre garde-robe est-elle adéquate? Il n'est pas nécessaire que vous possédiez des tas de vêtements, mais il vous en faut suffisamment pour convenir à votre style de vie. Vos vêtements doivent non seulement être adaptés à votre taille et à votre profil physique, mais ils devraient aussi refléter votre personnalité.

Certaines personnes ont un flair naturel pour les vêtements. Elles savent d'emblée quels morceaux combiner en un ensemble, quels accessoires ajouter, comment nouer un foulard élégamment. Souvent, ces personnes-là gravitent autour du monde de la mode, où elles peuvent mettre leurs talents à profit. D'autres, particulièrement les artistes, sont habiles à développer un look qui ne reflète pas nécessairement les tendances de la mode, mais qui les individualise. D'autres, par contre, n'ont pas ce talent et doivent faire des efforts.

Puisque votre façon de vous habiller a tellement à voir avec la perception que les autres ont de vous, et que vous avez de vous-même, il vaut la peine d'investir du temps à organiser votre garde-robe. Si vous manquez d'assurance et ne connaissez pas très bien vos propres goûts, consultez les conseillers vestimentaires des grands magasins. Il est essentiel, toutefois, que le style que vous adoptez soit vraiment le vôtre.

Mettez-vous sur votre trente-six et vous vous sentirez sûrement mieux dans votre peau.

Troisième partie

Les bienfaits d'une appartenance

1. L'importance des liens sociaux

«Pensez-vous que la plupart des gens veulent vraiment être seuls?» Cette question m'est venue d'un homme qui s'était remarié après avoir passé plusieurs années seul. (J'avais mentionné que j'étais en train d'écrire un livre sur le sujet.) Un groupe plutôt restreint de personnes préfèrent vivre seules, lui ai-je expliqué, à cause de la liberté et de l'intimité que la solitude leur procure, ou parce que leur mode de vie et leurs ambitions sont incompatibles avec la vie à deux. Mais je crois que la majorité des gens, y compris moi-même, sont plus heureux et plus épanouis dans un bon mariage.

Un bon mariage, toutefois, n'est pas la solution pour tout le monde à n'importe quelle étape de la vie. Peut-être avez-vous décidé de tirer le meilleur parti d'un célibat temporaire. Ou peut-être faites-vous partie de ces gens qui ont délibérément choisi de ne pas se marier. De toute façon, il est définitivement possible d'être satisfait de votre solitude. Mais si vous voulez être active et bien dans votre peau (et heureuse), vous ne pouvez être seule 100 % du temps, ni 90 %, ni même 80 %. Pour être épanouie et heureuse et sentir que vous faites encore partie de la race humaine, vous *devez* établir des liens solides avec d'autres personnes.

L'importance capitale des réseaux sociaux est bien illustrée par le fait qu'au Japon, où les gens ont souvent les mêmes amis durant toute leur vie, et travaillent souvent pour la même compagnie durant toute leur carrière, l'espérance de vie est la plus élevée du monde et le taux de maladies cardiaques le plus bas. Les employeurs japonais ont un très grand respect des réseaux sociaux et permutent souvent des groupes complets dans le but de préserver le moral des employés. Un autre aspect de la culture japonaise réside dans le concept du «lieu natal», où chacun retournera au moment de la retraite.

Des chercheurs ont découvert que lorsque les immigrants japonais conservent leurs traditions japonaises dans leur pays d'adoption (lorsqu'ils grandissent dans un milieu japonais, qu'ils vont dans des écoles japonaises et qu'ils gardent, une fois adultes, des liens avec la communauté japonaise), ils ont des taux de maladies plutôt bas. Ceux qui adoptent les habitudes occidentales, pendant leur enfance ou même plus vieux, ont des taux de maladies coronariennes cinq fois plus élevés. Ces différences se manifestaient même lorsqu'on gardait sous contrôle les facteurs de risques habituels comme les habitudes alimentaires, les taux de cholestérol, le tabagisme et la pression artérielle.

Dans les petits villages d'Amérique, qui fonctionnent à peu près de la même façon, la vie familiale est relativement stable et les liens sociaux sont solides. Chacun connaît ses voisins et sait qu'il peut compter sur eux en cas d'urgence. Conséquemment, on ressent un sentiment de sécurité que l'anonymat de la ville ne peut procurer, peu importent les avantages qu'elle offre en termes d'intimité.

Pour nombre de résidants de ces villages, la vie commence et se termine à la même place. Si vous grandissez dans un petit village et que vous y restiez toute votre vie, vos amis sont les enfants des amis de vos parents; le médecin qui vous a vu naître restera probablement votre médecin jusqu'à ce qu'il prenne sa retraite ou décède; quand vous allez faire vos épiceries, vous connaissez à peu près tout le monde que vous rencontrez. Vous connaissez le commis de banque, l'entrepreneur des pompes funèbres, le mécanicien du garage et le principal de l'école.

J'ai grandi dans un village de ce genre dans une région rurale du sud du Missouri mais, comme la plupart de mes amis intimes, je suis partie. Beaucoup sont restés dans ce milieu certes restreint, mais réconfortant et stable. Il y a des gens dans ce village qui ne sont jamais allés à plus de quelques kilomètres de chez eux. Quand j'avais annoncé à mes camarades de classe mon intention d'aller au Collège Wellesley, dans l'est des États-Unis, ils s'étaient exclamés: «Quoi? Où? Pourquoi veux-tu aller si loin?»

Mon mari et moi sommes en train de nous faire construire un chalet sur une île où règne encore cet esprit de petit village. Il est vrai que nous n'y serons pas considérés comme des natifs, mais comme des vacanciers. Pourtant, il est difficile d'aller sur la plage là-bas sans rencontrer quelqu'un que nous connaissons, et nous avons même eu une consultation impromptue avec notre avocat au coin des avenues Ocean et Beach. Lorsque, récemment, nous nous sommes embourbés alors que nous étions allés passer une journée sur l'île, un voisin a téléphoné à un ami pour qu'il nous transporte à l'aéroport, et le petit avion de douze places nous a même attendus pendant quinze minutes.

Il y a deux épiceries sur l'île (une seule en hiver), deux stations de service et un petit cinéma. Tous les propriétaires assistent à toutes les assemblées municipales et s'impliquent entièrement dans les problèmes locaux. Récemment, ils avaient menacé de se séparer du Rhode Island parce que le gouvernement refusait de les laisser gérer eux-mêmes l'industrie locale de cyclomoteurs. (Subséquemment, ils ont obtenu gain de cause.) Pas étonnant que tout le monde apprenne à connaître tout le monde en vitesse.

Je me demande d'ailleurs si une partie de mon envie d'acquérir un chalet à Block Island ne serait pas le reflet d'un désir inconscient de faire partie d'une petite communauté bien intégrée, qui n'offre peut-être pas les services d'un hôpital, mais où les volontaires de l'escouade d'urgence vous transportent en avion à la ville la plus proche, en cas d'urgence, et vous y accompagnent même si nécessaire.

Peut-être est-ce seulement la plage, l'eau cristalline, la vue de l'océan, la délicieuse impression d'être loin de tout et la brise fraîche qui m'attirent. Mais je pense que la saveur locale y est pour quelque chose. J'ai rencontré beaucoup de gens là-bas qui ont fui le milieu urbain, abandonnant des professions ou des carrières très réussies. Ils ont choisi plutôt de vivre simplement, de mettre un terme aux interminables voyages en auto, de vivre une vie plus centrée sur la famille, de pouvoir aller dîner chez eux, comme le faisait mon père, un avocat pourtant très occupé. Ils sont tous activement impliqués dans les affaires municipales, et leurs noms apparaissent régulièrement dans le journal local mensuel.

Lorsque vous faites partie d'une telle collectivité, *vous savez qui vous êtes*. Vous éprouvez un sentiment d'appartenance et de permanence. Il est difficile de se sentir sérieusement esseulé, qu'on soit marié ou célibataire, quand on est entouré de gens qui nous connaissent et nous apprécient.

Toutefois, la stabilité et la sécurité de la vie de village ou d'une communauté établie en milieu urbain ne sont plus le lot de la plupart des occidentaux. La mobilité sociale et démographique a donné à la vie un caractère plus transitoire.

Malgré tout, le besoin de supports sociaux persiste. Si vous vivez seule, vous avez encore plus besoin de ces supports que les gens mariés qui, même isolés des leurs, ont au moins un support mutuel. Et que vous viviez à la ville, en banlieue, ou dans un village (à moins que ce soit celui dans lequel vous avez toujours vécu), il vous sera probablement plus difficile qu'aux couples mariés d'établir un réseau social. *Mais vous pouvez y arriver.*

Comment obtenir le support social dont vous avez besoin

Chaque ville et village ont plusieurs petites communautés. Certains quartiers, plus particulièrement ceux qui ont de fortes concentrations ethniques, partagent des liens très étroits. D'autres ne semblent avoir aucune cohérence; les locataires, souvent, ne connaissent même pas leurs voisins de palier. Cette situation, toutefois, est loin d'être universelle. Mais en général, les communautés urbaines sont basées non seulement sur la proximité quotidienne mais sur beaucoup d'autres facteurs. Il existe, par exemple, une communauté médicale, un quartier d'artistes, un quartier de musiciens, une communauté légale et un quartier d'affaires. Il existe aussi des collectivités basées sur la famille, l'église, l'école, les groupes et organisations de toutes sortes. Il y a tellement de ces regroupements internes que vous êtes certaine d'en trouver un ou deux qui vous conviennent.

Même si vous ne vous considérez pas comme un «membre», il est vitalement important pour votre bien-être que vous soyez activement impliquée dans un système de support social quelconque, que ce soit un groupe de quartier, une organisation politique, une église, un groupe de thérapie ou un groupe d'amis informel mais bien défini. Il va sans dire qu'une implication active veut dire plus que votre nom sur une liste de membres ou une participation occasionnelle à des réunions. Être activement impliquée veut dire *faire* quelque chose. Cela veut dire être personnellement responsable d'un certain aspect des activités du groupe: servir d'officier ou de membre d'un comité; organiser des rencontres chez vous; aider les membres qui ont besoin d'assistance. C'est seulement de cette façon que vous retirerez les bienfaits d'une appartenance.

Examinons maintenant les différents types de groupes qui peuvent remplir cette fonction essentielle à votre vie.

2. La famille d'abord

Vous faites déjà partie d'un système de support social que personne ne peut vous enlever. C'est potentiellement celui qui est le plus près de vous et qui offre la plus grande probabilité de support en cas de besoin. Je parle bien sûr de votre famille.

Je ne parle pas de la famille de votre mari, ni de la famille de votre meilleure amie, mais de *votre* famille, celle qui vous a donné la vie (ou qui vous a adoptée), avec les enfants, les petits-enfants, les nièces, les neveux qui se sont peut-être ajoutés en chemin: ce que les psychologues appellent «la famille d'origine». Cette famille inclut non seulement les parents, les frères et les soeurs, mais aussi les grands-parents, les cousins, les tantes, les oncles, les arrière-grands-parents, bref, quiconque a des liens généalogiques avec vous.

J'ai récemment demandé à une patiente, une jeune femme mariée qui venait d'une famille de sept enfants, comment allait sa vie sociale. «Je n'ai jamais eu d'amis vraiment intimes, me dit-elle, parce que je viens d'une si grosse famille. Mes soeurs et moi avons toujours été des amies l'une pour l'autre. Et maintenant, je commence à me sentir de plus en plus près d'une de mes cousines.»

Cette jeune femme a deux enfants, un de cinq ans et l'autre de huit ans, mais elle n'a jamais eu recours à une gardienne pour s'en occuper. Lorsqu'elle veut sortir, il y a toujours quelques membres de la famille disponibles: une soeur, une belle-soeur, une cousine, sa mère ou sa belle-mère. «Je leur rends la faveur en m'occupant de leurs enfants à mon tour, quand l'occasion se présente. Je ne me sens donc pas coupable de leur demander leur aide pour un après-midi ou une fin de semaine», dit-elle.

Et quand elle se sent déprimée pour une raison ou une autre, elle va faire un tour chez sa mère «pour qu'elle fasse disparaître mon bobo». Pour sa mère, qui est divorcée, ces liens étroits avec ses enfants se sont avérés une source de support très satisfaisante et une protection contre l'isolement.

Gaétane D., professeur de sixième année, en est une autre pour qui ses enfants ont été le plus important support émotionnel. Lorsque son mari est décédé il y a cinq ans, trois de ses quatre garçons achevaient leur collégial et un autre était encore adolescent. «Nous avons toujours eu des liens familiaux étroits, mais nous nous sommes rapprochés encore davantage depuis la mort de mon mari, dit-elle. Cette année, mon nid est vide pour la première fois, et récemment je me suis sentie plus seule. La période de solitude a toujours été remise à plus tard, dans mon cas, parce que j'avais toujours au moins un des enfants avec moi. Ils sont venus rester à la maison après leur collégial, le temps de se trouver du travail. Je ne les ai jamais obligés à rester avec moi, mais j'aimais bien qu'ils soient là. Ils m'aidaient tous avec le ménage et même si je n'ai jamais insisté pour qu'ils me fassent des confidences, ils aiment se confier à moi.»

Gaétane croit que c'est parce qu'elle leur a beaucoup donné que ses enfants lui apportent beaucoup à leur tour. «Je ressens mon esseulement le plus souvent quand il se passe un événement particulièrement joyeux dans la famille. J'ai assisté à trois graduations et à deux mariages et chaque fois, j'aurais voulu que mon mari soit là pour partager ces moments avec moi. Mais j'ai eu plus de bonheur en vingt-cinq ans que d'autres couples dans toute leur vie.»

Des liens familiaux étroits peuvent amoindrir la douleur d'un traumatisme. Une patiente m'a raconté récemment comment sa famille s'était ralliée autour d'une de ses soeurs qui avait demandé le divorce. D'abord, ils avaient organisé une réunion de famille pour aider sa soeur à évaluer sa situation financière. Ils avaient rassemblé leurs connaissances et leurs informations pour l'aider à trouver un avocat et à se dénicher un emploi (elle avait appris la tenue de livres, mais n'avait pas travaillé à l'extérieur depuis quelques années). Ils avaient organisé un système de garde partagée des enfants entre eux pour qu'elle ne soit pas obligée de dépenser son salaire en frais de garderie. Éventuellement, ils l'ont aidée à déménager chez sa mère, une veuve qui vivait seule. Et ils lui ont procuré un support émotionnel, dont elle avait autant besoin que de l'aide avec les détails pratiques de sa vie.

Une de mes amies intimes reçoit régulièrement ses deux neveux les jours de fêtes et souvent les fins de semaine. Ils lui présentent leurs petites amies et discutent de leurs problèmes avec elle; leur mère vit au loin, dans l'ouest du pays.

Mon fils et une de ses filles, qui vivent tous deux à New York présentement, se sont beaucoup rapprochés d'un oncle qu'ils voyaient très peu auparavant, et de cousins qu'ils connaissaient encore moins. Et mon fils et sa fille partagent des liens très étroits. Une autre de mes filles, qui vit à Boston, visite souvent son oncle et sa tante qui y demeurent aussi, et est devenue une amie intime de leur fille, une cousine qu'elle ne voyait que rarement durant son enfance.

Tous ces gens ont découvert que les membres de la famille constituent une partie essentielle, peut-être *la* partie essentielle des réseaux sociaux.

Seule parce que votre famille est au loin?

«Mais, direz-vous peut-être, je demeure loin de toute ma famille. C'est pour cette raison justement que je me sens seule.» Peut-être. Avez-vous vraiment vérifié la possibilité que des tantes, des oncles, des cousines, des cousins éloignés même, vivent à une distance raisonnable de chez vous? Si vous venez d'une famille nombreuse, vous risquez de vous trouver de la parenté que vous aviez complètement oubliée.

Je ne viens pas d'une grosse famille. Malgré cela, ma mère m'encourageait toujours à «prendre des nouvelles» de parents éloignés qui demeuraient près du collège où j'allais, ou qui vivaient à la ville où je vivais alors. Bien sûr, je ne le faisais généralement pas: si ma mère voulait que je le fasse, ça devenait automatiquement quelque chose que je n'avais pas envie de faire.

Même si ça risque de faire plaisir à votre mère, donner signe de vie à la parenté qui vit au même endroit que vous est une bonne idée. Il est vrai qu'il y a probablement des membres de votre famille qui n'ont rien en commun avec vous. Tout de même, vous partagez au moins un lien: un lien de parenté. Apprendre d'eux des bribes de l'histoire de votre famille que vous ne connaissiez pas peut être une expérience merveilleusement enrichissante.

Les conseillers familiaux en stage d'entraînement ont souvent comme devoir de retracer les membres de leurs familles. Une travailleuse sociale de mes amies a voyagé de New York à Atlanta pour interroger une grand-tante qu'elle ne connaissait pas, et est revenue enrichie des détails fascinants sur sa propre famille immédiate, qu'elle avait appris de cette charmante octogénaire. En dépit de l'éloignement géographique, elle est devenue par la suite très intime avec cette bonne vieille dame.

Ce fut intéressant pour moi d'observer à quel point mes propres enfants sont tous les quatre devenus préoccupés par la famille, une fois sortis de l'adolescence. Ils ont cherché à obtenir des informations des deux côtés de la famille et ont accumulé précieusement toutes sortes de photographies et de souvenirs.

Prenez le temps et faites l'effort d'établir un contact avec les membres de votre famille, peu importe si le lien vous semble ténu. Il est tout probable que le parent vous recevra chaleureusement quand même. Et si ça ne marche pas, vous n'aurez rien perdu. Il y de fortes chances cependant que la rencontre vous satisfasse.

Souvent, les gens qui viennent en thérapie se sentent seuls en partie parce qu'ils sont séparés de leur famille. Habituellement, cette situation crée un sentiment d'insatisfaction et de manque. Peu importe ce que vous reprochez à un parent, un enfant, un frère ou une soeur, vous vous sentirez probablement mieux si vous tentez de résoudre le problème. Certaines personnes commencent une thérapie parce qu'elles *veulent* régler leurs disputes de famille, mais ne savent pas comment s'y prendre.

Faites le premier pas

Une de mes patientes, divorcée, n'avait pas parlé à son fils depuis deux ans, même si elle ne vivait qu'à quelques pas de chez lui. Elle se l'était aliéné en insultant sa fiancée, aujourd'hui son épouse, et n'avait pas, depuis, osé les approcher. Un peu d'encouragement de ma part s'avéra tout ce dont elle avait besoin pour placer le premier appel téléphonique, et elle me fut pathétiquement reconnaissante de l'y avoir poussée, quand elle eut rétabli avec eux une relation des plus enrichissantes.

Une autre patiente, divorcée depuis dix ans, très amère et rancunière, était séparée de sa fille unique. Elle n'avait jamais vu sa petite-fille de trois ans; sa dernière visite chez sa fille, plus de trois ans auparavant, s'était terminée prématurément sur une violente discussion.

Les deux femmes que je viens de mentionner avaient besoin d'aide, non seulement pour rétablir un contact avec leur famille, mais aussi pour apprendre à utiliser leurs impulsions de colère de façon plus constructive. Les problèmes qu'elles avaient éprouvés avec leurs enfants reflétaient leurs difficultés interpersonnelles avec tout le monde. Si vous vous sentez sérieusement aliénée de votre famille, reconnaissez au moins la possibilité que *vous* avez pu faire quelque chose pour provoquer cette aliénation.

Aline, seule fille de sa famille encore célibataire, se sentait blessée et amère parce que ses parents ne restaient jamais chez elle quand ils quittaient la Floride pour séjourner au Canada. Ils restaient plutôt chez leur fils marié, qui vit dans une autre province. Aline interprétait la situation comme une manifestation de mépris à son endroit parce qu'elle n'était pas mariée. Elle n'avait jamais dit à ses parents ce qu'elle pensait de leur traitement préférentiel pour ses frères et soeurs mariés, parce qu'elle pensait qu'ils «ne comprendraient pas». Mais lorsqu'elle s'est finalement décidée à leur parler, elle les a trouvés, ô surprise, ouverts et compréhensifs. Sa propre insatisfaction face au fait qu'elle n'était pas encore mariée l'avait amenée à projeter une attitude critique face à ses parents. Grâce à des efforts accrus de la part d'Aline, ses relations avec ses frères et soeurs se sont également améliorées et, en conséquence, elle s'est sentie beaucoup plus heureuse.

S'il existe un problème dans votre famille, *n'attendez pas que quelqu'un d'autre le résolve*. Faites vous-même le premier pas. Vous serez peut-être surprise de voir à quel point tout le monde se sentira soulagé.

Lorsque j'apprends qu'un patient s'est aliéné les membres importants de sa famille, j'essaie toujours de l'aider à rétablir le contact, ou du moins à réfléchir à la possibilité de rétablir le contact. La plupart des personnes ne sont tout simplement pas à l'aise lorsqu'elles sont isolées de leur parenté. Je n'ai rencontré qu'une poignée de patients dont les familles étaient si méprisantes ou les traitaient si mal qu'il était préférable de ne pas poursuivre la relation. Et même là, je ne suis pas certaine: je n'ai jamais rencontré les membres de leurs familles.

La plupart des gens qui se sont aliénés leurs familles le doivent beaucoup plus à leur apathie qu'à de vieilles querelles. Certaines familles n'ont tout simplement pas des liens aussi étroits que les autres; l'esprit de famille fait partie de l'idéal américain, comme en témoignent la plupart des émissions de télévision populaires, mais la réalité est habituellement tout autre. Même si, jusqu'à maintenant, vous n'étiez pas particulièrement proche de votre famille, vous pouvez resserrer les liens si vous êtes prête à faire l'effort nécessaire. Vous vous sentirez mieux si vous gardez un contact régulier avec les membres de votre famille immédiate, même si vous vivez loin d'eux. Les lettres, les appels téléphoniques et les visites occasionnelles peuvent maintenir ces contacts, et vous devriez y avoir recours.

Supposons que votre famille vive à une distance raisonnable, mais que nous n'ayez tout simplement pas l'habitude de la voir régulièrement: vous n'avez pas besoin d'attendre que les autres vous téléphonent. Faites vous-même preuve d'initiative en invitant votre famille, ou une partie de votre famille, à un pique-nique au parc ou à un souper chez vous. En tendant la main à votre famille, vous aiderez vos proches et vous vous aiderez vous-même.

L'enfant adopté a une autre possibilité que la plupart d'entre nous n'avons pas. Quelque part dans le monde, il a une autre famille, une famille «biologique». Si vous avez été adoptée alors que vous étiez encore très jeune, je suis certaine que vous considérez vos parents adoptifs comme vos «vrais» parents, et c'est ainsi que les choses doivent être. Vos liens familiaux ne sont pas moins étroits parce qu'ils ont été formés par l'adoption plutôt que par le sang.

Mais si vous êtes comme la plupart des enfants adoptés, tôt ou tard vous voudrez retracer vos «parents biologiques». Il n'y a rien de mal à cela; en fait, je trouve même que c'est à recommander. Nous avons tous un besoin profond de connaître et de comprendre nos racines biologiques.

Il est rare, toutefois, qu'un enfant adopté qui trouve ses parents naturels soit accepté d'emblée par cette nouvelle famille, ou qu'il en ait lui-même le désir. Parfois, des amitiés se développent, mais le plus souvent, ça se résume à trouver le chaînon manquant dans votre vie. Il faut chercher un support familial à l'intérieur de votre «vraie» famille, celle qui vous a donné naissance ou qui vous a adoptée.

3. Votre Église

Les Églises n'ont pas changé. Même dans la société mobile d'aujourd'hui, les Églises de toutes les dénominations, et les synagogues, continuent de procurer à leurs membres un soutien important, autant social que religieux. Quiconque est activement impliqué dans une Église ne risque pas de se sentir seul parce que les membres des congrégations, comme les membres d'une grande famille, sont là pour apporter camaraderie, réconfort et aide matérielle quand la nécessité se présente.

Je connais une femme qui, s'étant retrouvée en sérieuses difficultés financières après s'être séparée de son mari, s'est tournée en désespoir de cause vers son Église, pour qu'on l'aide à trouver une maison pour elle et ses cinq enfants. La communauté religieuse lui en a trouvé une, qu'on lui a fournie gratuitement jusqu'à ce qu'elle puisse subvenir à ses besoins.

J'en connais une autre qui a reçu de son Église une bourse d'études lui permettant de finir son cours primaire, alors qu'elle n'en avait pas les moyens. Et j'ai entendu parler de nombreux cas où des Églises ont ramassé des fonds substantiels pour venir en aide à des familles dont le gagne-pain était mort subitement, sans avoir prix les moyens d'assurer la subsistance de ses dépendants.

La tradition du «bon samaritain» perdure. C'est l'un des concepts de base de toute philosophie religieuse et l'un de ceux qui maintiennent les Églises même quand la religion formelle n'y arrive pas. La plupart des prêtres ou ministres du culte accepteront de vous marier ou de prêcher à votre enterrement même si vous n'êtes jamais allée à leur église. Si vous y allez régulièrement ou que vous êtes membre de la communauté, vous pouvez être certaine que votre ministre ou votre curé ira prendre de vos nouvelles si vous êtes malade, chez vous ou à l'hôpital. Si un membre de votre famille meurt, le ministre sera là pour vous réconforter. Si vous avez des problèmes personnels ou conjugaux, le ministre vous conseillera ou vous référera à un professionnel si nécessaire.

Il n'est pas nécessaire d'attendre d'avoir des problèmes majeurs pour tirer profit des avantages offerts par l'adhésion à une Église. Si vous jetez un coup d'oeil sur le semainier de n'importe quelle Église, vous verrez qu'il existe des activités pour tous les groupes d'âges. Groupes de jeunes, choeurs, groupes de femmes, étude de la Bible, groupes d'artisanat, groupes de discussions pour célibataires, ne sont que quelques-unes des possibilités. La plupart des activités organisées par les Églises sont ouvertes à tout le monde, membre ou non.

Vous retirerez toutefois plus d'avantages de votre Église si, en plus d'assister régulièrement aux offices, vous devenez un membre actif. Portez-vous volontaire dans un comité, ou servez d'hôtesse en offrant le café chez vous après la messe, offrez vos services à l'école du dimanche, ou joignez-vous au choeur de chant. Donnez quelque chose de vous-même si vous voulez ressentir les bienfaits de l'appartenance.

Évidemment, être membre d'une Église exige une implication religieuse, et pas seulement l'assistance aux offices religieux. Et vous ne voulez sûrement pas vous joindre à une Église si ça vous donne l'impression d'être hypocrite. Mais avant de considérer hypocrite l'idée d'une adhésion religieuse, examinez toutes les alternatives possibles. Les doctrines religieuses varient considérablement d'une Église à l'autre.

Si vous avez une foi religieuse solide, vous savez à quel point elle peut être une source de force et de réconfort. Si vous n'en avez pas, il est peut-être temps d'en apprendre plus sur la religion et de réévaluer votre propre système de valeurs. Vous n'êtes pas obligée de rester ancrée dans la position philosophique que vous avez adoptée lorsque vous étiez plus jeune, à une époque de votre vie très différente.

Peut-être avez-vous cessé d'aller à l'église il y a très longtemps, pendant la période de contestation de l'adolescence, et que vous continuez cette contestation même si elle n'a plus sa raison d'être. Rompre avec l'Église faisait peut-être partie de l'affirmation de votre indépendance face à votre famille. Ou peut-être vous êtes-vous détachée graduellement, à mesure que les circonstances de votre vie changaient.

Trouvez une Église qui vous convienne

Vous n'êtes pas obligée de retourner à l'Église dans laquelle vous avez grandi (bien que vous y seriez peut-être plus à l'aise après tout). Vous pouvez choisir librement l'Église qui vous semble la meilleure.

Vous n'avez peut-être aucune idée de l'Église qui vous convient le mieux, et l'idée de vous mettre à la chercher vous paraît peut-être insurmontable. Vous pouvez commencer en visitant plusieurs églises le dimanche, pour déterminer quel prêtre et quelle forme de culte vous attirent le plus, avec quelle communauté vous vous sentez le plus à l'aise. Des Églises différentes ont des approches différentes, et celle que vous visitez aujourd'hui peut très bien ne rien avoir en commun avec l'Église de votre enfance.

Il est probable que lorsque vous visiterez une Église, à moins que vous ne vous éclipsiez silencieusement par la porte de côté, quelqu'un viendra vous accueillir amicalement. Si on offre le café après l'office, montrez-vous sociable et acceptez.

Vous vous sentirez peut-être, comme beaucoup d'autres personnes seules, incorfortable avec la forte orientation de l'Église envers la famille. En général, la prise de conscience des Églises face aux besoins de leurs membres célibataires a été plutôt lente à se développer, ce qui explique sans doute en partie pourquoi peu de célibataires vont à l'église. Mais les attitudes varient largement d'une communauté à l'autre, et d'un curé à l'autre.

Si vous ne vous sentez pas chez vous dans la première Église que vous visitez, cherchez-en une autre qui vous semble plus accueillante. Un grand nombre d'Églises cherchent activement des membres célibataires. Si vous êtes nouvelle dans le quartier, ou nouvellement seule, il n'y a pas de meilleur moyen pour développer un sentiment d'appartenance que d'aller à l'Église et de vous impliquer activement.

«Établir des réseaux par le biais de mon Église m'a aidée plus que n'importe quoi d'autre depuis mon divorce, dit une femme, séparée de son mari après 27 ans de mariage. Une des premières choses que j'ai faites a été de déménager dans une plus petite maison, dans un quartier à l'esprit plus communautaire. Après avoir fait partie d'un couple pendant si longtemps, je trouvais difficile, seule, de me sentir en sécurité. Je voulais vivre entourée de gens. Un membre de mon groupe d'étude

de la Bible vivait dans mon nouveau quartier, et nous sommes devenues très proches. Elle est seule, elle aussi. Quand je passe devant sa
maison, je m'arrête toujours pour voir si tout va bien, et elle fait la même
chose pour moi. Il n'y a jamais rien eu d'anormal jusqu'à maintenant,
mais ça nous aide toutes les deux à nous sentir mieux.»

En plus de son groupe d'étude de la Bible («nous sommes très amies
toutes les six»), Éloïse fait partie du groupe de «famille allongée» de
son Église, qui consiste en vingt membres qui vivent dans la même région
et qui se réunissent tous les mois pour échanger des faveurs, des idées,
des informations. «C'est très réconfortant de savoir qu'il existe un groupe
de personnes prêtes à vous aider quel que soit votre problème», dit Éloïse.

«Quelqu'un pour me tenir compagnie»

«Au début, je me sentais seule, dit-elle, mais j'ai vécu à la même place
et je suis allée à la même église pendant vingt ans. Si je n'ai pas envie
d'être seule, je peux toujours trouver quelqu'un pour me tenir compagnie. J'ai pensé déménager dans un logement moins cher, mais je n'aurais
plus le sentiment de sécurité que j'ai ici. Quand j'étais mariée, je n'avais
jamais de problèmes d'argent; maintenant j'en ai. Mais j'aime mieux
économiser d'autres façons que d'abandonner mon quartier et mon
Église.»

Une autre femme que je connais, qui a divorcé alors qu'elle était dans
la trentaine et avait deux jeunes enfants, a décidé de se joindre à une
Église méthodiste de son quartier, même si elle était de foi différente.
Elle s'est inscrite à plusieurs comités et a même accepté la présidence
de l'un d'eux.

Même si elle avait planifié de se trouver un emploi après un an ou
deux, quand ses enfants iraient à l'école, la flexibilité du bénévolat convenait mieux à ses besoins immédiats. Bientôt, toutes ses amies ont adhéré
à sa nouvelle Église, et Blanche s'est trouvée à travailler, chaque jour,
à un programme religieux différent. Quand elle avait des problèmes,
la plupart du temps avec son ex-mari ou parce qu'elle était seule pour
élever ses deux enfants, les nouveaux amis de Blanche et son ministre
lui venaient en aide. L'histoire s'est terminée encore mieux: Blanche
a épousé son ministre.

Une autre amie, déjà membre de l'Église unitarienne, a découvert après
son divorce que sa participation aux activités de l'Église, de même que
son assistance régulière au service du dimanche, assuraient à sa vie une
structure de la plus grande importance. Elle s'était jointe à un groupe
d'art dramatique, de même qu'à un groupe de communication pour divorcés, lequel se réunissait chaque semaine; de plus, elle s'était portée volon-

taire pour mener des discussions auprès d'une organisation pour célibataires.

Après avoir fait la connaissance de plusieurs hommes, par le biais de ces groupes, elle était tombée amoureuse et avait épousé un agent de change qui était aussi activement impliqué dans les affaires de l'Église. Depuis leur mariage, ils ont continué d'aller à l'église régulièrement, et ils considèrent leur Église comme une source continue d'amitié et de soutien.

Bien que ces deux femmes aient épousé des hommes qu'elles ont rencontrés à l'église, je ne veux en aucune façon suggérer que votre motivation pour aller à l'église devrait être d'y trouver un mari. Il ne s'agissait pas de la motivation de Blanche, ni de celle de Jennifer, et c'est sans doute pourquoi les choses ont tourné de cette façon pour elles. Je crois fermement que si vous essayez trop fort de trouver un compagnon de vie, vous risquez de ne pas en trouver ou, pire encore, de faire un mauvais choix.

Certaines Églises, en particulier l'Église unitarienne, se sont employées depuis quelque temps à mettre sur pied pour les personnes seules, des organisations qui leur offrent une alternative plus intéressante que d'aller dans les bars pour y rencontrer d'autres personnes. Le groupe de célibataires de l'Église unitarienne de Westport, au Connecticut, qui compte des milliers de membres, est probablement l'une des plus vastes organisations de ce genre en Amérique. Le groupe de Westport, de notoriété nationale, compte des membres partout à travers le pays.

Chaque soir de la semaine, on programme plusieurs activités. Le tennis, le bridge, la poésie, l'art dramatique, la danse, le ski, la cuisine, ne sont que quelques exemples des champs d'activités couverts par le groupe. Les membres organisent des parties, des danses, des conférences et des sorties de fins de semaine, en plus de leurs activités régulières. Mais l'événement le plus populaire est encore la réunion de discussion du mercredi (le mardi pour les moins de 30 ans), lequel est précédé et suivi de l'heure sociale. Au cours de cette réunion de discussion, les participants se séparent en petits groupes pour discuter du sujet à l'affiche ce soir-là. Pendant l'heure sociale, les gens circulent librement, dans le but de faire connaissance avec quelqu'un du sexe opposé.

Le groupe de célibataires de Westport, comme beaucoup d'autres du même genre, a très peu de rapport avec l'Église, hormis le fait qu'il se réunit à la salle paroissiale. La religion est rarement mentionnée, et la plupart des sujets de discussion ont trait aux problèmes de relations et de sexe. Il n'est pas nécessaire d'être un membre de l'Église pour participer ou pour se joindre au groupe, ni même pour devenir un officier ou un meneur de discussion. Les volontaires qui veulent aider sont habituellement reçus à bras ouverts.

À part ceux qui sont en charge et qui deviennent souvent très impliqués dans l'organisation, le roulement est très élevé. Beaucoup de visiteurs se présentent une seule fois et n'y retournent plus, soit parce qu'ils ont rencontré quelqu'un, soit parce que l'expérience ne les a pas satisfaits.

Une de mes jeunes patientes va bientôt épouser un homme qu'elle a rencontré lors d'une réunion de discussion du mardi à Westport. D'autres, par contre, ont participé pendant des mois sans rencontrer quelqu'un qui les attire. Certains des individus qu'on peut rencontrer dans ce genre d'organisations sont visiblement désespérés et ne font pas de bons candidats aux relations sérieuses, du moins pendant un certain temps. Mais les réunions sont ouvertes à tout le monde et si vous décidez d'y assister, il est préférable que vous ne jugiez pas les autres trop durement.

J'ai entendu parler de certaines personnes, en particulier des femmes, pour qui une soirée à l'une de ces énormes assemblées pour célibataires, a un effet absolument destructeur. Si vous vous sentez obèse ou mal en point avant d'aller à ces rencontres, il est possible que vous vous sentiez encore plus mal après. «J'avais l'impression que chacun des hommes à qui je parlais regardait par-dessus mon épaule pour essayer de localiser quelqu'un de mieux, dit une femme dans la quarantaine, obèse. Ce fut l'une des pires expériences de ma vie.»

Allez vous faire des amis, et ne cherchez pas un mari

Si votre Église, ou une autre Église de votre quartier, a une organisation pour personnes seules, essayez-la au moins une ou deux fois. Si vous aidez, en vendant des billets, par exemple, en vous occupant des rafraîchissements, ou en dirigeant un groupe de discussion, vous trouverez sans doute l'expérience satisfaisante, même si vous ne faites pas de conquête amoureuse. Si vous y allez plus avec l'intention de vous faire des amis que de vous trouver un compagnon de vie ou un ami de coeur, vous augmenterez considérablement vos chances de retirer quelque chose de positif de votre soirée.

Contrairement à l'organisation de Westport, certaines Églises ont établi des groupes de célibataires qui font partie intégrante du culte, mais qui offrent aussi encore davantage en termes d'amitié et de support. Les membres partagent une même foi et un intérêt mutuel en tant que personnes, en plus d'être activement impliqués à la fois dans les affaires de l'Église et les activités de l'organisation. En participant à la vie de l'Église, ils ajoutent une dimension à leur vie que ne connaissent pas ceux qui se présentent occasionnellement à un groupe pour célibataires.

Vous pouvez vous faire des amis par le biais de n'importe quelle activité d'une Église, mais vous trouverez sans doute, comme la plupart des gens non mariés, que beaucoup d'organisations sont centrées sur le couple, et qu'à ce moment de votre vie, vous avez plus d'intérêts communs avec d'autres personnes seules.

C'est ce qu'a découvert Carole, une étudiante récemment graduée, et fille d'un ministre du culte. Élevée très religieusement, elle avait rapidement assumé un rôle de responsabilité dans la congrégation à laquelle elle s'était jointe, dans la ville où elle avait déniché son premier emploi comme professeur. Elle avait accepté de diriger un groupe de jeunes, de faire partie du chœur de chant, et devint rapidement amie avec plusieurs jeunes couples mariés qu'elle avait rencontrés par le biais de l'Église. Mais cette communauté particulière comptait peu de célibataires, et n'avait à peu près pas d'activités destinées à les attirer. Carole a continué à s'impliquer avec l'Église, mais elle a dû chercher ailleurs les moyens de développer sa vie sociale.

Éliane, d'autre part, a trouvé dans cette même communauté, les amis célibataires qu'elle cherchait. Elle était dans la cinquantaine et avait divorcé après 29 ans de mariage. «J'ai été estomaquée par mon divorce, raconte-t-elle. Mon mari m'a annoncé un dimanche après-midi qu'il avait décidé qu'il voulait divorcer et que ça ne servirait même à rien d'en discuter. Il refusait absolument toute discussion. Il m'a dit qu'il voulait que j'aille voir un avocat le lendemain. Quand je lui ai demandé s'il y avait quelqu'un d'autre dans sa vie, il m'a répondu non mais, plus tard, j'ai découvert qu'il y avait en effet une autre femme. C'était la veuve de son meilleur ami, une femme que nous avions souvent reçue chez nous. Ça m'a pris beaucoup de temps à retrouver mon équilibre par la suite. Je n'avais absolument rien soupçonné.»

À mesure qu'elle se rétablissait, Éliane s'est plongée dans les activités de l'Église, et a pris en charge l'organisation d'un groupe de célibataires, veufs et divorcés de 50 ans et plus. «J'ai été surprise par le nombre de veuves et de divorcées qu'il y a dans la communauté, dit-elle. Plusieurs d'entre elles sont devenues mes amies intimes.»

Éliane se considère complètement adaptée à sa vie de personne seule aujourd'hui, bien qu'elle ait trouvé les deux premières années très difficiles. «Maintenant, je sors beaucoup plus, et j'ai même une meilleure vie sociale qu'avant mon divorce, alors que je passais ma vie à attendre mon mari, qui n'était jamais là parce qu'il était toujours parti en voyage d'affaires, ou jouer au golf, dit-elle. J'ai encore des amies mariées, et j'ai de nouveaux amis, des célibataires à qui je peux téléphoner si j'ai envie d'aller manger au restaurant, voir un film, au théâtre ou à un concert. Mes amies d'Église, les anciennes comme les nouvelles, m'ont été d'un très grand secours pendant la période difficile des premiers mois.»

Alors que dans bien des cercles sociaux, une personne non mariée, plus particulièrement une femme, est traitée comme une cinquième roue, ou simplement laissée de côté, les activités d'Église sont généralement ouvertes à tout le monde, et personne ne tient rigueur à personne d'assister seule à une conférence ou à une discussion.

«Je n'ai jamais pu aller dans des groupes pour personnes seules, même à l'Église, m'a dit une de mes patientes. D'après ce que j'ai entendu dire, je me sentirais comme un morceau de viande chez un boucher. Mais j'aime aller seule aux conférences et aux discussions organisées par l'Église. Il y a toujours là quelques personnes que je connais et que j'aime bien. Et notre Église organise des séries de programmes parmi les plus intéressantes de la région

Même si vous n'aviez pas l'habitude d'aller à l'église depuis quelque temps, étudiez au moins la possibilité de le faire maintenant.

4. Votre milieu de travail comme système de support

Pour certaines personnes, le milieu de travail est une sorte de deuxième famille, parfois même plus accueillante que la famille véritable. Les grandes corporations, plus particulièrement, aiment à penser qu'elles procurent à leurs employés une famille de soutien. Et, sous bien des rapports, c'est vrai. Elles offrent des bénéfices matériels, en termes d'assurances, de paiements en cas d'invalidité et de pensions beaucoup plus élevés que ce que peuvent procurer les parents les plus généreux.

Certaines compagnies s'attendent à ce que la vie sociale de l'employé, autant que ses activités de travail, soit centrée sur le bureau. Ce sont les corporations dont la culture envahit tous les domaines de l'existence de l'employé, et qui affectent souvent même les interactions avec les épouses et les enfants. Recevoir les associés et les clients du mari n'est pas seulement souhaitable, mais requis de bien des épouses de cadres de corporations. Parfois, l'épouse est interviewée en même temps que le mari qui est en quête d'un emploi.

Je doute qu'être tenue de recevoir et obligée de socialiser contribue énormément à endiguer la solitude, même de façon superficielle. Mais des amitiés durables et des systèmes de support sociaux peuvent sûrement se développer parmi les personnes qui travaillent ensemble. Cela semble se produire de façon tout à fait naturelle dans certains milieux, et plus rarement dans d'autres.

Il y a des milieux de travail où les relations interpersonnelles sont au moins aussi importantes que le chèque de paie. «Une de mes meilleures amies travaille chez L.&T. comme vendeuse, me disait quelqu'un récemment. D'après ce qu'elle me dit, tout le monde là-bas s'entend si bien que c'est comme s'il y avait un groupe de thérapie et un réseau social à la même place. La plupart des vendeuses qui travaillent là sont surqualifiées. Ce sont des femmes cultivées, mariées ou célibataires, qui ont besoin de la structure d'un travail quotidien dans un environnement non menaçant. Certaines d'entre elles sortent ensemble après le travail; elles s'aiment bien et se font des confidences.

«En fait, poursuit-elle, lorsque je passe une mauvaise journée, j'ai envie de quitter mon poste de cadre et d'aller moi-même travailler chez L.&T. Mais mes amies sont convaincues que ce ne serait pas la bonne solution pour moi.»

Bien que la plupart des bureaux n'apportent pas un tel support social, tous, sans exception, offrent la possibilité de socialiser en dehors des heures de travail. Certaines compagnies ont organisé des groupes athlétiques qui, bien sûr, n'intéressent pas tout le monde. La plupart ont un party de Noël, et peut-être aussi un pique-nique annuel au cours duquel certains employés reçoivent des montres pour leurs 25 ans de service, et où tout le monde se voit offrir un souper de homard, par exemple. D'autres encore ont des dîners, des «showers» ou d'autres genres de petites fêtes pour les employés qui quittent la compagnie ou qui se marient.

Mais au-delà de ces événements occasionnels, la plupart des compagnies ont d'autres types plus informels d'interactions sociales. Peut-être les secrétaires, ou les associées juniors, se réunissent-elles toutes pour prendre un verre, après le travail, le vendredi. C'est peut-être une tradition pour les architectes d'une autre compagnie que de s'asseoir autour de la table de conférence, une fois par semaine, pour jaser tout en mangeant le lunch qu'ils ont apporté de la maison. Ou peut-être y a-t-il un restaurant non loin du travail, fréquenté par la majorité des employés à l'heure du lunch, ou un salon spécial où les professeurs se rencontrent entre les cours.

Ces activités sont rarement obligatoires et vous pouvez probablement les éviter entièrement si elles ne vous intéressent pas. Mais il est habituellement de votre intérêt de vous intégrer aux traditions établies dans votre milieu de travail, et de participer à ces petits rituels.

D'abord, vous pouvez recueillir des informations concernant la politique de bureau, que vous n'auriez jamais apprises en vous en tenant strictement à votre travail. Beaucoup de décisions d'affaires se prennent avec le vin de dessert au restaurant, plutôt que dans la salle de conférence. Un autre avantage au fait de converser avec vos collègues à un niveau plus informel, c'est qu'il vous donne l'occasion de les voir sous une lumière différente, de forger avec eux des liens plus intimes, et de déterminer s'il existe entre vous une base possible pour une véritable amitié.

J'ai vu des patientes qui méprisaient ces regroupements de bureau, et qui détestaient même la nécessité de dire bonjour à tout le monde en arrivant au travail le matin. Elles remplissaient parfaitement leurs responsabilités de travail, mais les interactions sociales qui faisaient partie de leurs tâches les rendaient inconfortables. Elles étaient toutes, sans exception, des personnes extrêmement timides et isolées, qui manquaient du savoir-faire social le plus rudimentaire ou des personnes qui, tout en sachant ce qu'elles avaient à dire aux autres, développaient des phobies lorsqu'elles se retrouvaient dans des situations sociales. D'autres étaient des personnes qui rougissaient pour un rien.

Les problèmes interpersonnels qui vous ont occasionné des mésententes par le passé avec votre famille, vos amis et vos connaissances, réapparaîtront peut-être au travail. Ma patiente obstinée qui n'avait pas vu son fils depuis deux ans, avait aussi des problèmes au travail à cause de son attitude dominatrice et intolérante. Une étudiante de niveau collégial, récemment graduée, était entrée en thérapie à la suite d'une évaluation négative de la part de ses collègues de travail, qui la trouvaient «abrasive», un terme qu'elle avait déjà entendu ses compagnes de dortoir et ses conseillers de collège utiliser à son endroit. Et une autre femme, qui se sentait rejetée par sa famille, croyait que toutes ses compagnes de travail parlaient dans son dos.

Si vous avez des problèmes avec vos camarades de travail, il est possible qu'ils soient le reflet de problèmes que vous avez sans le savoir. Cela ne veut pas dire pour autant que les problèmes sociaux que vous éprouvez au travail soient toujours de votre faute.

Vous travaillez peut-être au mauvais endroit

Certaines atmosphères ne sont tout simplement pas sympathiques. Ce n'est pas tellement que personne ne soit amical; peut-être est-ce que le milieu de travail dans lequel vous évoluez n'est tout simplement pas celui qui vous convient. Peut-être vos valeurs sont-elles différentes, ou peut-être tentez-vous de travailler dans un domaine qui ne correspond tout simplement pas à votre personnalité.

L'un des tests d'orientation les plus reconnus, le test Strong-Campbell, compare vos intérêts à ceux de gens qui ont réussi et qui sont heureux dans leurs diverses occupations. Si vos intérêts diffèrent trop de ceux des autres dans un certain domaine, les risques sont très élevés que vous ne vous sentiez pas confortable dans ce genre de travail ou avec vos camarades de travail.

Donc, si vous vous entendez généralement bien avec les autres, mais que vous n'êtes pas heureuse à votre travail, vous voudrez peut-être tenter de trouver un emploi qui vous convienne mieux, ou un environnement dans lequel vous vous sentirez plus à l'aise.

«Mon patron me demande tous les matins «comment ça va», mais avant même que j'aie pu lui répondre, il est rendu dans son bureau, la porte fermée, me disait l'une de mes patientes. Rien ni personne ne l'intéresse. Je n'ai aucun sentiment de support. Et ce bureau-là ressemble à ma famille. Jamais personne ne tente de regarder les problèmes en face: on les ignore tout simplement, jusqu'à ce que quelqu'un explose. Le patron entre et sort sans jamais avertir personne, sans dire où il va ni quand il reviendra, pas même à sa secrétaire. Et il ne parle à aucun employé tant qu'il fait son travail. Lorsque des gens sont congédiés, ils l'apprennent tout bonnement un matin, en rentrant au travail. Personne ne se donne la peine de s'asseoir avec eux et de leur dire ce qui ne va pas.»

Il n'est pas déraisonnable de s'attendre à du support de la part des personnes avec qui on travaille, de s'attendre à ce que le patron s'inquiète de vous si vous êtes malade, et qu'il vous reçoive un peu plus chaleureusement quand vous revenez au travail. Les périodes de crise comme celles qui suivent un divorce ou un décès méritent une certaine considération de la part de votre employeur et de vos collègues de travail. Vous devriez sûrement pouvoir discuter de votre travail et des problèmes qui existent au bureau, de façon directe, pour le mieux-être de toutes les personnes concernées.

Il y a de fortes chances toutefois que, mis à part quelques personnes avec qui vous êtes plus intimes, vous vouliez garder votre vie personnelle séparée de votre vie au travail. Mais les contacts que vous établissez au travail peuvent facilement mener à des relations plus intimes, ou à un chaleureux cercle d'amis.

«Je me suis jetée dans mon travail après la mort d'Alexis, dit Janine, une journaliste à la pige qui a perdu son mari il y a sept ans. Le travail est la seule chose qui m'a aidée à garder ma tête. Les contacts que j'ai établis grâce à mon travail m'ont permis de rencontrer des gens intéressants, même si je n'ai jamais pu remplacer la merveilleuse camaraderie intellectuelle que j'avais avec Alexis. C'est ce qui me manque le plus.»

Janine avait rencontré Alexis lors d'une assignation de travail pour un magazine, et elle avait continué à travailler après son mariage. Mais parce qu'Alexis était devenu sérieusement malade et incapable de travailler pendant plusieurs années avant sa mort, Janine s'était retrouvée démunie financièrement, c'est-à-dire qu'elle habitait une belle maison sur le bord d'un lac mais avait très peu de revenus.

«Il m'a fallu réorganiser mes priorités et me mettre à travailler 40 heures par semaine pour payer les factures, dit-elle. Malgré tout, j'avais de la difficulté à joindre les deux bouts. Travailler fort était une bénédiction au début mais aujourd'hui, ça me frustre de devoir travailler quand ma fille, qui vit avec moi, ou mon garçon, qui nous visite parfois les fins de semaine, font de la voile ou vont se baigner pendant que je suis enfermée dans la maison avec ma machine à écrire. Parfois, j'ai l'impression de diriger un centre de villégiature sans être payée.»

Il y a deux ans, Janine s'est brisé la hanche. «Cela m'a obligée à réexaminer mon mode de vie, dit-elle. J'ai découvert que je me plaisais à ne pas faire grand-chose. Après avoir passé des années à tout orchestrer en même temps, carrière et famille, et à tenter de survivre depuis la mort d'Alexis, je me cherche maintenant une vie plus facile. Je songe à vendre ma maison pour avoir plus d'argent à investir, et à déménager dans un endroit où je pourrais vivre plus simplement, où je pourrais aller me baigner chaque jour. Je ne veux pas cesser de travailler, j'écrirai toujours, mais je veux travailler moins. J'ai pensé à toutes les façons de garder ma maison, y compris de louer des chambres, mais j'ai découvert que je n'avais rien d'une hôtelière». Janine est amie avec quelques voisines, et avec quelques couples «du temps d'Alexis», mais la plupart de ses amies intimes, maintenant, sont des gens qu'elle a rencontrés par le biais de deux organisations professionnelles, un «press club» féminin, et un regroupement de professionnelles en communications.

Les organisations professionnelles de soutien

Il existe peut-être des organisations ou des regroupements professionnels qui peuvent vous offrir le support dont vous avez besoin. Certains visent spécifiquement une industrie, alors que d'autres sont plus généraux. À cause de l'importance de plus en plus grande des réseaux pour les femmes, de nouvelles organisations ont surgi partout à travers le pays, dont le but premier est d'aider les femmes à s'entraider. Ces nouveaux groupes se concentrent sur les femmes qui occupent des postes clés ou des positions de grande responsabilité, en politique ou au gouvernement. Ils sont destinés à aider les femmes à établir le genre de contacts professionnels que les hommes ont toujours eus dans des positions similaires.

J'ai entendu parler récemment d'une telle organisation, le *Young Women's Forum of New York*, fondée par deux jeunes femmes dans la vingtaine, apprenties dans une maison de placements. «Il y a environ deux mois et demi, nous avons senti le besoin de nous organiser pour rencontrer nos collègues d'autres compagnies ou d'autres industries, dit Karen A. Page, une des fondatrices. Nous voulions rencontrer d'autres jeunes femmes avec de hautes aspirations, qui seraient à peu près au même stade que nous dans leurs carrières, et qui traverseraient les mêmes situations dans leurs efforts pour atteindre le sommet.»

L'une des membres du groupe expliquait que de 12 à 15 femmes de son âge travaillaient pour la même compagnie qu'elle. «C'est comme un groupe d'amies tout fait d'avance, dit-elle, mais on finit par se sentir seule à parler de placements toute la journée. Parfois, on a envie de simplement rencontrer quelqu'un qui parle d'autre chose.

«Je viens juste de me joindre à *Femmes en communications*, dit une jeune cadre. Mais toutes les femmes que j'y ai rencontrées sont plus vieilles que moi. Elles ne font pas la même chose que moi, qui viens tout juste d'entamer ma carrière. je ne peux pas faire là ce que je fais au *Young Women's Forum*; je ne peux ni rire ni m'amuser.»

Les premiers membres étaient choisis à partir de références d'amies; les exigences pour être membre aujourd'hui incluent un diplôme universitaire, une position dans le domaine professionnel, la recommandation d'un membre, et «de hautes aspirations professionnelles».

Si vous n'appartenez pas aux organisations professionnelles de votre champ d'activités, vous devriez vous efforcer d'assister à une réunion de chacune. Ça vous aidera à décider si vous avez envie de devenir membre.

Les associations professionnelles nationales organisent des colloques annuels auxquels vous voudrez peut-être participer pour accélérer l'évolution de votre carrière. Toutefois, en ce qui concerne un soutien continu de même que des réseaux utiles, les groupes locaux sont tout indiqués, et sont la plupart du temps les ramifications d'organisations nationales.

Les avocats, les médecins, les professeurs, les travailleurs sociaux, les dentistes, les infirmiers, les ingénieurs, les architectes, les publicistes et les agents de promotion, les écrivains, les journalistes et les artistes, pour n'en citer que quelques-uns, ont tous leurs organisations locales et nationales.

Évidemment, certains groupes sont ouverts à tous, alors que d'autres ont des exigences d'admission basées sur l'orientation et l'expérience professionnelles. Si l'association qui vous intéresse ne tient pas d'assemblées ouvertes au public, vous pouvez peut-être trouver quelqu'un pour vous inviter la première fois.

Éventuellement, si vous voulez vraiment sentir une appartenance à l'association, vous devrez vous impliquer activement et accepter certaines responsabilités, soit en tant qu'officier, présidente de comité, ou membre d'un comité. Si vous vous contentez d'assister aux réunions sans participer pleinement, vous resterez une étrangère. Assister aux réunions uniquement vaut mieux que rien du tout, mais limite grandement les avantages que vous seriez susceptible de retirer d'une participation active. En ce sens, une association professionnelle vaut la même chose que n'importe quelle autre organisation: vous n'en retirez que l'équivalent de ce que vous y investissez.

Mon mari, David, est président du *Silvermine Guild of Art* à New Canaan, au Connecticut. C'est l'une des associations d'artistes les plus vieilles et les plus grosses dans la région. David s'est impliqué activement dans cette association à partir du moment où il est devenu artiste-membre il y plus de vingt ans. Depuis, il a été membre du conseil d'administration, il a dirigé des comités et s'est occupé de la plus importante exposition annuelle. Et il a eu plusieurs expositions solo.

Lorsqu'il se passe quelque chose à *Silvermine*, qu'il s'agisse de lever des fonds, de trouver un nouveau directeur de galerie, ou d'élire de nouveaux membres, David est le premier à en entendre parler. S'il y a un problème, il est le premier consulté. Il assiste à presque tous les vernissages et connaît tous les artistes, certains intimement. Pendant les années où il vivait seul, David investissait dans *Silvermine* une part encore plus grande de ses énergies. Un grand nombre de ses activités sociales incluaient des gens de l'association.

Par contre, je suis aussi membre de *Silvermine* depuis plusieurs années. Pendant longtemps, mon implication s'est limitée à payer ma cotisation annuelle. Je voulais maintenir mon adhésion parce qu'il devenait de plus en plus difficile d'être accepté comme membre, mais il y avait toujours quelque raison pour m'empêcher d'assister aux réunions ou de participer à des comités. En conséquence, après avoir été membre tout ce temps-là, je n'ai pas l'impression d'appartenir à l'association, même si j'ai déjà habité juste à côté du local et que j'ai déjà été sur la liste des employés payés. Aujourd'hui, à cause de la participation de David, je commence à me sentir un peu plus impliquée.

Il est certainement possible de trop s'impliquer dans une organisation, au point où il ne vous reste pratiquement plus de temps pour vous-même. Plutôt que de maintenir une adhésion superficielle à plusieurs organisations, je crois qu'il est préférable de faire un choix réfléchi et de mettre tous vos efforts dans une seule association. Surtout si vous êtes seule, vous trouverez vos efforts largement récompensés par les liens intimes que vous développerez.

5. Le retour à l'école

Aller à l'école, comme aller au travail, ne permet pas seulement d'établir des relations avec les autres, mais offre aussi une structure de vie et un but.

Divorcée après 29 ans de mariage, Diane a découvert que le retour à l'école, d'abord au niveau collégial puis au niveau universitaire, a donné un sens à sa vie. «Être obligée de se lever et d'aller quelque part est un bon moyen de surmonter une expérience traumatisante, affirme-t-elle. On peut s'apitoyer sur son sort pendant un certain temps mais vient un moment où il faut cesser de pleurer. Si vous êtes occupée à jouer au tennis ou au bridge, vous pouvez continuer à ruminer votre problème, mais si vous êtes à l'école, vous êtes obligée de vous concentrer.»

Aller à l'école lui a imposé une discipline mentale et a apporté beaucoup de positif dans sa vie, ajoute Diane. «Mes enfants trouvent que c'est fantastique, et tout le monde à l'université est sympathique. Retourner à l'école est l'une des grandes satisfactions de ma vie.»

Diane se souvient avec gratitude de l'aide que lui a apportée un de ses premiers cours, une classe de composition, alors même que les procédures de divorce se déroulaient. «Un de mes devoirs consistait à tenir un journal personnel, et j'ai pu y déverser toutes mes émotions. Quand je l'ai relu, plus tard, ça m'a aidée à remettre les choses dans la bonne perspective», se souvient-elle. Le jour où elle est allée en cour pour son divorce, elle pensait au cours d'anglais auquel elle assisterait une fois sa cause entendue; son anticipation du cours l'a aidée à garder son calme.

Parce qu'elle veut savourer l'expérience et en retirer le plus possible, Diane a décidé de s'acheminer le plus lentement possible vers son diplôme. «J'ai été chanceuse, car j'ai obtenu de bonnes compensations pour mon divorce, dit-elle. Le fait d'avoir assez d'argent pour faire ce qui me tente, comme aller à l'école et voyager, a évidemment facilité mon adaptation à une nouvelle vie de célibataire.»

Pour Rachel, une femme de 40 ans qui travaille à temps plein, aller à l'école n'est pas seulement un moyen de faire avancer sa carrière, mais ça lui a apporté un sentiment d'appartenance qui lui manquait. Rachel, qui ne s'est jamais mariée, trouve difficile d'aller dans les associations de célibataires, mais elle se sent à l'aise à l'école. «Il n'y a pas de pression sociale en classe, et même si vous espérez vous faire des amis, vous n'avez pas l'impression embarrassante d'être trop agressive dans votre approche. Vous êtes à l'école d'abord et avant tout pour apprendre. Le fait d'avoir des recherches et des travaux à faire vous donne un sens de la participation qu'on n'a pas quand on essaie seulement de rencontrer quelqu'un.»

Même si elle étudie en administration, Rachel a trouvé son cours d'histoire plus intéressant. «Mes professeurs d'histoire se sont montrés plus ouverts et plus stimulants, dit-elle. Quand je vais à mon cours d'histoire, je sais toujours que je vais entendre quelque chose d'intéressant et que mes camarades de classe vont faire des commentaires qui portent à réflexion. C'est comme ouvrir un livre intéressant, pas comme lire un livre plein de chiffres.»

Les étudiants adultes ont leur place à l'école

Même si les étudiants qui ont passé l'âge du collège (ou ce qu'on considérait autrefois comme l'âge du collège) éprouvent habituellement des craintes face aux exigences académiques et pensent qu'ils se sentiront déplacés socialement, ils sont généralement agréablement surpris. Je ne pense pas avoir jamais rencontré une personne qui soit retournée à l'école et qui n'ait obtenu de meilleurs résultats que lorsqu'elle était «d'âge scolaire». Ce fut d'ailleurs ma propre expérience quand j'y suis retournée, d'abord pour une maîtrise, et plus tard pour un doctorat. Dans les cours de psychologie que j'ai donnés au niveau collégial, les étudiants adultes étaient toujours parmi les premiers de classe. Les échanges d'idées entre étudiants d'expérience et d'âges différents ajoutent une nouvelle atmosphère d'exaltation dans la classe; le plupart des étudiants adultes réussissent également à établir des amitiés satisfaisantes en dehors des cours.

De nos jours, la plupart des cégeps et des universités offrent des programmes d'éducation permanente pour les étudiants qui désirent retourner à l'école, et les étudiants adultes constituent une importante proportion de la population universitaire. Certains ont même des programmes spéciaux pour les étudiants de plus de 65 ans. À titre d'exemple avant-gardiste, prenons le Kinsborough College de New York qui, pour sa part, offre aux 65 ans et plus un programme appelé *«My turn»*, qui les intègre pleinement dans les cours réguliers, même si la plupart d'entre eux ne sont pas des candidats à un diplôme.

«My turn» a son propre club, qui se réunit chaque semaine et organise des sorties, des petits voyages, des groupes de discussion et des sessions d'orientation. Plus de 1 000 programmes ont été organisés aux États-Unis pour répondre aux besoins des étudiants âgés. À *«My turn»*, quelques étudiants assistent aux cours avec leurs épouses ou des amis; la plupart y vont pour y faire de nouvelles connaissances. «J'ai perdu un fils récemment, racontait un étudiant aux tempes grises. Mon médecin m'a dit que ce serait une bonne thérapie pour moi de retourner à l'école.» Une autre s'est inscrite à un cours après la mort de son mari. «J'ai toujours hâte d'aller à mes cours, dit-elle. Ça me sauve du piège de l'égocentrisme et de la solitude.»

Retourner à l'école, bien sûr, couvre une multitude de possibilités outre le cégep et l'université. Si vous n'êtes pas intéressé à aller chercher des crédits, vous pouvez suivre un cours d'éducation aux adultes du YMCA ou du YWCA, ou d'une école secondaire. La plupart de ces cours ne coûtent pas cher et certains sont même gratuits.

Tous offrent l'opportunité de vous faire des amis tout en élargissant vos horizons intellectuels. Peu importe votre âge ou votre situation, il y a des centaines de cours parmi lesquels vous pouvez choisir et qui vous mettront en contact avec des gens qui vous apporteront de la joie.

6. Les associations à intérêts particuliers

Il y a tellement d'associations à intérêts particuliers dans n'importe quelle collectivité que le choix est presque infini. Peu importe votre passe-temps ou votre sport favori, il existe presque toujours un regroupement où vous pouvez rencontrer d'autres personnes qui partagent vos intérêts. Vous ne connaissez peut-être pas toutes les organisations de votre communauté, mais la plupart d'entre elles publient régulièrement une liste de leurs activités dans le journal local. Si vous commencez à le lire régulièrement, vous serez étonné du nombre d'associations que vous y découvrirez.

Parce qu'ils ont un intérêt commun important, les gens qui font partie de ces groupes se soutiennent mutuellement et ont habituellement tendance à développer de longues amitiés. Je suggère souvent à mes patientes timides de participer à une nouvelle activité chaque semaine. Si elles essaient vraiment, elles peuvent généralement en trouver plusieurs parmi lesquelles choisir.

Arlène avait joué plusieurs rôles dans différentes productions musicales au temps où elle allait au cégep, mais elle ne poursuivit pas cette activité une fois mariée. Un an ou deux après la mort de son mari, elle se rendit compte qu'elle avait désespérément besoin de liens solides avec des adultes (elle avait trois enfants adolescents) et décida de reprendre ses activités théâtrales.

Elle n'avait pas eu à faire face à un auditoire depuis 20 ans et fut presque prise de panique quand vint le temps de passer une audition pour le rôle de l'entremetteuse dans la *Chatte sur un toit brûlant*, qu'allait produire une troupe de théâtre amateur. À sa grande surprise, elle obtint le rôle et se retrouva immédiatement dans toute l'excitation des répétitions quotidiennes et des préparatifs fébriles. «Soudain, c'était comme si je renaissais, dit-elle, quelque chose me donnait envie de me lever le matin. J'avais réussi à survivre jusqu'à maintenant, dans l'intérêt des enfants, mais ce fut un soulagement de réaliser qu'il y avait, dans la vie, quelque chose de positif pour moi.»

Graduellement, Arlène s'impliqua de plus en plus avec la troupe de théâtre et s'occupa bientôt, non seulement de jouer des personnages, mais aussi de distribuer les rôles. Le producteur finit par lui dire qu'elle était tellement douée qu'elle devrait utiliser ses talents professionnellement. Il la mit en contact avec un distributeur de production de New York, qui engagea Arlène comme assistante. «Mes amis au théâtre sont une extension de ma famille, dit-elle. Chaque fois que j'ai eu besoin d'aide, ils m'ont aidée. J'ai un groupe fantastique d'amis et je sais que je peux toujours compter sur eux. La plupart du temps, je ne me sens pas seule; il y a beaucoup de choses que j'aime faire seule. Mais lorsqu'il m'arrive de me sentir solitaire, je peux toujours téléphoner à quelqu'un et lui dire que j'ai besoin de compagnie.»

Si vous êtes une ex-actrice, ou une actrice en puissance, que vous avez joué dans des productions à l'école ou au cégep, ou que vous avez toujours été fascinée par la scène, le théâtre amateur risque de vous intéresser. De nombreuses troupes d'amateurs mettent sur pied d'excellentes productions, et sont constamment en quête de nouveaux talents et de personnes prêtes à les aider avec l'éclairage, les accessoires, les décors et la production. Les auditions pour les nouvelles productions sont habituellement annoncées dans le journal local.

Cléo, une divorcée, offrit de se charger du comité d'accueil d'une association d'art de son village. Elle avait comme responsabilités, entre autres, de trouver des hôtes et hôtesses pour chaque vernissage, et de s'occuper de tout autre événement spécial. «J'ai moi-même joué à l'hôtesse à plusieurs occasions, dit-elle, parce que j'aime tellement mon travail. Autrefois, je recevais souvent chez moi, et je le fais encore occasionnellement. Être hôtesse dans un vernissage est une extension d'un rôle que j'ai toujours aimé. Je me suis fait de bons amis au centre d'arts, et quand je m'y arrête en passant, je m'y sens chez moi.»

Le docteur Marthe M., une pédiatre devenue veuve il y a trois ans, alors que son mari succombait à une attaque cardiaque, s'est jointe à un club de ski de fond. L'été, les membres font de la bicyclette tous les dimanches, de 8:30 à 1:00 heure, pour se garder en forme.

«J'ai été surprise de voir le nombre de diplômés dans ce groupe, dit-elle. Et l'éventail d'âge va de deux adolescents jusqu'à un homme de 71 ans. J'ai aussi commencé à découvrir que le club compte un bon nombre de célibataires. Le groupe a 100 membres, mais tout le monde ne vient pas toutes les semaines. Quand j'ai commencé, j'étais la pire cycliste de tout le groupe et il fallait que je m'arrête à chaque côte et que je monte à pied. Mais ils ont été patients avec moi, et tout le groupe de cyclistes m'attendait à chaque fois.»

Non seulement fait-elle du ski et de la bicyclette, mais Marthe nage un kilomètre chaque soir au «Y» et prend des leçons de planche à voile d'un ami. «Je tiens aussi à passer un peu de temps dans mon jardin chaque jour, dit-elle, ça m'aide à me détendre.» Comme elle a récemment terminé son internat, et qu'elle est en train de mettre sur pied son propre bureau, elle travaille souvent 70 heures par semaine et a besoin de se détendre.

«Je préférerais avoir un homme dans ma vie, dit-elle. Je n'éprouve pas le besoin d'être absolument indépendante comme c'est le cas pour bien des femmes de carrière que je rencontre. Mais en ce moment, je fais tout ce que je peux pour m'organiser une vie intéressante et ne pas gaspiller ces années simplement parce que je suis seule. La grosse affaire, pour moi, a été d'apprendre à sortir toute seule et à ne pas avoir peur de me sentir mal à l'aise. Le club de ski est une très bonne place où aller seule.»

Joignez-vous à un groupe qui aime ce que vous aimez

Le premier patient que j'ai eu, un jeune homme brillant mais isolé qui avait presque terminé son collégial mais n'était jamais sorti avec une fille, a découvert que le club de jeu d'échecs de son collège était le seul endroit où il pouvait aller sans se sentir inconfortable. Au début, il n'avait pas grand effort à faire: il lui suffisait de se concentrer sur sa partie d'échecs. Éventuellement, il s'est fait quelques amis. Longtemps après avoir commencé à aller au club d'échecs, Bertrand a développé suffisamment de confiance en lui-même pour inviter une fille à sortir. S'il n'avait pas utilisé le club d'échecs comme première étape, les fréquentations lui auraient semblé encore plus difficiles.

Estelle, une femme de 49 ans récemment remariée, raconte que l'une des activités qui lui plaisaient le plus pendant qu'elle était divorcée était le club de bridge auquel elle s'était jointe. «Tout le monde était tellement de bonne humeur et détendu que c'était un véritable plaisir d'y aller, dit-elle. Ça m'a fait de la peine de laisser le groupe quand Édouard et moi nous sommes mariés. Mon premier mari trouvait que jouer au bridge était une perte de temps et refusait de jouer; quand je me suis jointe au groupe, je n'avais pas joué depuis le temps où j'allais au collège. Édouard et moi jouons souvent avec des amis aujourd'hui.» (Incidemment, Édouard faisait partie du même groupe de bridge pour célibataires qu'Estelle. C'est là qu'ils se sont rencontrés.)

Une de mes jeunes patientes s'est jointe au club de bridge d'une grosse association pour célibataires et m'a raconté que «tout le monde était gentil. C'était comme avoir des tas de nouveaux parents.» Elle a continué de jouer avec le groupe jusqu'à ce qu'elle comprenne bien le jeu, tout en organisant un autre club pour des joueurs de son âge.

Je connais une femme qui se sert du tennis comme base de sa vie sociale, et de celle de bien d'autres personnes aussi. Lorsque, divorcée, elle commença à se chercher quelque chose à faire (elle n'avait pas à s'inquiéter de gagner de l'argent), elle décida d'organiser un club de tennis pour célibataires. Elle voulait rassembler des gens qui partageaient non seulement un intérêt pour le tennis, mais encore une éducation et des affinités sociales; elle commença donc avec quelques divorcés des deux sexes qu'elle connaissait.

Graduellement, quand la nouvelle a commencé à se répandre, les gens se sont mis à téléphoner pour demander à se joindre au groupe. Elle joue une partie d'essai et questionne chaque postulant avant de décider si elle l'accepte ou non. La dernière fois que j'ai eu de ses nouvelles, plusieurs groupes différents jouaient dans des courts intérieurs différents durant l'hiver. Parce qu'elle a mis sur pied l'organisation dont plusieurs personnes avaient besoin, Viviane est maintenant au centre d'un groupe de support très loyal, qui ferait presque n'importe quoi pour elle.

Léa était déjà très impliquée dans le cercle historique local quand son mari est décédé à la suite d'une longue maladie. Même avant qu'il meure, elle se disait: «Dieu merci pour mon cercle d'histoire. Ça va me sauver.» À sa grande surprise et à son amère déception, elle n'arriva pas à se motiver suffisamment pour terminer la petite histoire locale qu'elle avait commencé à écrire, mais elle devint par contre plus active dans d'autres aspects de l'organisation.

Récemment, on lui a offert le poste de directrice de l'association (un poste salarié). «Ça m'a beaucoup aidée d'être absorbée par des activités quotidiennes, dit-elle, et je suis très occupée présentement à préparer de nouveaux programmes pour les personnes âgées et les aveugles. J'ai aussi rencontré un tas de gens intéressants grâce à mon travail: des journalistes qui viennent écrire des articles, des généalogistes, etc.»

Le seul fait de se joindre à un groupe ou à une association ne peut évidemment pas résoudre tous les problèmes d'une personne instantanément. Mais ça aide. Et plus vous vous impliquerez, plus ça vous aidera.

Je trouve paradoxal que les gens les plus isolés que je connaisse ne semblent généralement pas avoir d'intérêts très développés. Ils n'ont développé d'expertise en rien, n'ont trouvé aucun sport ou aucun passe-temps qui les excite ou les absorbe. Il est plus difficile de vous approcher des autres si vous n'avez pas de moyens pour ce faire. Un ornithologue amateur, par exemple, peut facilement se faire des amis en s'inscrivant à l'Association Audubon.

Vous pouvez développer un intérêt (ou plusieurs) pour quelque chose même si vous ne l'avez pas fait par le passé. Vous devrez peut-être explorer quelque peu avant de trouver un passe-temps qui vous donne du plaisir; une fois que vous l'aurez découvert, il sera à vous pour la vie.

Je parlais récemment à une jeune patiente, une amateur de tennis, qui me racontait qu'elle avait commencé à prendre des leçons de plongée sous-marine. «Je n'avais jamais plongé auparavant, mais j'ai pensé que ça m'aiderait à accroître ma confiance en moi-même, dit-elle. Je voulais pouvoir dire: «Oui, je sais faire de la plongée sous-marine.» En prenant ces leçons de plongée, ma patiente a fait d'une pierre deux coups: elle s'est fait de nouveaux amis et s'est trouvé une nouvelle activité.

N'ayez pas peur d'essayer quelque chose de nouveau, même si vous n'êtes pas certaine que vous aimerez ça. Vous ne signez pas un contrat à vie. Vous n'êtes pas obligée de vous joindre à une association dès la première fois où vous assistez à une réunion ou à un événement social. Une chose est certaine cependant: il y a, quelque part, un groupe qui s'intéresse à quelque chose qui finira par vous captiver.

Quelques possibilités que je n'ai pas mentionnées: les sports aquatiques, la danse aérobique, l'archéologie, le backgammon, la lecture, le bowling, la cuisine, l'artisanat, le jazz, les groupes de conversation en langues étrangères, les clubs optimistes, le vol plané, le jardinage, la chasse, les clubs d'excursions, la motocyclette, la peinture, la poésie, la poterie, la photographie, la catalogne, le racquetball, l'équitation, la natation, le squash, la sculpture, le folklore, les voyages, l'écriture.

Je pensais avoir tout vu, mais quand un jeune patient (célibataire et timide) m'a dit qu'il allait passer une fin de semaine à son club de collectionneurs de cannettes de bière, j'ai pris conscience qu'il existait des possibilités auxquelles je n'avais jamais, et n'aurais jamais pu songer. L'idée d'échanger les cannettes de bière qu'il avait en double, afin d'accroître sa collection, était l'une des rares choses qui pouvaient exciter ce garçon plutôt dépressif et solitaire.

Je le répète: il y a définitivement quelque chose pour chacun.

7. Aidez-vous en aidant les autres

Vous pouvez trouver un mode de vie plus heureux et plus épanouissant en trouvant un moyen d'aider les autres. Et vous vous ferez du même coup de nouveaux amis.

«Travailler comme bénévole à l'hôpital est l'une des choses qui m'ont le plus aidée», me dit une jeune veuve. Son mari était mort six ans auparavant, moins de 24 heures après leur mariage. «J'ai travaillé pendant un an et demi à la salle d'attente de l'urgence, à raison de deux journées de cinq heures chaque semaine, m'a-t-elle expliqué. C'était un travail très satisfaisant. En plus de me donner la satisfaction d'aider des gens qui en avaient terriblement besoin, ça m'a permis de me dire: «Ma fille, tu n'es pas la seule à qui ça arrive!»

La plus jeune bénévole acceptée à ce poste, Rachel, avait quelque chose de spécial à donner à cause de son expérience personnelle avec la mort de son mari et, plus tard, celle de son père. «J'ai partagé mes propres expériences avec les gens qui attendaient à l'urgence, dit-elle, et ils voulaient vraiment entendre mon histoire. Le fait que ces tragédies me fussent arrivées personnellement me permettait de dire sincèrement: «Je comprends à quel point ça fait mal!»

Une espèce d'intimité se développa naturellement entre les volontaires de la section, et certaines d'entre elles devinrent des amies intimes. «Faire du bénévolat dans un hôpital vous donne un plus grand sens d'estime de soi, dit-elle. Je le recommande à tout le monde, qu'ils aient vécu ou non la perte d'un être cher. Le fait de savoir qu'il faut que vous soyez là, même si ce n'est que trois heures par semaine, vous donne un sens des responsabilités et un but dans la vie. Sans compter le fait que la plupart des gens vous sont très reconnaissants.»

Pour Joanne F., l'expérience du bénévolat a aussi été le résultat d'une tragédie personnelle. Quand elle est devenue veuve il y a plusieurs années, l'une des décisions les plus positives qu'elle ait prises a été de se porter volontaire auprès d'une nouvelle organisation destinée à venir en aide aux personnes à la retraite, plus particulièrement aux veufs et aux veuves. Les membres de ce service, des personnes veuves depuis un an ou plus, viennent en aide à ceux et celles qui sont encore en deuil, en les écoutant, en partageant leurs expériences et en les aidant avec les détails pratiques, si nécessaire. Mais le plus important, c'est qu'ils leur servent de «nouveaux amis.»

«Ce service comble un besoin important, dit Joanne, à la fois auprès de la personne devenue veuve récemment, et auprès de la bénévole elle-même. Ça aide la bénévole à se concentrer sur quelqu'un d'autre qu'elle-même, et à utiliser son temps de façon plus productive en aidant quelqu'un d'autre.» Les 25 membres de cette organisation se rencontrent au moins une fois par mois, et des sessions d'entraînement sont données à intervalles réguliers pour les nouveaux bénévoles, parmi lesquels il s'en trouve qui ont initialement été aidés par le groupe lorsqu'ils sont eux-mêmes devenus veufs ou veuves. Le groupe compte cinq hommes.

Joanne avait 44 ans lorsque son mari est mort tout à coup d'une attaque cardiaque. Heureusement pour elle, elle avait travaillé à l'extérieur toute sa vie, sauf pendant deux ans après la naissance de sa fille (elle avait aussi un garçon); par conséquent, elle n'avait pas à faire face à des problèmes financiers importants. Présentement, elle est gérante des ressources humaines pour une compagnie d'assurances. «Le plus difficile quand on est veuve, c'est de se réveiller un matin et de se rendre compte qu'on est seule, qu'on n'a personne avec qui partager quoi que ce soit, les bonnes choses comme les mauvaises. Bien sûr, vous avez vos enfants et vos amis, mais ce n'est pas la même chose qu'un mari.»

En offrant une oreille sympathique aux nouveaux veufs (qui lui sont référés par un service de référence téléphonique local, de même que par le clergé et par d'autres professionnels intéressés), le *Service d'aide aux veufs* aide les gens à surmonter leur isolement initial. Joanne, pour sa part, est chef de groupe d'entraînement et membre du conseil, en plus de rencontrer elle aussi certaines des personnes qui ont besoin d'aide.

Grace L. était déjà très impliquée dans les affaires municipales quand son mari, un publicitaire, est décédé il y a deux ans. Après une longue carrière, au cours de laquelle elle a fait de la radio, oeuvré dans des comités politiques et des comités de protection de l'environnement, elle a été élue à plusieurs reprises au Conseil municipal de sa ville d'adoption. «Parce que j'ai toujours été impliquée dans les affaires communautaires, ma vie a simplement continué, dit Grace. Ça n'a pas été un changement terrible, sauf que je n'ai plus personne à qui parler, personne qui ait mon entière confiance. Quand vous êtes verte de rage ou que vous voulez partager une victoire, c'est agréable d'avoir quelqu'un tout près. Je m'occupe de mon petit-fils quand il n'est pas à l'école, mais il est trop jeune pour que je puisse me confier à lui. Il n'a que sept ans.» La musique est une chose importante pour Grace, et elle a deux radios synthonisées en permanence, l'une sur un poste qui émet de la musique classique, l'autre sur un poste qui diffuse surtout du jazz. «J'ai besoin de musique quand je suis seule», dit-elle.

Les activités politiques de Grace et son intérêt pour l'environnement l'empêchent d'être seule trop souvent. De plus, elle est propriétaire de quatre petites maisons qu'elle loue et entretient. «Je pense que c'est important de faire ce qui vous intéresse, ce qui vous excite, dit-elle. J'aime ma ville et ma vie. Et je peux sincèrement dire que je ne me sens pas solitaire. J'aime vivre seule.»

La satisfaction de participer et d'aider... en plus des nouveaux amis

Peu importe votre âge ou votre situation, le bénévolat vous offre d'innombrables et exaltantes opportunités de vous sentir plus vivant en donnant de votre aide. Il y a longtemps que le bénévolat à temps complet n'est plus un mode de vie, mais consacrer quelques heures de votre temps chaque semaine pour une cause qui vous tient à coeur peut vous donner la satisfaction de savoir que vous participez, que vous contribuez. Et ça vous permet souvent de rencontrer des tas de nouveaux amis que vous n'auriez pas connus autrement. Un grand nombre de communautés ont établi des services de références qui mettent les candidats au bénévolat en contact avec les agences où leurs talents seraient le mieux utilisés.

Un tel service de centralisation du bénévolat, par exemple, publiait récemment le texte suivant dans un journal hebdomadaire local:

Nous avons besoin de bénévoles pour enseigner à des enfants de cinquième année, à quelques reprises au cours de l'année scolaire, la nature et les effets de l'alcool. Le programme aura lieu durant les heures de classe et exige une session d'entraînement de trois avant-midi. Nous avons besoin également de bénévoles pour diriger des ateliers d'art, d'économie ou de sports à de petits groupes d'enfants, après les heures de classe et les samedis matin. Aide et entraînement seront assurés par le directeur et l'initiateur du programme, qui travaillent en équipe.

Ces deux programmes ont pour but d'aider les enfants à apprendre et à s'épanouir. Ils offrent au bénévole une façon créative de partager ce but.

Et dans le quotidien d'une petite ville:

Une organisation musicale a besoin d'un bénévole un jour par semaine pour coordonner le travail de bureau concernant les cotisations. On suggère que le bénévole puisse travailler de 10 heures à 16 heures les mardis.

Une organisation d'aide aux personnes handicapées a besoin de volontaires pour aider les employés professionnels pendant les activités récréatives en soirée, plus spécialement le hockey et le ballon-panier.

Une garderie à but non lucratif a besoin d'un enseignant pour huit enfants de deux à trois ans, de 9:15 à 11:45 a.m., les mardi et jeudi matin.

Une organisation de services sociaux qui assure des visites régulières aux vieillards confinés à leur logis a besoin de bénévoles prêts à offrir leur amitié, en passant une heure ou plus avec eux, une ou deux fois par semaine. Les bénévoles sont bienvenus tous les jours, plus particulièrement les fins de semaine.

Dans le même numéro du journal, des bibliothèques s'adressaient directement à leurs abonnés:

Les bibliothèques publiques de D., N. et R., sont à la recherche de bénévoles pour participer à leur programme d'aide gratuite avec les rapports d'impôts.

Ce programme, qui se tient dans les bibliothèques, a pour but d'aider gratuitement les individus incapables de préparer leurs rapports d'impôt eux-mêmes, ou dans l'impossibilité de payer l'aide d'un professionnel. Des classes spéciales seront organisées pour entraîner les volontaires, et le personnel du Service du revenu apportera son aide technique au cours de sessions avec les payeurs de taxes locaux.

Comme vous le voyez, peu importent vos talents ou vos interêts, quelqu'un, quelque part, a besoin de vos services bénévoles.

8. Fondez votre propre association

Si vous n'arrivez pas à trouver une association qui réponde à vos besoins, vous pouvez en fonder une vous-même. C'est ainsi que toute organisation a commencé. Quelqu'un a eu une idée et est passé à l'action. Vous pouvez faire la même chose. Ce n'est pas compliqué. Deux amis peuvent former le noeud du groupe et ajouter graduellement d'autres personnes à leur cercle de connaissances, lesquelles, à leur tour, peuvent en suggérer d'autres. Ou vous pouvez trouver d'autres individus qui partagent vos intérêts en plaçant une annonce dans votre journal local.

Jocelyne K., qui a divorcé en 1973 après 28 ans de mariage, a trouvé que ses amis mariés avaient tendance à «disparaître doucement». Elle avait un fils à la maison, étudiant au cégep, une fille mariée, et une carrière très accaparante comme professeur de piano. «J'étais très heureuse d'avoir ce travail, dit-elle, mais sous bien d'autres aspects, je me sentais seule. Je n'avais personne avec qui discuter et partager mes expériences.»

Membre active de l'Église locale, Jo (comme ses ami(e)s l'appellent) avait découvert que d'autres femmes vivaient la même situation et décida, en 1979, de former un groupe où elles pourraient partager leurs expériences. Une annonce dans le bulletin paroissial a suffi à rassembler un groupe de 15 femmes divorcées, dont quelques-unes seulement étaient membres du culte.

«J'étais très satisfaite de ma vie de femme seule et je voulais encourager d'autres femmes en leur laissant savoir que le divorce n'est pas la fin du monde, dit Jo. Mon divorce avait été ma propre décision, et je sais que cela fait une différence. Mais c'était quand même très apeurant. Je n'étais pas certaine de passer à travers. Si j'avais eu quelqu'un à qui parler à l'époque, quelqu'un pour m'encourager, je suis sûre que ça aurait été plus facile.»

Certaines qui étaient là au début assistent encore aux réunions mensuelles, qui ont lieu chez elles, à tour de rôle. D'autres se sont remariées et ont quitté; d'autres n'ont plus besoin du groupe. La plupart ont développé des amitiés solides à l'intérieur du groupe.

Les règles de l'organisation sont simples: pas plus d'une conversation à la fois, et la confidentialité du groupe doit être respectée. Chaque membre a l'occasion de parler brièvement au début de l'assemblée, si elle le désire. Le but du groupe n'est pas de donner des conseils, mais d'apporter du support et de permettre le partage d'expériences. Les sujets les plus souvents discutés sont les finances, les avocats et les problèmes avec les enfants.

Le mari de Valérie S. est mort subitement en 1973. «Ça m'est tombé dessus tout d'un coup, dit-elle. Mon mari n'avait que 56 ans, et il était le premier à partir dans notre groupe d'amis. Je ne connaissais pas de veuve à qui parler, je n'avais personne vers qui me tourner. Les gens ne savent pas comment se conduire face à une tragédie. Je me souviens être allée au club de collectionneurs de roches et de minéraux, que mon mari et moi-même avions fondé. Quand je suis entrée, tout le monde m'a regardée et s'est tu. Personne ne savait quoi dire.»

À 57 ans, Valérie n'était pas assez vieille pour recevoir une pension du gouvernement et elle se retrouva bientôt en difficulté financière. Elle retourna au travail comme professeur surnuméraire et décida de louer une chambre chez elle. Depuis ce temps, elle a partagé sa maison avec un grand nombre de jeunes éloignés de leur foyer. «Ça m'a donné la satisfaction de savoir que je les aidais, et une raison pour garder la maison», dit-elle.

Comme Jo, Valérie a appris toute seule à surmonter ses problèmes mais, plus tard, a décidé qu'elle voulait en aider d'autres qui traversaient aussi une période d'adaptation difficile. Lorsqu'une amie veuve, qui était déménagée dans une autre province il y a longtemps, lui eût fait parvenir de la documentation concernant une association de veufs et veuves,

Valérie réalisa qu'elle pouvait elle-même mettre ce service sur pied dans sa région. Subséquemment, elle fonda une ramification de l'organisation, affiliée à la centrale nationale. «Je savais que ce serait beaucoup de travail, dit-elle, mais je savais que le besoin existait. J'ai rassemblé un groupe de chefs de file pour voir s'ils étaient intéressés à mon idée, et j'ai bientôt pu bénéficier d'une campagne de publicité.

L'organisation nationale, qui compte 130 filiales, fournit du matériel d'entraînement et de l'aide dans l'organisation de la première session d'entraînement des bénévoles. Les membres sont référés au groupe par les services téléphoniques d'urgence, le clergé, les hôpitaux et les salons funéraires. «Les gens qui sont en deuil veulent parler à quelqu'un qui a vécu cette expérience, dit Valérie. Ils savent que nous allons comprendre. Les veufs et veuves ne font plus partie de la sociéte des couples et souvent les enfants ne trouvent rien de mieux à dire que «Prends-toi en main», mais ce n'est pas si facile.»

Cette association des veufs est basée sur des rencontres en tête à tête; le bénévole passe au moins une heure ou deux chaque semaine avec le «nouvel ami» et reste disponible pour aider ou faire appel aux ressources communautaires, si nécessaire. Le conseil d'administration inclut un avocat, un psychiatre, un juge, un conseiller financier et un directeur de salon funéraire.

Le groupe organise aussi des sorties pour les veufs et veuves qui sont prêts à reprendre une vie plus active. «Récemment, nous avons amené 25 personnes en croisière de nuit, et nous avons eu énormément de plaisir, dit Valérie. Nous avons aussi organisé des pique-niques sur la plage, des dîners au restaurant, un petit voyage pour aller admirer les feuilles d'automne et un concert gratuit.»

Fonder une association de divorcés pour hommes seulement

Théodore L., divorcé à 58 ans après 22 ans de mariage, a décidé, après quelques mois de solitude et d'isolement, que le monde avait besoin d'une organisation d'hommes divorcés «pour socialiser et partager». Sept hommes se sont présentés à la première réunion, qui eut lieu chez Théodore.

Faire face à leur nouveau rôle de célibataires, après avoir fait partie d'une société de couples pendant plusieurs années, est l'un des premiers objectifs du groupe. «Nous avons beaucoup de choses à discuter, au sujet du sexe et des relations amoureuses, des choses qui ne se discutent pas dans une assemblée mixte», dit monsieur L.

Il existe très certainement d'autres groupes de soutien pour hommes seulement. À New York, par exemple, le YM-YWCA a mis sur pied une organisation appelée «*For Men Only*», dirigée par un professionnel. L'un des principaux avantages du groupe, selon le directeur, est qu'il permet aux hommes nouvellement séparés, de découvrir la normalité de leurs craintes et de leurs inquiétudes. «À mesure que les semaines passent, on peut vraiment les voir développer une nouvelle confiance en eux-mêmes, basée sur ce sentiment d'appartenance, dit-il. Ils se font des amis, parfois des amis intimes. Et ils apprennent à surmonter leurs problèmes simplement en s'écoutant les uns les autres.»

Un autre groupe, l'un des plus intéressants dont j'aie entendu parler, est une organisation pour personnes qui sont seules pour d'autres raisons. Ce sont tous des artistes et des écrivains qui travaillent seuls. Mon mari est membre de ce groupe, qu'il appelle parfois «mon club de lunch», «mon club de gars». Il a fondé ce groupe il y plus de 15 ans, peu après avoir quitté son emploi de publicitaire à New York, pour devenir sculpteur à temps complet. Il aimait avoir le temps et le loisir de poursuivre sa carrière artistique mais, grégaire, le contact avec les autres lui manquait.

Un jour, se sentant particulièrement seul, il invita un ami, un dessinateur, à dîner. Ils ont eu tellement de plaisir qu'ils ont décidé de répéter l'expérience et la fois suivante, un troisième homme, un illustrateur, fut aussi invité. Graduellement, d'autres se sont ajoutés, tous des artistes et des écrivains. Une tradition s'est établie, à savoir que tous les deux jeudis, ils se réuniraient pour dîner chez l'un ou l'autre des membres. Plusieurs des membres aiment cuisiner et préparent leurs propres repas. D'autres s'en tiennent aux simples hamburgers. Quelques-uns demandent l'aide de leurs épouses.

Des invités, habituellement d'autres artistes ou écrivains, sont parfois admis par l'hôte, mais le noeud du groupe demeure le même, et on n'inclut pas de nouveaux membres à moins qu'un des anciens ne déménage. Personne n'abandonne le groupe ou ne manque de réunions à moins d'être malade ou en dehors de la ville. Les 12 membres incluent un sculpteur octogénaire de renommée internationale, deux auteurs de best-sellers, un producteur de télévision à la retraite, un dessinateur de bandes dessinées, un peintre, et un auteur-illustrateur de livres pour enfants.

Il est difficile de capter l'essence du groupe, sauf qu'il offre à ses membres, tous des hommes qui travaillent seuls chez eux ou en studio, camaraderie et stimulation intellectuelle. Contrairement à d'autres artistes, qui partagent à plusieurs un espace de travail, les *Douze du Jeudi* préfèrent tous travailler seuls. Mais la longévité du groupe témoigne bien du fait qu'il répond à un besoin important chez ses membres. Lors de son divorce, David a trouvé ses liens avec le groupe particulièrement sécurisants puisqu'il lui fournissait une activité sociale agréable et familière.

Les épouses se connaissent aussi, car il y a occasionnellement des événements pour les couples. Mais ces événements sont périphériques au groupe lui-même. Le but du *Club du Jeudi* est purement social. Il n'y a pas de cotisation, pas d'officier, pas de programme et pas de comité, ce qui peut être très agréable. La seule responsabilité d'un membre est de recevoir le groupe à dîner quand vient son tour, environ tous les six mois, et d'envoyer des invitations lorsqu'il reçoit. Les invitations humoristiques sont de rigueur.

Je me suis amusée à l'idée de tenter de former un groupe similaire pour femmes, mais je ne suis jamais passée à l'action. Une des femmes à qui j'ai parlé, une artiste, avait elle-même essayé d'en fonder un il y a plusieurs années, mais «c'est tombé à l'eau». Les gens n'étaient pas suffisamment intéressés, et le groupe n'a pas duré.

L'une des raisons pour lesquelles le *Club des Douze*, lui, a duré, est sans contredit l'affinité des membres, qui ont tous un respect sincère et une grande affection les uns pour les autres. Ils partagent idées et farces, discutent de livres, de théâtre et d'art. Et ils ont du plaisir ensemble. David attribue une partie de leur succès à la sensibilité de l'un de ses membres, un illustrateur qui est le directeur officieux des candidatures: «Il semble toujours savoir qui peut se fondre au groupe, et qui ne le peut pas.»

Un petit groupe comme ça, qui se réunit fréquemment et est une partie importante de la vie des membres, a une saveur de famille élargie. Ce n'est en aucune façon un groupe thérapeutique, et certains des membres n'ont jamais eu de conversations intensément personnelles avec les autres. Pourtant, si une tragédie frappait n'importe lequel d'entre eux, je suis sûre qu'il pourrait, sans être mal à l'aise, demander de l'aide à plusieurs d'entre eux.

9. Joignez-vous à un groupe de thérapie

J'ai parlé des groupes familiaux, des groupes paroissiaux, des groupes sociaux, des associations à intérêts particuliers, et des groupes qui se forment spontanément parce que les gens qui ont des intérêts similaires ont besoin de la compagnie et du réconfort d'autres personnes capables de les comprendre. Il y a une autre sorte de groupe qui peut vous donner un sentiment d'appartenance bien spéciale, et accroître votre épanouissement personnel en même temps: le groupe de thérapie.

Les groupes d'entraide basés sur une organisation informelle et les témoignages des autres membres ont tendance à former des groupes de soutien, plutôt que des groupes vraiment thérapeutiques, dans le sens habituel du terme. Le meilleur exemple de ce genre de groupe sont les A.A. et leur rejeton, Al-Anon. Les A.A. offrent un soutien exceptionnel à leurs membres, par le biais de réunions quotidiennes, de contacts téléphoniques et de parrainage des nouveaux membres. Un membre des A.A. n'est jamais seul quand il a besoin d'aide, et les A.A. sont indubitablement la forme de traitement des alcooliques la plus efficace.

Appartenir aux A.A. peut devenir un mode de vie. Certains ex-alcooliques maintiennent leurs liens avec les A.A. toute leur vie, en partie pour aider les autres et en partie parce que le programme est devenu un réseau social majeur. Lorsqu'un de mes patients, un ex-alcoolique sobre depuis plusieurs années, a dû être hospitalisé pour dépression, il a téléphoné à un ami A.A. pour qu'il le conduise à l'hôpital. Et il recevait, durant son séjour à l'hôpital, la visite d'au moins un membre des A.A. chaque jour.

Une autre, une femme dans la cinquantaine, n'avait pas pris un verre depuis au moins dix ans, mais elle continuait d'assister aux réunions au moins deux fois par semaine. Elle n'avait plus besoin d'aide pour rester sobre: elle avait atteint ce but depuis longtemps. Mais la plupart de ses amis étaient d'autres ex-alcooliques qu'elle avait rencontrés aux A.A., et les réunions lui offraient une vie sociale, de même qu'une source de support et de conseils pour ses problèmes personnels et professionnels.

Les Weight Watchers, établis sur le même principe que les A.A., offrent le même genre de soutien aux personnes qui ont des problèmes de suralimentation. «J'ai vraiment l'impression que les Weight Watchers peuvent m'aider, me dit une patiente obèse, après sa première réunion. Ils savent tous ce que c'est que d'avoir une crise d'avidité, et ils comprennent comment je me sens. Quand quelqu'un va parler en avant de ses rages de gloutonnerie, toutes les personnes dans la salle s'identifient à son problème.»

À sa première réunion, chaque nouveau membre est assigné à un parrain (ou à une marraine) qui travaille avec lui ou avec elle sur une base régulière. L'aide dont il a besoin n'est jamais plus loin que son appareil de téléphone. Comme les A.A., les Weight Watchers sont une organisation à l'échelle nationale, avec des ramifications dans presque toutes les communautés. Si vous désirez entrer en contact avec l'une d'entre elles, consultez votre annuaire, ou téléphonez à un hôpital, à la bibliothèque, à un CLSC ou à n'importe quel service de références communautaire.

Recovery Inc., dont les membres sont des gens souffrant de toutes sortes de problèmes psychologiques, est un autre exemple d'organisation d'entraide (aux États-Unis) qui compte des groupes dans plusieurs centaines de régions. Les réunions suivent un programme établi par le fondateur de *Recovery*, le docteur Abraham Low, dans son livre *Mental Health Through Will-Training* (Winnetka, Illinois: Willet Publishing Co., 1984).

Bien que ces groupes particuliers n'aient pas de chefs, il existe beaucoup d'autres groupes, dirigés par des professionnels, qui sont prioritairement des groupes de support, c'est-à-dire que les membres se rassemblent pour discuter de problèmes communs ou chercher à atteindre des buts communs, mais remettent rarement en question leur comportement respectif.

J'ai dirigé un grand nombre de groupes de durée limitée, orientés sur un problème particulier et qui avaient des buts spécifiquement thérapeutiques (surmonter sa timidité, devenir plus affirmatif, surmonter ses phobies, apprendre l'autohypnose). Ce sont là aussi des groupes de support, en ce sens que les membres ne sont jamais placés dans une situation inconfortable et ne se font pas reprocher leurs faiblesses.

Le soulagement de trouver d'autres personnes qui ont les mêmes problèmes

Dans des groupes comme ceux-là, la forte impression de soutien est habituellement manifeste dès la première session. Découvrir que d'autres personnes partagent le même problème et comprennent est un grand soulagement. «Je pensais que j'étais la seule à me sentir comme ça», est une affirmation fréquemment entendue. Jusqu'à ce qu'ils fassent partie d'un groupe, les patients phobiques peuvent avoir eu l'impression que personne ne comprenait leurs sentiments de panique. Et ils avaient peut-être raison. Personne ne sait vraiment ce que c'est que d'avoir une attaque de panique, quand on n'en a jamais fait l'expérience.

Quand j'ai organisé un groupe d'étudiants timides à l'Université du Connecticut à Stanford, un étudiant de deuxième année m'avait annoncé qu'il n'avait jamais parlé à un seul étudiant en dehors des heures de classe. «Aujourd'hui est le meilleur jour de ma vie depuis que j'ai commencé l'université, dit-il. Jusqu'à maintenant, je me suis toujours senti tout seul.»

Les membres de groupes s'échangent aussi des encouragements à compléter leurs «devoirs thérapeutiques». Chaque personne a hâte à la semaine suivante pour annoncer qu'elle a réussi à faire son devoir, qu'il s'agisse de demander une augmentation de salaire, d'inviter quelqu'un à dîner, ou de monter dans un ascenseur.

C'est une caractéristique majeure de ces groupes que d'offrir un niveau très élevé d'encouragement, de support, de réconfort et de réaction positive. Il en résulte souvent de grands changements chez les individus, qui apprennent à s'affirmer davantage, à développer l'art de la conversation, bref à surmonter leurs difficultés.

Pour les gens dont les problèmes interpersonnels sont le résultat de la timidité, de phobies, de manque d'affirmation de soi, le traitement de choix est probablement une atmosphère chaleureuse, sympathique, dans un groupe qui offre la possibilité d'observer et de pratiquer ses habiletés sociales. Pour d'autres, dont les problèmes personnels ne sont pas causés par un manque de savoir-faire social, mais par une conduite qui offense ou répugne aux autres, ou par une mauvaise communication incomprise par les autres, un autre genre de thérapie de groupe devient nécessaire. C'est la sorte qu'on associe généralement avec les termes «thérapie de groupe». Il s'agit là d'une réunion continue de cinq à dix personnes, avec un ou des dirigeants. Le but ici n'est pas d'enseigner des matières sociales, mais de changer des habitudes d'interaction sociale inacceptables.

Souvent, dans un tel groupe, l'individu s'entend dire pour la première fois de sa vie pourquoi les autres le fuient. Si une personne dans le groupe est trop dominatrice ou agressive, elle l'apprend rapidement des autres. Si quelqu'un regarde continuellement le plancher en parlant, quelqu'un lui en fera la remarque. Une tendance à trop réagir face à des problèmes mineurs, à décrire de façon interminable des détails sans importance, ou à adopter une attitude manipulatrice ou séductrice peut être à l'origine de l'isolement d'un individu. Toutefois, les membres d'un groupe de thérapie ne peuvent habituellement pas simplement se sauver, puisqu'ils se sont engagés à rester avec le groupe; ils finissent éventuellement par changer leurs comportements inacceptables.

Tôt ou tard, chaque personne du groupe de thérapie finit par étaler devant les autres son comportement maladif. Chacun deviendra lui-même et se comportera comme il le fait dans le monde. Les comportements les plus offensifs feront d'abord surface, alors que les problèmes plus subtils prendront plus de temps. Mais éventuellement, ceux-là aussi se manifesteront.

Grâce aux réactions des autres membres, et au support du dirigeant et du groupe, les comportements maladifs qui ont mené au rejet social peuvent être corrigés. La confrontation est très difficile, et certaines expériences de groupe peuvent être déchirantes. Il est de la plus haute importance d'avoir un dirigeant sensible, qui peut voir à ce que l'on ne perde pas complètement le contrôle de la situation.

Quand j'étais étudiante en psychologie et, plus tard, quand je suis devenue interne, je me souviens d'avoir vécu des expériences obligatoires en psychothérapie qui m'ont rendue tellement inconfortable que ça m'a pris du temps avant d'accepter de faire partie de nouveau d'un groupe de thérapie, même à titre de dirigeante. Je n'ai pas aimé certaines des choses qui m'ont été dites, ou qui ont été dites à d'autres membres. Et dans un groupe d'hôpital auquel je participais en tant qu'employée, j'ai été particulièrement bouleversée par la tactique du dirigeant, qui consistait à mettre le patient «sur la sellette», surtout quand c'était mon patient qu'on décidait d'attaquer verbalement.

Il y a évidemment une grosse différence entre un groupe de thérapeutes en entraînement, et un groupe composé de personnes qui se sont jointes ou ont été référées parce qu'elles ont besoin d'aide avec leurs problèmes de personnalité. Il est très possible, si vous êtes consciente de problèmes interpersonnels continuels qui n'ont rien à voir avec des phobies ou un manque de savoir-faire social, que ce soit exactement ce dont vous avez besoin. Si vous vous joignez à un groupe qui utilise l'interaction et la confrontation, vous pouvez vous attendre à des réactions honnêtes, mais aussi à un malaise personnel intense quand vous entendrez ce que les autres ont à dire de votre comportement.

Je ne veux pas insinuer que toutes les interactions de groupe sont négatives; rien ne pourrait être plus éloigné de la vérité. Les membres de groupes s'apportent aussi beaucoup d'encouragement positif les uns aux autres. Pour les gens qui ont une image négative d'eux-mêmes, ce peut être leur première expérience positive d'acceptation par un groupe social. Le thérapeute peut aussi offrir une acceptation positive, sur une base personnelle, mais l'acceptation par un groupe est thérapeutique d'une différente façon.

Certaines personnes étaient si isolées et solitaires avant de se joindre à un groupe de thérapie que ce dernier était leur première expérience de relations personnelles profondes en dehors de la famille. Et puisque leurs expériences familiales étaient presque invariablement négatives, le groupe s'avérait une merveilleuse occasion de réapprendre.

Le groupe vous accepte

«Quand je faisais partie d'un groupe, je savais qu'il y avait toujours quelqu'un qui se souciait de moi, quelqu'un qui ne m'abandonnerait pas, dit un patient. Pour la première fois de ma vie, je me sentais accepté. Ça fait un bout de temps que j'ai fini ma thérapie, mais il y a encore des fois où je me dis: «Je me demande ce que le groupe penserait de ça.»

Parce que, dans un groupe, on peut exprimer ses sentiments librement et en toute sécurité, il existe (ou il devrait exister) une atmosphère propice au développement personnel, à l'accroissement de l'estime de soi, et à l'amélioration des relations interpersonnelles.

Charles, un homme dans la quarantaine qui se considérait comme un braillard («l'homme le plus faible du monde»), s'est animé quand il s'est joint à un groupe où il était visiblement le plus sain. Les autres ont vite reconnu en lui des forces qu'il ne se connaissait pas. Il a pu apporter de l'aide et du support aux autres membres du groupe, en même temps qu'il recevait d'eux une approbation dont il avait terriblement besoin.

«Un groupe de thérapie est comme un système familial, dit Mélanie S., une travailleuse sociale qui a beaucoup d'expérience des groupes. Les membres des groupes peuvent se chamailler, argumenter, et résoudre leurs problèmes, exactement comme dans une famille. Ils ont tendance à réagir dans le groupe exactement comme ils réagissent dans leur propre système familial. Quel que soit leur problème à l'extérieur, ils le manifesteront à l'intérieur du groupe. Les gens seuls, qui sont isolés et aliénés et qui se ferment sur eux-mêmes de façon non productive, se voient offrir le défi de composer avec les autres membres», explique Mélanie.

Carole, une infirmière de 29 ans, a commencé une thérapie individuelle parce qu'elle avait plusieurs problèmes personnels qu'elle voulait résoudre: l'amertume à l'endroit de ses parents à cause de leur divorce et de son enfance malheureuse, la jalousie envers ses frères et soeurs, et l'insatisfaction grandissante qu'elle éprouvait face à sa carrière. Elle avait aussi souvent l'impression d'être incomprise par les autres, qui la percevaient comme «dure» et «entêtée» alors qu'elle croyait projeter une image tout à fait différente.

Lorsque le psychologue recommanda à Carole de se joindre à un groupe, en plus de sa thérapie individuelle, elle accepta parce qu'elle s'inquiétait de plus en plus de la différence entre ce qu'elle percevait d'elle-même et ce que les autres semblaient penser d'elle. «Dans un groupe, il faut être ouvert à ce que les autres ont à dire, dit Carole. Il est très difficile au début d'accepter les remarques négatives. Les quatre premières semaines, je revenais chez moi en pleurant. «Pourquoi est-ce que je me torture comme ça?» me suis-je demandé. J'avais l'impression que personne ne comprenait. Finalement j'ai réalisé que si personne ne comprenait, c'était peut-être que je ne communiquais pas de la bonne façon.

«Il faut vraiment être déterminée, poursuit-elle, et il faut être prêt à s'évaluer. Ce que les membres du groupe disent n'est pas toujours correct, mais il faut les écouter et réfléchir. Quand on m'a dit que j'étais trop émotionnelle, volcanique même, et qu'il fallait que j'apprenne à ne pas être si émotive, je savais que c'était vrai. Mon caractère m'avait posé un problème toute ma vie. J'ai travaillé fort à le modifier.

Des réactions constructives dans un cadre contrôlé

Carole se souvient d'une fois où elle s'était enragée contre un membre qui l'avait critiquée. «Je me suis mise sur la défensive, et j'ai commencé à crier, dit-elle. Le groupe m'a fait remarquer que je ne pouvais pas supporter d'être critiquée, mais que je critiquais facilement les autres. Et j'ai réalisé qu'ils avaient raison et qu'il fallait que je change sur ce point-là.»

Carole a quitté le groupe après un an et demi parce qu'elle avait résolu son problème de carrière en acceptant une position dans une autre ville comme coordonnatrice des transplantations. «J'adore mon travail maintenant, dit-elle. Il est beaucoup plus varié: je suis un peu professeur, un peu agent de promotion, agent de voyages, bref femme à tout faire. Et les responsabilités sont différentes.»

Bien qu'elle désirât ardemment un changement professionnel, ce fut un événement majeur dans la vie de Carole de déménager dans une nouvelle ville. Elle a beaucoup apprécié le support positif et solide du groupe pendant qu'elle prenait sa décision. «Mais le plus utile pour moi dans tout ça, c'est l'opportunité que j'ai eue de recevoir des critiques constructives dans un cadre contrôlé, dit-elle. Je sais que j'ai changé, parce que j'ai eu beaucoup de réactions positives, non seulement des membres du groupe, mais de mes amis et de mes collègues. Quand j'ai quitté l'hôpital, ils ont organisé un party pour moi, et l'une des personnes avec qui j'avais eu le plus de difficulté à m'entendre est venue me voir et m'a dit: «Tu es devenue une personne formidable.»

Si vous avez des inquiétudes au sujet de vos relations interpersonnelles (comme c'est le cas pour la plupart des membres potentiels), il est tout à fait naturel que vous ayez des réticences à l'idée de vous joindre à un groupe de thérapie. C'est peut-être la première fois que vous vous engagerez à participer à quelque groupe que ce soit, la première fois que vous vous exposerez ouvertement et en toute simplicité.

Peu importe comment votre première session de groupe tournera, il est probable que ce ne sera pas aussi douloureux que vous pensez. Habituellement, les membres commencent par se présenter (déjà, pour certaines personnes, c'est une cause d'anxiété) et discuter de ce qu'ils espèrent obtenir du groupe. La première session peut comporter des silences maladroits. Et il n'est pas rare qu'une ou deux personnes abandonnent après la première session.

Avant de vous engager dans un groupe de thérapie, vous devez réaliser que, même si des amitiés durables suivent habituellement les groupes de soutien ou les groupes à court terme orientés dans un but particulier, le groupe de thérapie plus traditionnel n'a pas pour but de vous procurer des amis. Le but du groupe est de vous permettre une expérience thérapeutique corrective qui vous aidera à mieux fonctionner hors du groupe.

Il existe beaucoup de rejetons de la thérapie de groupe (certains d'entre eux des modes passagères): les groupes de Gestalt, d'analyse transactionnelle, la thérapie de couple. Certaines personnes affirment avoir obtenu des résultats positifs durables de marathons thérapeutiques de fins de semaine; dans d'autres cas, il en est résulté des dommages considérables.

Le groupe de thérapie traditionnel se réunit habituellement une fois par semaine pendant une heure ou deux. Ce genre de thérapie doit être entrepris avec un sens d'engagement. On ne doit pas se joindre à un groupe de thérapie à la légère, parce que l'abandon affecte les autres membres, affecte aussi le thérapeute et vous-même. La stabilité est un facteur important pour l'efficacité du groupe.

Avant de vous joindre à un groupe, vous devriez essayer d'en savoir le plus possible sur les types de personnes qui composeront le groupe. Par-dessus tout, il est essentiel que vous preniez des informations sur le dirigeant. Quelle est sa formation, quelle est son expérience? Pour des suggestions quant à l'évaluation d'un thérapeute, consultez la quatrième partie, chapitre 6.

Les cliniques externes de nombreux hôpitaux ont des groupes de thérapie: les thérapeutes en clinique privée aussi. Si votre communauté a un centre de références, c'est là que vous devriez commencer vos recherches. Si vous êtes déjà en thérapie individuelle, vous devriez évidemment en discuter avec votre thérapeute.

Quatrième partie
Le contact personnel

1. Quelqu'un qui s'intéresse...

En dépit du nombre grandissant de personnes divorcées, séparées, jamais mariées ou veuves, tout indique que la plupart préféreraient avoir un partenaire si seulement «la bonne personne» se présentait.

En juin 1984, le taux de mariage aux États-Unis était à son niveau le plus élevé en six ans: 306 000 personnes se sont mariées ce mois-là, selon le Centre national de statistiques de la santé. Cela représente un taux de 15,8 mariages pour 1 000 Américains, le taux mensuel le plus élevé depuis juin 1978, alors que le taux était de 16,0. Partout à travers le pays, les gens semblaient se chercher activement des partenaires.

À Boston, lieu de résidence actuel de près d'un demi-million de célibataires hommes, femmes, les agences de rencontres pour individus de foi juive, pour entrepreneurs, pour détenteurs de diplômes, pour amateurs d'ordinateurs, ont proliféré au cours des récentes années, et on offre même, dans certains programmes d'éducation pour adultes, des cours du genre: «Comment rencontrer un partenaire après 40 ans». Chaque mois, six pages de petites annonces personnelles sont publiées dans le magazine *Boston*. Malgré tout, la ville est pleine de gens solitaires.

Alors que les années 70 ont mis l'accent sur le concept de l'épanouissement de soi par l'accomplissement individuel et ont glorifié le statut de célibataire, les années 80 voient les gens chercher à s'engager dans des relations personnelles. Mais un grand nombre de ceux qui se cherchent des partenaires n'arrivent tout simplement pas à établir le bon contact.

Souvent, ceux et celles qui ont remis le mariage à plus tard pour établir leur carrière ont manqué leur chance de rencontrer une personne d'éducation et d'intérêts similaires au moment où les possibilités étaient les plus nombreuses, c'est-à-dire pendant leur période collégiale. D'autres, qui ont abandonné «le Système» pendant quelques années, n'arrivent pas à le réintégrer. Même les jeunes gradués ne parviennent pas à rencontrer des partenaires; et plus on vieillit, plus il devient difficile de rencontrer le genre de personne avec qui on aimerait établir une relation..

Les jeunes femmes intelligentes et compétentes de 30 ans et plus ont plus de difficultés que les autres, à cause de nos exigences culturelles voulant que les femmes épousent des hommes «d'un statut plus élevé». Si une jeune femme brillante, qui a réussi sa carrière, doit épouser quelqu'un «d'un statut plus élevé», comment peut-elle y arriver? D'abord, plus une femme vieillit, plus elle est en compétition avec les femmes plus jeunes, généralement préférées par les hommes de son groupe d'âge. Et, habituellement, elle n'a pas la même opportunité que les hommes de son âge d'établir une relation avec une personne plus jeune, même si elle est prête à le faire. Il s'ensuit que bien des jeunes femmes célibataires, psychologiquement équilibrées et physiquement attirantes, restent célibataires. «J'ai abandonné l'idée de me trouver un partenaire, me disait l'une d'elles. Pour moi, le défi est de réussir à m'épanouir comme personne seule.»

Mais «trouver la bonne personne» représente un problème pour les hommes aussi. Winston Groom, un romancier divorcé, signalait récemment dans un article du *New York Times Magazine* que les pressions sociales voulant que les gens se marient ou se remarient sont apeurantes pour les célibataires des deux sexes. «Être seul à New York peut être merveilleux si vous vous retrouvez avec un bon groupe, que vous avez le sens de l'humour et un peu d'argent», écrivait-il. Mais il a aussi parlé d'un voyage qu'il avait fait en solitaire en Jamaïque, au cours duquel il a réalisé «pour la première fois peut-être, que l'ordre naturel des choses pour un être humain est de partager sa vie avec un autre être humain, en permanence si possible». Il a conclu en disant qu'il n'est pas aussi facile qu'autrefois de se marier.

Vous savez que je crois que la plupart des gens veulent un(e) partenaire, et que je trouve normal d'en chercher un(e), à la condition de ne pas chercher de façon désespérée. Les agences de rencontres, les organisations de célibataires et les annonces personnelles ont toutes produit de bons résultats pour certaines personnes. J'ai récemment entendu parler d'un homme dans la cinquantaine qui avait placé «une annonce franche» dans un magazine littéraire et qui avait reçu 140 réponses.

Mais le but de ce livre est de vous aider à vous sentir heureuse et épanouie sans partenaire. Je ne veux pas dire être *plus* heureuse que vous le seriez avec «le bon partenaire», ni même *aussi* heureuse que vous le seriez avec le bon partenaire. Je veux dire raisonnablement heureuse et satisfaite. Sans contact sexuel régulier avec une autre personne, la plupart des êtres humains normaux, créatures «à sang chaud», souffrent d'une certaine privation que la masturbation ou les rencontres occasionnelles, même disponibles et acceptables, satisfont rarement. Et il existe un besoin humain d'être touchée, en dehors du plan sexuel, qu'il est difficile de satisfaire en l'absence d'un compagnon.

Mais si on laisse de côté le contact physique (ce que vous devrez peut-être faire pendant un bout de temps, malgré vos réticences), la plupart des autres besoins qui sont habituellement satisfaits par le mariage ou une relation intime, peuvent l'être d'autres façons.

Trouver une personne spéciale

Nous avons tous besoin d'une personne spéciale qui s'intéresse à nous, à qui nous nous intéressons, quelqu'un avec qui on établit un contact intensément personnel. Même si ce contact est généralement plus efficace avec un époux ou un amant, il y a d'autres solutions pour ceux et celles qui sont prêtes à les accepter.

C'est peut-être parce qu'ils s'astreignent plus activement à la recherche d'un partenaire que la plupart des gens âgés sont plus libres pour se concentrer sur d'autres relations susceptibles de satisfaire leurs besoins de contact intime avec les autres. Ils se déclarent moins souvent esseulés que les célibataires, divorcés ou veufs plus jeunes.

Il semble en effet que tant que la recherche d'un partenaire demeure l'intérêt primordial, il reste peu de temps ou d'énergie pour développer des réseaux de soutien de groupe ou des contacts individuels solides. Je me souviens d'une jeune femme au début de la trentaine que le désir fébrile de se marier avait entraînée dans un tel carrousel d'événements sociaux pour célibataires et de rencontres d'amateurs d'ordinateurs qu'elle n'avait pas le temps ni l'envie d'établir ou de maintenir des amitiés avec d'autres femmes. Quand elle s'engageait à aller prendre un verre avec une autre femme après le travail, par exemple, elle ne se gênait pas pour annuler à la dernière minute si un homme libre d'attaches sentimentales se présentait. Elle considérait le temps qu'elle passait avec d'autres femmes comme un dernier recours.

Le problème avec cette façon de penser (et de se conduire) est que si le fait d'avoir un partenaire est une protection contre la solitude dans la plupart des cas, le fait d'en chercher un est une activité très solitaire. Les rencontres qui échouent et les liens amoureux qui se brisent n'aident pas à construire des réseaux sociaux et l'estime de soi: ils ajoutent plutôt aux sentiments d'incompétence et de dépression.

Cela ne veut pas dire que vous devriez cesser de chercher un partenaire. Ça veut dire que vous devriez cesser de vous y consacrer exclusivement, si c'est ce que vous faites, et que vous devriez remettre les choses dans la bonne perspective. Le fait de vous trouver un partenaire ne résoudra pas tous vos problèmes automatiquement de toute façon. C'est quelque chose que vous allez devoir faire vous-même. Aucun être humain ne peut satisfaire entièrement les besoins d'une autre personne.

Tout le monde, marié ou non, a besoin d'un réseau social et de quelques relations intimes. Les gens qui sont mariés mais qui n'ont pas de contacts extérieurs mettent trop de tensions sur leur mariage. Et lorsqu'un des partenaires disparaît, à la suite d'un décès ou d'un divorce (ce qui doit éventuellement arriver à l'un ou l'autre), la perte devient une épouvantable tragédie pour l'individu qui comptait sur cette unique relation pour satisfaire tous ses besoins. Heureusement, la plupart des femmes font l'effort d'établir et de maintenir des relations avec d'autres femmes; toutefois, les hommes sont plus susceptibles d'être émotionnellement isolés quand un mariage prend fin.

L'un des aspects les plus importants d'une relation personnelle intime est le fait d'avoir quelqu'un à qui se confier. «J'ai des amies, me disait une jeune divorcée qui venait d'emménager dans un nouveau quartier, mais je ne peux pas parler de ces choses personnelles avec elles. Quand j'essaie, elles deviennent mal à l'aise et changent de sujet. J'ai donc cessé d'essayer. C'est une des raisons pour lesquelles je suis ici. J'avais simplement besoin de quelqu'un à qui parler.»

Une autre, une veuve, me disait: «Si je veux vraiment parler à quelqu'un, je téléphone à une de mes vieilles amies à Toronto. C'est un interurbain et ça coûte assez cher, mais au moins je sais qu'il y a quelqu'un à l'autre bout de la ligne à qui je peux parler. J'aimerais avoir des amies intimes qui demeureraient près de chez moi, mais on dirait que c'est difficile de se faire des amies intimes à mon âge. J'ai fait des efforts mais jusqu'à maintenant je n'ai pas réussi à établir de véritables contacts avec qui que ce soit. Je m'ennuie encore de Daniel. Il a toujours été mon meilleur ami, quelqu'un avec qui je pouvais partager mes impressions.»

Se confier est sain

Des études récentes faites par des psychologues ont démontré que se confier aux autres, surtout durant les périodes de stress, produit des effets positifs mesurables sur la santé. Les «refoulés», les personnes qui ne se confient pas, ont des taux de cancer, de pression sanguine et de décès à la suite d'un diagnostic de cancer du sein plus élevés que les autres, de même qu'elles éprouvent plus de malaises physiques en général. Lors de tests en laboratoire, les sujets qui ne se confiaient pas démontraient aussi un taux de pression artérielle plus élevé, plus de tension des muscles du front et de réactions cardio-vasculaires. Au cours d'une nouvelle étude faite auprès des époux qui ont survécu à des femmes ou des hommes morts dans des accidents d'automobile ou à la suite de suicides, le docteur James Pennebaker, de l'Université Méthodiste du Sud, a apporté d'autres preuves à l'effet que la capacité de se confier protège le corps contre un stress intérieur dommageable. Un an ou deux après le décès d'un partenaire par suite d'un accident ou d'un suicide, les partenaires survivants connaissaient un taux accru de problèmes de santé, mais ceux qui avaient vécu leur chagrin en silence présentaient plus de problèmes encore. Les veuves qui se confiaient à leurs amies passaient moins de temps à ruminer la perte de leurs partenaires. Le docteur Pennebaker croit que l'effort physiologique nécessaire pour supprimer ses sentiments face à une expérience traumatisante provoque le développement de maladies. Le refoulement, explique-t-il, est mentalement épuisant et constitue «le point central dans le lien entre le traumatisme et la maladie».

Les victimes de traumatismes sexuels se sont avérées, lors d'autres études, particulièrement vulnérables aux problèmes de santé à long terme. Cela est vrai chez tous les sujets, mais plus particulièrement chez ceux qui ne confient leur expérience à personne.

Comment est-ce que le simple fait de parler d'un événement traumatisant peut faire une différence? D'abord, lorsqu'un individu discute d'un problème ou d'un traumatisme, il apprend que d'autres ont vécu des expériences similaires et il reçoit compréhension et conseils quant à la façon d'affronter la situation. Le fait de se confier à quelqu'un aide à organiser ses pensées et à mettre le problème en perspective.

Lors d'une autre étude, le docteur Pennebaker a dit à des volontaires qu'ils auraient l'opportunité de parler à un psychologue d'une expérience traumatisante qu'ils avaient eue dans leur vie. Lorsqu'on leur a, par la suite, demandé de décrire plutôt un événement sans importance, des méthodes de mesures psychologiques ont indiqué qu'ils étaient tendus et agités. «Ils étaient dans la position de quelqu'un qui est préoccupé par des pensées qu'il ne dévoile pas», explique le docteur Pennebaker. Plus tard, quand les sujets ont pu parler des événements qui les inquiétaient vraiment, même ceux qui pleuraient étaient physiquement détendus.

Selon le docteur Pennebaker, même l'expression de ses sentiments dans un journal personnel peut réduire le stress physique (comme l'ont prouvé des visites chez le médecin). Et des études auprès des patients faisant partie de programmes de santé en Europe et du *Blue Cross* aux États-Unis ont démontré que les patients qui suivent une psychothérapie ont besoin de consulter des médecins moins souvent que ceux qui ne sont pas en thérapie. Ces résultats semblent suggérer fortement que «se confesser» est aussi bon pour l'âme que pour le corps.

Il semble clair que si vous voulez être seule, active et bien dans votre peau, vous devez vous assurer d'avoir quelqu'un à qui vous confier, quelqu'un à qui vous pouvez divulguer vos sentiments les plus personnels. Vous confier ne veut pas dire exprimer sans discrimination tout ce qui vous passe par la tête, sans vous soucier des sentiments de l'autre personne. Ça veut dire exprimer librement ce qui vous cause de la peine et de l'angoisse.

Qui sont les meilleurs confidents: les hommes ou les femmes?

Est-ce que le sexe de la personne à qui vous vous confiez a de l'importance?

On a longtemps cru que les femmes étaient des confidentes plus efficaces pour les deux sexes, parce qu'elles ont tendance à être plus expressives et plus maternelles. Mais une étude récente du docteur Nan Lin, professeur de sociologie à l'Université de New York à Albany, suggère qu'un confident de sexe opposé est plus utile psychologiquement qu'un confident du même sexe. (Toutefois, cette conclusion ne valait pas pour les femmes non mariées, pour qui des confidents de même sexe, donc des confidentes, étaient aussi efficaces dans le soulagement de sentiments dépressifs.)

Le docteur Lin croit que les bienfaits accrus de confidents de sexe opposé sont dus au fait que les hommes et les femmes sont plus aptes à se compléter les uns les autres psychologiquement. Les hommes peuvent plus facilement aider les femmes ayant de problèmes pratiques, alors que les femmes, qui sont habituellement meilleures que les hommes dans la communication, sont plus aptes à aider une amie à exprimer ses sentiments.

Avoir un ami homme peut aussi aider une femme à avancer dans sa carrière, selon le docteur Marilyn Ruman, psychologue à Encino, Californie, qui travaille à un livre sur les expériences de vie de 50 femmes éminentes. Elle a découvert que, lorsqu'elles étaient adolescentes, ces femmes avaient des amis masculins de qui elles ont appris comment fonctionne l'univers des hommes. «Contrairement aux autres femmes, elles ont appris à traiter les hommes comme des personnes, pas comme des amis de coeur ou des maris potentiels, dit le docteur Ruman. En conséquence, elles souscrivaient à moins de mythes au sujet des hommes plus tard, et se sentaient plus à leur aise à travailler avec eux.»

Un des effets du mouvement de libération de la femme a été de permettre aux hommes et aux femmes d'être amis», dit le docteur Ruman. Comme il y a de plus en plus de femmes qui font leur entrée dans des domaines de travail dominés par les hommes, il y a de plus en plus d'opportunités pour les deux sexes de développer des intérêts communs. Peu importe les sexes, le partage de valeurs et d'intérêts communs est habituellement à la base de n'importe quelle amitié satisfaisante. À mesure que la relation croît, il est naturel de confier de plus en plus ses pensées et ses sentiments profonds. Si vous ne pouvez vous confier à quelqu'un qui est près de vous, il manquera toujours quelque chose dans la relation.

Il va sans dire qu'il y a un autre aspect tout aussi important dans une relation intime: savoir écouter quand l'autre personne a besoin de se confier à vous. Sentir que quelqu'un d'autre a besoin de soi est une source majeure de satisfaction, parfois la plus importante de toutes. Vous souhaiteriez peut-être, comme bien des célibataires, avoir un époux qui ne serait pas seulement votre amant, mais aussi votre meilleur ami. Mais vous n'avez pas besoin d'un mari pour avoir un meilleur ami ou un confident qui satisfasse votre besoin essentiel de relation intime.

2. Les relations négatives

Vivre seule est meilleur et plus sain pour vous que vivre une relation négative.

«Comment vous sentez-vous face au fait que vous vivez seule?», ai-je demandé à une jeune femme nouvellement séparée d'un mari abusif. «Je me sens mieux que si je vivais avec quelqu'un avec qui je n'ai pas envie de vivre», me répondit-elle.

J'ai déjà fait remarquer que les individus qui vivent dans des mariages malheureux sont plus susceptibles de souffrir de problèmes émotionnels et physiques que ceux qui vivent seuls. Pourtant, il y a beaucoup d'hommes, et plus encore de femmes, qui restent ancrés indéfiniment dans des mauvais mariages ou de mauvaises relations parce qu'ils ont peur d'être seuls ou parce qu'ils croient, dans leur for intérieur, qu'ils ne méritent pas une meilleure vie. Je vois cela souvent dans ma profession.

Une patiente au début de la trentaine avait essayé à plusieurs reprises, sans succès, de mettre un terme à une relation de deux ans avec un homme chroniquement déprimé. Il refusait de socialiser avec ses amis et sa famille, et parlait incessamment de ses problèmes professionnels, tout en refusant d'écouter les siens. Il lui en veut chaque fois qu'elle passe du temps ailleurs qu'avec lui, et son idée d'une bonne soirée est qu'elle fasse la cuisine et la vaisselle pendant que lui s'amuse avec son ordinateur dans une autre pièce. Il ne lui téléphone jamais; il s'attend toujours à ce qu'elle lui téléphone. S'il n'a pas envie de parler, cependant, il débranche le téléphone.

Quand je lui ai demandé ce qu'elle retirait de cette relation, Diane n'avait pas d'autre réponse que de me dire qu'elle espérait toujours qu'il finisse par changer. Les parents de Diane n'étaient pas affectueux et satisfaisaient rarement ses besoins, et aujourd'hui elle accepte le même manque d'affection de Charles. Elle veut changer, mais elle éprouve de la difficulté à se convaincre qu'elle mérite plus que cela. Elle trouve constamment des excuses au comportement de Charles.

Une autre jeune femme, âgée de 35 ans, est prise dans une série de relations où elle est toujours la partenaire qui donne, qui comprend. Elle est attirée par les hommes excitants, audacieux, instables et déloyaux. Même si elle les voit habituellement tels qu'ils sont, elle rationalise son implication avec eux en se disant que «c'est mieux que de ne pas avoir de relation du tout», ou «au moins, je peux compter sur lui pour faire l'amour», ou «je vais le voir une fois par semaine, et je vais sortir avec d'autres hommes aussi». Même s'il devient évident (et ça finit toujours par le devenir) qu'elle est exploitée, elle trouve difficile, sinon impossible, de mettre un terme à ce genre de relations. Son estime de soi est tellement inexistante que, même après une première sortie avec un homme qu'elle ne respecte pas ou qui ne l'intéresse pas, elle est affreusement déprimée s'il ne lui téléphone pas pour l'inviter à sortir de nouveau.

Une femme dans la quarantaine m'a téléphoné un jour, dans un état d'agitation fébrile, pour me demander un rendez-vous d'urgence. Elle était en crise, par suite d'un problème avec son fils adolescent, qui venait de se faire arrêter par la police pour une deuxième fois. Quand elle est arrivée, elle a déversé son angoisse, pas seulement au sujet de l'événement qui venait de se produire, mais à propos du fait que son mari, un membre respecté de la communauté, abusait physiquement d'elle et des enfants. «J'ai peur de lui, dit-elle en pleurant. Ça fait plusieurs fois que ça arrive.» Quand je lui ai demandé pourquoi elle ne le quittait pas, elle m'a répondu: «Je l'aime.»

Une femme dans la soixantaine m'a consultée parce que son mari, un homme d'affaires riche, la battait et la menaçait depuis des années. Sa façon de lui faire des avances sexuelles consistait à la menacer de la battre. Quand je lui ai suggéré qu'elle avait autant besoin d'aide légale (sinon plus) que d'un thérapeute, elle m'a envoyé une note pour annuler son rendez-vous suivant.

Un jeune homme de 36 ans a commencé une thérapie parce que son épouse se vantait de ses relations passées, qu'elle lui décrivait dans les moindres détails. Lorsqu'ils allaient dans des réunions sociales, elle présentait son mari à des amis masculins et se mettait ensuite à leur décrire ses relations sexuelles avec lui. Il voulait que je l'aide à s'adapter à la conduite de sa femme. Quand je lui ai dit que je pensais que le problème n'était pas de savoir s'il pouvait s'adapter à la conduite de sa femme, mais plutôt pourquoi il tenait à maintenir cette relation, il s'est mis en colère et a annulé son rendez-vous suivant. Il m'a dit qu'il aimait sa femme et qu'il voulait faire de son mieux pour que le mariage fonctionne.

Un homme d'affaires qui avait beaucoup de succès au travail mais qui, à 40 ans, avait déjà divorcé deux fois, avait des problèmes sérieux avec son troisième mariage. Il avait épousé une femme d'un caractère explosif, incontrôlable, qui l'humiliait et lui criait des obscénités chaque fois qu'elle était de mauvaise humeur, ce qui arrivait très souvent. Plusieurs fois, elle lui avait volé l'équipement photographique qu'il gardait dans son auto, et l'avait caché; elle avait découpé en petits morceaux des photographies de lui; elle l'avait insulté, et avait insulté son employeur lors d'un souper en compagnie de ses collègues; elle avait confié des détails de leur vie sexuelle à son fils adolescent, qui était venu les visiter. Même s'il était visiblement un père dévoué, elle refusait de lui permettre d'être seul avec leur bébé.

Après plusieurs années de ce traitement abusif, Pierre n'en pouvait plus. Il avait développé un ulcère d'estomac et sa carrière commençait à en souffrir mais il était déterminé à ne pas divorcer une troisième fois. Il avait déjà connu la souffrance d'être un père absent, et ne voulait pas vivre la même chose avec son plus jeune fils.

Laurence est arrivé chez lui un soir et a découvert que sa femme, une mégère au tempérament semblable à celui de la femme de Pierre, avait déménagé de leur appartement. Elle avait emporté presque tous les meubles, y compris plusieurs qui lui appartenaient à lui. Il s'assit sur les marches et se mit à pleurer.

Lorsqu'il l'a finalement retracée, dans une autre province, il a appris qu'elle avait emménagé avec le capitaine d'un navire de la marine marchande. Il lui a téléphoné et l'a suppliée de revenir. Devant son refus, il a pris sa voiture et roulé six heures pour aller la voir.

Le lendemain, il m'a téléphoné pour me demander rendez-vous. «Mes amis me disent que je suis bien débarrassé d'elle, racontait-il, mais je veux qu'elle revienne. Je sais que ça n'a pas de sens, mais je l'aime.»

Un homme dans la quarantaine avancée, père de quatre enfants, était marié depuis vingt ans, et fidèle à une femme alcoolique qui abusait verbalement de lui et de leurs enfants. Elle était complètement intoxiquée quand arrivait le temps de souper, et il devait souvent l'arracher des mains de la police à la suite de ses comportements irresponsables et désordonnés. Il rationalisait le fait qu'il était encore marié à elle en disant qu'il ne pourrait pas obtenir la garde des enfants et qu'il avait peur qu'ils doivent rester avec sa femme.

Éventuellement, quand la situation est devenue intolérable, Marcel a fini par partir. Il se sentait tellement coupable de ne pas avoir réussi à sauver leur mariage qu'il a laissé un avocat sans scrupules lui enlever toutes les économies, et sa part de la maison, dont le couple avait été conjointement propriétaire. Deux ans après le divorce, il ruminait encore sans relâche ce qui avait mal été dans le mariage, et parlait des enfants avec son ex-femme à tous les jours.

Chloé en est une autre qui a finalement laissé un mauvais mariage. Elle était aux études, et réussissait très bien, et elle était une superbe pianiste quand elle a épousé Fred, un jeune homme rigide, dominateur, que les parents surprotecteurs de Chloé considéraient avec scepticisme et anxiété. La conduite de Fred s'est détériorée rapidement après le mariage. Il reprochait constamment à Chloé d'être grosse (elle ne l'était pas) et d'être une mauvaise femme de maison (elle n'était pas à la hauteur de ses impitoyables standards de propreté), et lui criait des injures en public quand elle n'était pas d'accord avec lui. Ne voulant pas admettre à ses parents qu'elle avait fait une erreur, et craignant de devoir élever leurs deux enfants seule, Chloé a toléré la situation dix ans. Son estime de soi en a pris un coup durant ces années, et Fred a essayé de la convaincre qu'elle n'arriverait jamais à rien sans lui. Mais comme elle était relativement intacte à la base, elle a trouvé la force de se tirer de cette situation.

De telles relations, où un partenaire semble toujours la victime de l'autre, sont tellement négatives qu'on ne peut leur trouver strictement rien de recommandable. Vivre avec un partenaire qui peut occasionnellement se montrer gentil, affectueux et respectueux (comme peuvent souvent le faire les partenaires abusifs), mais qui a des crises soudaines de violence verbale et physique, établit les bases de sentiments d'anxiété, de troubles psychosomatiques, et d'une estime de soi annihilée.

Vaut mieux être seule

Il ne fait pas de doute que, dans ces cas-là, il vaut mieux être seul(e). Le docteur Meyer Friedman et l'infirmière Diane Ulmer, dans leur livre *Treating Type A Behavior and Your Heart* (*Comment traiter les com-*

portements de type A, et votre coeur) (New York: Knopf, 1984), rapportent: «Nous avons interviewé un nombre de veuves de patients d'âge moyen décédés récemment de maladies coronariennes. À quelques exceptions près, ces veuves ont confié s'être senties soulagées après la mort de leur mari. Leur soulagement consistait à 1) ne plus avoir à penser et à agir comme leurs maris l'exigeaient; 2) à ne plus craindre de fréquentes crises imprévisibles de colère et d'insultes; et 3) à ne plus avoir à servir d'arbitres quand leurs maris et leurs enfants s'engageaient dans des «concours d'engueulades». Ces souvenirs, bien sûr, reflètent l'atmosphère d'hostilité que faisaient régner leurs maris.»

«Pendant des années, j'ai pensé que je devais faire quelque chose d'incorrect pour provoquer de telles crises de rage chez Janette, dit un avocat aux manières pondérées, marié à une femme de type A. La famille est tellement importante pour moi que je ferais n'importe quoi pour la protéger, dit-il, mais je ne peux pas continuer à vivre de cette façon. À moins que Janette ne change sa façon de se conduire, nous n'arriverons à rien de bon. Je vois maintenant que sa mère se conduit exactement de la même façon. Elle se soulageait de ses crises de furie sur son mari et ses enfants, comme Janette le fait avec moi et les enfants. Le père de Janette a enduré ça toute sa vie. Mais moi je ne peux pas: ça me détruit.»

Il y a un vieil adage qui dit qu'une chicane, ça se fait à deux. Mais dans la plupart de ces relations sadomasochistes, l'offense majeure de la victime est de permettre que les abus continuent, parfois durant de longues années.

Si vous êtes victime d'une telle relation et que vous aimez encore votre partenaire, vous devriez insister pour consulter un conseiller matrimonial (pour des suggestions quant à la façon de choisir un bon thérapeute, voyez la page 242). Si votre partenaire refuse, il y a très peu de chances que la relation s'améliore. Même si vous consultez un thérapeute, il ne peut y avoir de véritables changements à moins que les deux partenaires soient prêts à faire les efforts énormes qui s'avéreront nécessaires.

«Janette peut-elle changer?» m'a demandé Yves la première fois qu'ils sont venus me voir ensemble. Sinon, j'ai besoin de le savoir. Si oui, j'ai besoin de savoir combien de temps ça va prendre, parce que je ne peux pas continuer comme ça encore longtemps.»

Bien sûr, un thérapeute ne peut pas donner de garantie quand on lui demande d'aider à effectuer une réorganisation majeure de la personnalité, ou plutôt du comportement comme je préfère l'appeler. Ma conviction est qu'un changement est toujours possible si l'individu veut changer, et qu'un mariage ou une relation a de bonnes chances de survivre si les deux partenaires le désirent ardemment. Mais si les habitudes destructives sont établies depuis longtemps, elles sont difficiles à déraciner.

Les relations que je viens de décrire sont les pires: ce sont celles où un partenaire détruit l'autre. Il y en a beaucoup d'autres, bien sûr, où la destruction est plus subtile, où les besoins d'un partenaire ne sont pas satisfaits par la relation, où la communication s'est détériorée, où les relations sexuelles ne sont pas satisfaisantes, où il a de sérieux problèmes d'argent, de relations avec les beaux-parents ou avec les enfants.

La plupart des relations sont un mélange de positif et de négatif. Elles ont des aspects confortables, compensatoires, parfois même excitants et, en général, les choses ne semblent pas aller si mal. S'il y a encore des sentiments amoureux entre les partenaires et des aspects positifs à la relation, il vaut peut-être la peine de tenter de sauver l'union, surtout s'il y a des enfants.

Dans bien des cas, une femme persistera dans une relation malheureuse parce qu'elle n'a pas d'alternatives financières, parce qu'elle pense qu'elle n'en a pas, ou simplement parce qu'elle a peur d'être seule. «Je ne suis jamais restée toute seule», est une affirmation qu'on entend souvent. «Je suis restée chez mes parents, puis je suis restée avec mon mari. Est-ce que j'y arriverai toute seule?»

Rester est habituellement plus facile que partir, puisqu'on n'a pas besoin alors de réorganiser sa vie et que le niveau de vie auquel on est habitué peut être maintenu. Une maison, une piscine, un club de villégiature et une garde-robe pleine de vêtements coûteux peuvent compter pour beaucoup et aider à endormir la souffrance (ou même la monotonie d'une relation moins qu'idéale. Les compensations sont peut-être intéressantes et peuvent, en fait, être la solution la plus pratique si la vie quotidienne n'est pas trop déplaisante et qu'il y a des enfants à considérer. Mais il est possible de se sentir extrêmement seule dans une telle situation.

La plupart des décisions quant à savoir s'il faut préserver le mariage ou y mettre un terme sont tempérées par le côté pratique, à moins que l'un des partenaires ne tombe amoureux de quelqu'un d'autre. Dans ces cas-là, le côté pratique prend généralement le bord de la fenêtre.

Quand est-ce que c'est fini?

Quand devriez-vous considérer la possibilité de mettre un terme à une relation?

Si vous êtes violentée physiquement ou constamment assujettie à des abus verbaux ou émotionnels et que vous avez essayé, sans succès, d'améliorer la situation, vous devriez probablement tenter de mettre un terme à la relation, que vous ayez des enfants ou non. Vous aurez peut-être besoin de l'aide d'un thérapeute pour y arriver.

Si votre partenaire est un alcoolique qui refuse de demander de l'aide, vous n'avez aucune chance d'améliorer la relation, et vous devrez partir si vous tenez à une vie raisonnable.

Si vos besoins émotionnels ne sont pas satisfaits, si vous êtes frustrée sexuellement, si la communication avec votre partenaire est pauvre, si vous êtes sérieusement en désaccord au sujet des finances, de vos beaux-parents, ou de quelque autre sujet d'importance, vous devriez essayer d'obtenir de l'aide.

Si votre relation est morte, que vous et votre partenaire êtes trop détachés l'un de l'autre pour ressusciter vos sentiments amoureux, il y a de fortes chances que l'un ou l'autre finisse par se trouver quelqu'un d'autre.

Mettre fin à un mariage ou à un concubinage est une décision sérieuse qui exige beaucoup de réflexion. Évidemment, s'il n'y a pas d'enfants, une relation peut être dissoute plus facilement. Malheureusement, les deux partenaires n'ont pas toujours (ni même généralement) envie de mettre un terme à la relation en même temps, et une aventure amoureuse qui se termine peut s'avérer aussi douloureuse qu'un divorce ou qu'une séparation.

Parfois, les gens se sentent tellement éprouvés par l'échec d'un mariage ou d'une relation qu'ils jurent ne plus jamais s'engager émotionnellement. Plusieurs mettent leur promesse en pratique. Ils s'assurent que l'opportunité ne se présentera jamais. Il n'y a absolument aucune façon de vous protéger contre la possibilité d'être blessée dans une relation, puisqu'il y a toujours, inévitablement, un élément de risque. Même le mariage le plus réussi et le plus long laissera éventuellement l'un des partenaires à lui-même. Le simple fait d'aimer quelqu'un vous expose à la douleur de perdre cette personne.

L'amour n'est pas non plus nécessairement suffisant pour maintenir une relation; il est possible d'aimer quelqu'un profondément, tout en trouvant impossible de vivre avec lui (ou elle). Mais j'éprouve de la difficulté à comprendre ce que les gens veulent dire quand ils affirment aimer une personne avec qui ils se querellent continuellement ou qui les maltraitent sans cesse.

Si vous êtes engagée dans une relation avec quelqu'un qui dit vous aimer, mais qui vous traite cruellement ou de façon irrespectueuse, vous devriez vous faire une idée à partir de ses comportements, plutôt qu'à partir de ce qu'il dit. Si vous acceptez cette situation indéfiniment, vous avez accepté le rôle de victime. Bien des femmes adoptent ce rôle parce qu'elles ne sont pas habituées à considérer l'importance de leurs propres besoins ou désirs. Parfois, elles ne sont même pas conscientes de leurs propres besoins et sentiments, et ne réalisent pas qu'elles ont aussi des droits dans la relation. Si votre amour-propre est constamment rabroué par votre partenaire ou votre amant, la relation n'est pas bonne pour vous.

Si vos besoins émotionnels ne sont pas comblés, il est possible que vous vous sentiez encore plus seule dans un mariage ou une relation que si vous viviez complètement seule. Si c'est votre impression, peut-être que vous et votre partenaire vous tenez pour acquis depuis trop longtemps; peut-être ne vous donnez-vous plus la peine de commmuniquer. Parfois, l'intimité peut être rétablie; mais parfois, le temps de prendre pleinement conscience du problème, il est trop tard pour faire quoi que soit.

«La colère et la négligence, les attentes excessives et la surveillance importune peuvent aliéner l'un des deux partenaires, ou les deux, et les laisser avec le sentiment d'être incompris et misérablement abandonnés à eux-mêmes», dit William Appleton, médecin et professeur adjoint en clinique psychiatrique au Harvard Medical School. Les deux époux peuvent se sentir étrangers à leur communauté parce qu'ils ne connaissent pas leurs voisins, «ou parce qu'ils pensent que la vie familiale devrait être suffisante et ne font pas d'efforts pour s'impliquer socialement».

J'ai récemment interviewé un couple nouvellement marié qui commençait déjà à éprouver des problèmes parce que l'épouse, élevée dans une famille irlandaise catholique plutôt stricte et isolée, insistait pour que son mari passe tous ses temps libres avec elle. Tous deux sont des professionnels dans le domaine de la santé, mais la jeune épouse concentrait tous ses intérêts, après son travail, sur son mari et leur maison. Lui, au contraire, faisait partie d'un groupe de théâtre communautaire, et avait maintenu des relations intimes avec plusieurs amis et collègues. L'isolement volontaire de son épouse menaçait déjà d'imposer des tensions insupportables sur leur mariage.

Lorsque la solitude à l'intérieur d'un mariage n'est pas reconnue et résolue, des problèmes psychosomatiques et la dépression peuvent en résulter. Ou bien, «au lieu de renforcer leur relation, les époux peuvent devenir de plus en plus absorbés par leur travail et leurs loisirs respectifs, souligne le docteur Appleton. Le bourreau de travail peut endommager sa santé, alors que la poursuite de relations individuelles peut laisser insatisfaits les besoins d'intimité de chacun des partenaires.»

Les mariages distants et insatisfaisants peuvent aussi encourager la substitution d'un enfant au partenaire dans le rôle de confident. «Les liens parentaux à l'intérieur desquels les parents se confient trop à leurs enfants n'aident ni les parents ni les enfants, dit le docteur Appleton. Les parents solitaires qui se cramponnent à leurs enfants en font des solitaires à leur tour et, à mesure que les années passent, la séparation devient de plus en plus difficile.» L'enfant-crampon est habituellement le résultat d'une relation maritale carentielle.

Lorsqu'un sentiment d'esseulement persiste dans un mariage et qu'il n'est pas dû à un manque d'implication communautaire, c'est l'indice qu'il existe un problème sérieux au sein de la relation. Ignorer la détérioration d'une relation ne peut que mener à une plus grande détérioration.

«Quand on a besoin de nier, besoin de ne pas voir, alors on ne voit pas», dit Laura J. Singer, ex-présidente de l'Association américaine des conseillers matrimoniaux et familiaux. «Vous niez ne pas avoir une bonne relation sexuelle, vous niez ne pas avoir d'intérêts communs, vous niez que votre partenaire soit irritable, renfermé, absorbé dans un petit monde dont vous êtes exclue. Ces signes indiquent qu'il se passe quelque chose à l'intérieur de l'autre personne, mais peuvent indiquer qu'il ou elle est impliqué(e) dans une autre relation.»

Quand pardonner

Vaincre «le démon du midi» exige l'acceptation et le pardon d'une infidélité de la part du partenaire. Une aventure extramaritale ne signifie pas toujours la fin du monde ou la fin du mariage. Parfois, l'envie de se venger, de reprendre le contrôle, ou simplement d'exprimer une blessure profonde, peut mener à une séparation ou à un divorce prématuré, mais parfois une aventure extramaritale peut vraiment mener à une communication améliorée et à une plus grande compréhension entre les partenaires.

«Un homme ou une femme peut s'engager dans une aventure extramaritale pour des raisons différentes, dit le docteur Singer. L'impulsion peut ne pas avoir grand-chose, ni même rien à voir avec les sentiments envers l'autre partenaire. Parfois, il s'agit d'une incartade folichonne, insensée, que l'on regrette avant même qu'elle soit finie. Ou parfois elle peut faire suite au désir d'éprouver encore une dernière fois la passion sexuelle brûlante qu'un mariage vieux de plusieurs années ne peut soutenir. Je ne crois pas qu'on puisse examiner ce genre de comportement et conclure que l'amour pour l'autre partenaire n'existe plus. Je ne crois certainement pas que ça veut dire que le mariage doive être dissous.»

Avec le nombre grandissant de couples qui vivent ensemble sans être mariés, surgit un nouveau genre de problème de relation. Vivre ensemble sans se marier est si facile et accessible que bien des gens, des hommes surtout, ne voient pas de raisons de s'engager financièrement et émotionnellement dans une relation permanente. Lorsque la nouveauté de la relation s'estompe, comme ça arrive tôt ou tard, ils trouvent très commode de simplement faire leurs bagages et s'engager dans une autre relation de concubinage.

Une patiente me racontait récemment qu'elle sortait avec un homme qui vivait avec une autre femme. «Il m'a dit qu'il ne pouvait se libérer de cette situation, me dit-elle, et je me suis dit: «Tu ne peux pas en sortir, alors que tu n'es même pas marié?» Je sais que je suis stupide de perdre mon temps avec lui. Il vient me voir les samedis après-midi et c'est le seul temps qu'il passe avec moi.»

Une autre a vécu avec un étudiant pendant cinq ans et elle a presque toujours payé le loyer pendant qu'il complétait ses études. Elle ne voulait pas faire de pressions sur lui et évitait systématiquement toute référence à l'avenir. Finalement, au moment où il était sur le point de terminer ses études, elle devint tellement inconfortable qu'elle lui demanda ce qu'il pensait de l'idée de se marier. Il répondit qu'ils vivaient ensemble depuis longtemps et qu'il ne se sentait pas capable de s'engager. Bouleversée, Renée se trouva un autre appartement, déménagea et lutta pendant un an contre ses sentiments de perte et d'abandon. Entretemps, Nicolas emménagea avec quelqu'un d'autre.

Si vous êtes impliquée dans une relation de concubinage qui semble aller nulle part (et que vous vouliez qu'elle débouche quelque part), c'est peut-être le temps d'y mettre un terme. Vivre ensemble pendant un an ou deux avant de se marier est devenu une façon de faire acceptable pour de nombreux couples. Sous bien des aspects, ce peut être désirable. Mais lorsque l'arrangement s'éternise sans engagement de part et d'autre, il y a de fortes chances que l'un des partenaires, habituellement la femme, en ressorte blessée et déçue.

Qu'il vive avec une femme ou non, plus d'un «homme nouveau» a repoussé l'idée du mariage dans un avenir éloigné. L'homme d'aujourd'hui sait faire la cuisine et recevoir, et la décoration intérieure n'est plus considérée comme une activité strictement féminine. L'homme n'a plus autant besoin qu'autrefois d'une épouse. S'il réussit professionnellement et s'il a un physique attirant (et parfois même si ce n'est pas le cas), beaucoup de femmes accepteront d'établir une relation avec lui, même si les chances de mariage sont minces.

Un autre problème pour la femme est que plus elle vieillit, plus le nombre d'hommes accessibles diminue, et plus il devient difficile pour elle de faire un compromis.

Une de mes patientes, l'ex-épouse d'un avocat, a rencontré un homme très affectueux qui lui donne le genre de support émotionnel et de compagnie qu'elle n'avait jamais reçu de son mari trop occupé. Par contre, elle est continuellement choquée par ses manières d'ouvrier. Il ne porte pas de complet pour travailler, ses vêtements sont souvent froissés, il se promène dans la maison en camisole et n'a aucune appréciation pour la musique classique.

Puisqu'il est si difficile de trouver un homme à son goût, ce n'est pas étonnant que les hommes se retrouvent toujours dans la meilleure position. «J'attends toujours ses téléphones, me disait une autre patiente, une femme dans la quarantaine, divorcée. Si je n'ai pas de ses nouvelles, je me sens menacée, mal à l'aise. J'ai peur de finir par le perdre si je n'apprends pas à me détendre. J'essaie de ne pas lui téléphoner mais je n'arrive tout simplement pas à me retenir.» Lorraine aimerait se marier avec cet homme, ou vivre avec lui, mais il a systématiquement évité de parler de l'avenir depuis les débuts de leur relation, il y a six mois.

Si vous vous retrouvez dans une situation comme celle-là, vous êtes beaucoup trop vulnérable. Il vous faut programmer des activités pour vous-même et cesser d'attendre que le téléphone sonne. Jouer la femme difficile à rejoindre est une chose, vous protéger en est une autre.

Certaines femmes sont tellement désespérées dans leur recherche d'une relation intime (et tellement désespérées à l'idée d'être seules) qu'elles sont prêtes à n'importe quel compromis pour avoir un homme dans leur vie. Ne soyez pas l'une d'elles. Vous serez beaucoup mieux toute seule.

3. Comment être une meilleure amie

Si vous avez envie d'un(e) meilleur(e) ami(e), vous devez savoir comment en être un(e) vous-même. Être un(e) meilleur(e) ami(e) veut dire partager, vous intéresser, comprendre et soutenir votre ami(e) autant que vous voulez qu'il (elle) partage avec vous, s'intéresse à vous, vous comprenne et vous soutienne. Si un ami a besoin de vous, vous devez être là, que ce soit pour écouter un problème, lui rendre visite à l'hôpital, ou être près de lui en période de crise.

Peut-être avez-vous envie d'être une meilleure amie, mais qu'il semble n'y avoir personne qui veuille de votre amitié. Il s'agit là d'un problème que rencontrent bon nombre de mes patients timides. Ils se sentent souvent isolés parce qu'ils sont trop gênés pour prendre l'initiative d'établir des relations avec les autres. Pour eux, il s'agit d'abord de faire connaissance et d'apprendre à tenir une conversation amicale et ensuite, de progresser vers un niveau d'amitié plus intime.

D'autres, par contre, n'ont aucun problème à établir des contacts avec les autres et ne sont pas particulièrement gênés. Ils n'ont pas d'amis parce qu'ils sont nouveaux dans le quartier ou sont récemment divorcés ou veufs. Ou bien ils se sont trop laissés absorber par des carrières exigeantes. Les femmes qui jonglent avec les exigences d'une carrière, en même temps que celles de leur mari et de leurs enfants ne prennent souvent pas le temps de maintenir des amitiés; en fait, elles peuvent très bien ne pas en éprouver le besoin, jusqu'à ce que leurs enfants quittent la maison ou qu'elles perdent leur partenaire à la suite d'un divorce ou d'un décès.

Parfois, il est difficile de savoir si une personne manque d'amis à cause de raisons pratiques comme celles-là, ou à cause de raisons plus profondes. Ne pas avoir le temps de se faire des amis peut cacher le fait qu'on ne se sente pas à l'aise dans des relations intimes, ou qu'on soit trop égoïste pour répondre aux besoins de quelqu'un d'autre. Il se peut que la timidité n'entre pas en ligne de compte, mais qu'un problème de personnalité empêche plutôt les relations intimes.

«Je suis bouleversée par mon divorce, mais je suis encore plus bouleversée par ma peur d'être incapable d'établir quelque relation que ce soit, me disait une patiente en pleurant. Je me sentais rejetée par ma mère, et maintenant je me sens rejetée par mon mari. Je sentais que ma mère ne m'aimait pas. Et Zacharie ne m'aimait pas non plus.»

Cette jeune femme éprouve des problèmes d'amitié aussi. Elle a la manie de rabrouer les gens qui l'accaparent en des termes qui endommagent ses relations de façon permanente. Elle rationalise son comportement en le qualifiant d'affirmation de soi. Mais s'affirmer ne veut pas dire ignorer les droits et la sensibilité des autres. Normande se sentait exploitée chez ses parents: en tant qu'aînée de six enfants, on lui avait délégué une grande part de la responsabilité de ses frères et soeurs.

Alors que Normande refuse de rendre service par peur de se laisser exploiter, Judith, une autre de mes patientes, essaie de faire plaisir à tout le monde en acceptant toujours les demandes de son employeur, de sa famille et de ses amies. Le résultat: Judith est toujours occupée à satisfaire les besoins des autres alors que ses propres besoins restent insatisfaits. Elle a l'impression, avec raison, que ses amies ne la respectent pas et qu'elles ne sont jamais là quand elle a besoin d'elles. Il y a plusieurs mois, Judith a prêté 500$ à une amie qui vit sur la côte ouest, et elle essaie encore aujourd'hui de se faire rembourser. Elle vient de réaliser que c'est toujours elle qui téléphone à ses amies, jamais l'inverse. Si quelqu'un doit voyager pour qu'une rencontre ait lieu, c'est toujours Judith qui fait la démarche.

Dana, une étudiante finissante, est tellement occupée à écouter les problèmes romantiques de ses amies qu'elle n'a littéralement pas le temps de faire ses travaux d'université. Catholique, elle croit qu'il est de son «devoir de chrétienne» d'écouter chaque fois qu'une amie a un problème à lui confier. Parfois elle aimerait pouvoir se confier à quelqu'un mais, étrangement, chaque fois qu'elle a envie de parler à quelqu'un, personne n'est disponible. Elle n'a pas su faire de demandes pour elle-même par le passé et doit apprendre à le faire.

Danielle abuse de ses amies. Elle ne se gêne pas pour demander à qui que ce soit de garder sa fille de cinq ans (elle est divorcée), mais s'excuse toujours lorsqu'on lui demande une faveur en échange. Elle emprunte souvent des choses qu'elle ne rend pas. Danielle et Monique ont une amitié limitée. «Connaissance», serait un terme plus approprié parce qu'elles ne sont pas vraiment amies. Danielle aime sortir avec Monique quand elle n'a rien de mieux à faire. Elles vont dans les bars et les discothèques et rencontrent parfois des hommes. Occasionnellement, elles vont dans les soirées de célibataires. S'il se présente quelque chose de mieux, Danielle annule d'emblée ses projets avec Monique, et Monique fait probablement la même chose.

Gigi a désespérément envie d'avoir des amies, mais elle a été rejetée si souvent par le passé qu'elle anticipe d'être rejetée partout où elle va, et s'imagine que c'est ce qui est en train de se produire, quand ce n'est même pas le cas. Elle a tellement de difficulté à accorder sa confiance qu'elle a peur de se confier à qui que ce soit et évite même les conversations anodines. Au travail, on la considère étrange et renfrognée.

Le problème d'Angèle, c'est qu'elle est trop «dominatrice». Déterminée à faire ses preuves dans un domaine masculin (elle est ingénieure civile), elle défend ses positions à grands cris chaque fois que l'occasion se présente. Son agressivité se manifeste également dans la vie privée. Elle ne se gêne nullement pour dire à ses amies exactement ce qu'elle pense de leurs comportements et distribue généreusement ses conseils, même quand ils ne sont pas sollicités. Comme elle est douée intellectuellement, Angèle s'attend au même rendement de la part des autres. S'ils ne sont pas à la hauteur, elle perd patience et ne se donne même pas la peine de cacher son irritation. Elle croit que ses standards sont raisonnables et que tout le monde devrait les égaler.

L'intelligence et l'ardeur au travail d'Yvon sont admirables, mais ses farces mordantes et son sarcasme gardent tout le monde à distance. Il est très au courant de l'actualité et peut soutenir des conversations intéressantes, mais il n'a pas d'ami intime. Yvon trouve rarement des choses gentilles à dire à quelqu'un. Son père avait un esprit très critique, et Yvon trouve très difficile de complimenter quelqu'un. Il ne réalise pas qu'il a un problème et blâme le fait qu'il ne «sait pas choisir pour ses deux divorces».

Vous pouvez changer
et vous améliorer

Chacune des personnes que nous venons de mentionner est capable d'établir des relations superficielles avec les autres, mais des problèmes de personnalité bien ancrés empêchent une véritable intimité. Si vous vous reconnaissez un tel problème (ou un autre genre de problème de comportement qui vous occasionne des difficultés répétées), vous pouvez probablement le surmonter si vous le désirez sincèrement. Vous aurez peut-être besoin d'aide professionnelle. Pour des suggestions quant à la façon de choisir un thérapeute, consultez la page 242.

Je crois fermement qu'on peut changer à peu près n'importe quel comportement quand on est suffisamment motivé. Bien sûr, le changement exigera beaucoup de travail de votre part, mais s'il peut vous aider à établir des relations avec les autres de façon plus efficace et à faire de vous une personne plus heureuse, chaque effort aura valu la peine.

Si vous manquez d'amis simplement à cause des circonstances de votre situation, le temps arrangera les choses à mesure que vous rencontrerez de nouvelles personnes par le biais de votre travail, de votre Église, de vos activités bénévoles et des groupes auxquels vous déciderez de vous joindre. Si vous avez des enfants, il est généralement facile de rencontrer les parents de leurs amis bien que, en tant que parent célibataire, vous trouverez probablement votre choix d'amis intimes limité plus ou moins aux autres parents célibataires.

Certaines personnes se remettent rapidement sur pied après un déménagement dans un nouveau quartier. Peut-être ont-elles souvent déménagé par le passé: peut-être sont-elles grégaires et attirent-elles facilement un nouveau cercle d'amis. Nous avons tous en mémoire cette «nouvelle fille du quartier» qui est soudain devenue la belle du bal, et cet autre nouveau qui n'est jamais parvenu à s'intégrer.

J'ai rencontré un grand nombre de personnes qui, du moins à leurs propres yeux, étaient à l'aise socialement et avaient des tas d'amis, mais qui n'arrivaient pas à s'adapter lorsqu'on les plaçait soudainement dans un environnement totalement nouveau. Une jeune fille de 19 ans, qui est déménagée avec sa famille dans une autre région du pays, a pris 15 kilos en six mois, à force de passer ses journées assise chez elle, seule, à ne rien faire. Toute sa vie avait été bouleversée par le déménagement sur lequel elle n'avait aucun contrôle. (En fait, elle avait un certain contrôle, mais elle avait refusé d'aller à l'université qui l'avait acceptée, parce que c'était presque à l'autre bout du continent.) Elle s'était inscrite à l'université la plus rapprochée de la nouvelle maison de ses parents, mais elle n'y était pas heureuse.

«Je déteste être ici, m'avait-elle dit en pleurant lors de sa première session de thérapie. Je n'aurais jamais dû quitter Vancouver. Je n'arrête pas de penser à ce que je faisais à ce moment-ci, l'année dernière. Je pense toujours à comment était ma vie avant. Oh, je sais que c'est ma faute. C'est beau ici aussi. Je n'ai qu'à regarder dehors pour le savoir. Mais je n'ai pas une seule amie ici. Et ma mère est toujours tellement occupée que la plupart du temps je n'ai personne à qui parler.»

Une spécialiste en ordinateurs dans la vingtaine, qui arrivait dans une petite ville après avoir vécu à Montréal, ne parvenait pas à s'adapter elle non plus. Elle avait très bien réussi dans le quartier de classe moyenne où elle avait grandi mais dans la petite ville, elle n'arrivait pas à établir de contact, à se sentir à l'aise avec qui que ce soit. «Je ne suis pas chez moi ici, disait-elle. Aussitôt que je pourrai trouver un emploi plus rapproché de ma famille, je redéménagerai.» Elle avait toujours vécu avec ou près de ses parents et des gens avec qui elle avait grandi, et se sentait complètement perdue, laissée à elle-même dans un nouvel environnement.

Lors d'une conférence sur la solitude à laquelle j'ai participé, une des intervenantes était une femme nouvellement arrivée dans la communauté; elle nous raconta que c'était à l'église qu'elle se sentait la plus seule. «Je n'ai jamais eu de mal à me faire des amies auparavant, mais peut-être que je n'ai tout simplement pas envie de faire l'effort. J'ai essayé de m'approcher à quelques reprises, mais je n'ai toujours pas l'impression d'avoir réussi à me faire des amies.»

Dans une nouvelle situation, même un seul rejet peut être bouleversant. Mais il est important de continuer d'essayer. Un grand nombre de communautés ont des cercles sociaux plutôt fermés, même si les apparences laissent croire le contraire au début. N'importe quel village ou ville, toutefois, a toujours un certain nombre de nouveaux arrivés, et ce serait une bonne idée d'entrer en contact avec eux si vous êtes vous-même nouvellement arrivée.

Se faire des amis dans une place nouvelle est souvent tout un défi, et c'est là une des raisons pour lesquelles les épouses de cadres sont souvent découragées et déprimées. Dès qu'elles ont réussi à se former un nouveau cercles d'amies, elles déménagent de nouveau. Le problème est généralement moins aigu pour l'employé muté, puisque au moins des contacts sociaux l'attendent à son nouveau bureau.

La timidité peut être surmontée

Plus vous êtes timide, plus il vous sera difficile, naturellement, de vous créer un milieu social dans un nouvel endroit, ou de vous en créer un dans la communauté au sein de laquelle vous vivez déjà.

La timidité peut inclure un manque de savoir-faire social ou les symptômes physiques de l'anxiété liée aux phobies (dans sa forme la plus sérieuse, la timidité peut être considérée comme une phobie sociale). Les symptômes incluent étourdissements, palpitations, genoux qui fléchissent, mains moites, nausée, transpiration excessive et impression d'un désastre immiment. Le rougissement peut faire partie de ce syndrome. Consultez mon livre *Overcoming Shyness* (*Comment surmonter la timidité*) (New York: McGraw-Hill, 1979); je vous y suggère des méthodes pour améliorer votre savoir-faire social et diminuer les symptômes phobiques reliés à la timidité. Si votre problème est plus sérieux, vous feriez mieux de recourir à une aide professionnelle.

«J'ai toujours l'impression que les gens me jugent, me disait un patient, un jeune homme très attrayant dans la trentaine. J'ai des problèmes avec ça depuis ma deuxième année. Parfois, je me sens à l'aise et je peux parler facilement, mais d'autres fois, dans la même situation et avec les mêmes personnes, il faut que je fasse de gros efforts pour arriver à parler. Je suis tellement embarrassé parfois que je n'arrive même pas à sortir une seule phrase. J'ai quitté mon premier emploi parce que je ne pouvais pas supporter l'idée de rencontrer des gens pour faire des ventes, et je ne vais jamais à des parties à moins de connaître tout le monde. Si je rencontre une femme que j'aimerais connaître, je fige tellement que je suis nerveux.»

«Je pensais que tout le monde se sentait comme ça, dit une autre patiente, une jeune femme avec des problèmes semblables. Puis j'ai lu un article dans le journal qui parlait des phobies sociales, et j'ai réalisé qu'il y avait de l'espoir pour moi.» Pendant des années, elle avait évité les événements sociaux, évité de parler en classe et n'avait jamais participé à des activités de groupe. Elle n'osait pas confier ses impressions à une amie intime parce que même dans cette relation, elle se sentait parfois subitement mal à l'aise. «Ça pouvait arriver n'importe où, avec n'importe qui», dit-elle. Après une désensibilisation sous hypnose, elle s'améliora rapidement et, après quelques mois, elle fut presque entièrement libérée de ses symptômes phobiques.

On peut obtenir de l'aide professionnelle, et si vous avez des problèmes semblables à ceux qui viennent d'être soulignés, vous devriez y recourir.

Que vous manquiez d'amis intimes parce que vous avez des problèmes de comportement qui vous créent des difficultés avec les autres, que vous êtes nouveau dans le quartier (ou dans une nouvelle situation parce que vous êtes nouvellement divorcée ou veuve), ou parce que vous êtes timide, la meilleure façon de commencer à remédier à la situation la plupart du temps est d'assister et de participer à des activités de groupe qui vous intéressent.

Dans la plupart des cas, la transition entre des connaissances et des amitiés s'opère graduellement et naturellement. Vous n'observez pas nécessairement le processus et ne vous y engagez pas délibérément. Mais si vous avez besoin de développer des amitiés parce que vous n'en avez pas présentement, vous avez besoin de faire des efforts conscients pour vous rapprocher des autres. Cela peut vous sembler très menaçant si vous ne l'avez jamais fait auparavant.

Comment repérer des amis potentiels

Je pense que la première chose que vous devriez faire est de songer aux connaissances que vous avez, vieilles et récentes, et de vous demander s'il n'y aurait pas des amies possibles parmi elles, des personnes avec qui vous aimeriez développer des amitiés intimes.

Lola, veuve depuis 15 ans, tient un dossier des femmes célibataires qu'elle rencontre, et des femmes mariées dont les maris voyagent fréquemment et qui sont donc parfois disponibles. Elle achète des abonnements au théâtre en double et invite une amie à assister à chaque représentation avec elle. «Parfois, il faut que je fasse douze téléphones avant de trouver quelqu'un qui puisse venir avec moi, dit-elle, surtout si j'ai un billet de plus à la dernière minute.» Mais elle téléphone jusqu'à ce qu'elle trouve quelqu'un.

Il y a plusieurs années, Lola a rencontré une femme qui lui plaisait lors d'une petite fête de quartier et lui a subséquemment téléphoné. Mais Aline ne se sentait pas libre de sortir sans son mari. Quelque temps plus tard, Lola entendit dire que le mari d'Aline était décédé. La première fois que Lola a téléphoné, Aline ne se sentait pas prête à parler ni à sortir avec quelqu'un qu'elle connaissait à peine, mais le deuxième appel la trouva plus réceptive et aujourd'hui, les deux femmes sont les meilleures amies du monde.

«C'est très agréable d'avoir une amie intime dans le quartier, dit Lola. Nous pouvons aller à une soirée et revenir ensemble. Nous pouvons prendre un café l'une chez l'autre, impulsivement. Parfois, je lui téléphone le matin juste pour lui dire bonjour, et je peux deviner par le ton de sa voix qu'elle a une mauvaise journée et qu'elle est très heureuse que je l'appelle.» Si Lola n'avait pas pris l'initiative, elle et Aline ne seraient pas amies aujourd'hui.

Après avoir été divorcée pendant plusieurs années, Dorothée aussi a commencé à établir des listes de femmes célibataires. Quand elle s'est retrouvée seule au début de ses vacances, elle a décidé d'organiser un pique-nique et a téléphoné à toutes les femmes de sa liste. Il a plu, mais elles ont pique-niqué de toute façon: dans la cuisine de Dorothée. Elles ne connaissaient ces femmes que superficiellement, «genre Allo! Allo!» expliquait Dorothée. Mais le fait de partager un pique-nique les a rapprochées, et Dorothée est devenue amie avec deux d'entre elles après le repas.

Si quelqu'un vous intéresse et que, vous aimeriez mieux connaître cette personne, téléphonez-lui et invitez-la à faire quelque chose avec vous: aller au cinéma, jouer au tennis, dîner au restaurant, prendre une tasse de thé ou de café, assister à une conférence. Essayez de trouver une activité qui semble naturelle et où vous serez à l'aise toutes les deux.

Je réalise que cette première étape, dont j'ai parlé tout bonnement, peut s'avérer très difficile pour vous. J'ai passé plusieurs sessions à convaincre des patients timides à faire ce premier pas. Mais chaque fois que l'un d'eux a réussi à le faire, il en a retiré une grande satisfaction. Vous devez apprendre à prendre l'initiative si vous voulez que votre situation change. Si vous attendez que quelqu'un d'autre vous tende la main, vous risquez d'attendre très longtemps.

Habituellement, si votre première activité partagée a été plaisante, votre nouvelle amie prendra la prochaine initiative. Sinon, vous pouvez très bien prendre vous-même l'initiative une seconde fois, mais s'il n'y a toujours pas de réaction positive, vous devriez laisser tomber et essayer ailleurs. Vous ne voulez pas d'une amie qui s'attende à ce que vous fassiez tous les efforts.

Les premiers jours d'une amitié

Au début, quand vous tentez de développer une amitié, une grande part de la conversation peut vous sembler superficielle. Mais cette phase sert de préambule et est temporaire. Lorsque vous devenez plus proche d'une autre personne, vous pouvez livrer vos pensées et vos sentiments les plus intimes, mais se confier trop vite est rarement approprié. Vous devez d'abord créer des sentiments de confiance et de compréhension réciproques. L'exploration des intérêts et des circonstances de chacun s'accomplit généralement durant cette période, ce qui donne l'occasion de voir de part et d'autre si une relation intime peut s'avérer satisfaisante.

Lorsque vous rencontrez quelqu'un du sexe opposé, vous savez généralement immédiatement si vous trouvez cette personne attirante sexuellement. Vous vous sentez physiquement attiré(e) vers lui (ou elle). C'est d'une façon différente qu'on se sent attiré vers un ami potentiel du même sexe. Quelque chose vous dit qu'il s'agit d'une personne que vous aimez bien. (Bien sûr, une connaissance plus approfondie peut vous faire changer d'idée.)

Un ami «en puissance» est quelqu'un avec qui vous trouvez relativement facile de parler (je dis relativement parce que, pour une personne timide, bien peu de conversations sont faciles), avec qui vous partagez certains intérêts, en présence de qui vous vous sentez confortable, et qui ne vous intimide pas indûment. C'est bien de respecter un ami et de l'admirer, mais les amitiés donnant-donnant se développent plus facilement entre égaux.

À mesure que vous vous rapprochez de votre nouvelle amie, il est naturel de révéler de plus en plus de choses sur vous-même, sur ce que vous aimez et n'aimez pas, sur vos impressions intérieures, mais cela n'arrive jamais tout à coup, et cela ne le devrait pas. Certaines personnes toutefois sont tellement peu habituées à l'intimité (même si elles la désirent ardemment) qu'elles ne savent pas exprimer une simple préférence personnelle. Ou alors, elles peuvent tout simplement trouver plus facile de se montrer toujours d'accord avec l'autre personne.

Un bon moyen de vous pratiquer à vous exprimer consiste simplement à utiliser le pronom «je» plus souvent et à vous concentrer plus sur ce que vous ressentez, que sur ce que vous pensez: «J'aime ce que tu viens juste de dire»; «je me sentais bien quand tu me complimentais»; «j'étais inquiète quand tu es arrivé en retard»; «je n'ai pas aimé aller au party toute seule». C'est surprenant ce que les «je» peuvent faire pour vous. (Bien sûr, certaines personnes disent «je» trop souvent mais ce sont rarement des personnes timides ou qui ont déjà souffert de timidité.)

La capacité de complimenter est une autre forme d'expression que vous devriez cultiver. La flatterie menteuse n'est jamais bienvenue, mais si vous savez observer, vous trouverez beaucoup d'occasion d'exprimer les choses positives de façon naturelle. Les critiques devraient être utilisées discrètement dans une relation intime. Vous devriez certainement dire votre façon de penser si quelque chose vous dérange, mais les attaques personnelles ne vous rendront chère à personne. Rappelez-vous que les conseils non sollicités sont rarement appréciés, même s'ils viennent d'une bonne amie.

Recherché: quelqu'un pour écouter

Il y aura des occasions où une amie vous demandera conseil, et vous devrez alors essayer d'être la plus utile possible. Le plus souvent, ce que veut un ami n'est pas tant un conseil qu'une oreille sympathique, ou même empathique, c'est quelque chose que vous devriez lui apporter si vous en êtes capable. Savoir écouter est un aspect important de toute amitié, peut-être même l'aspect le plus important. Lorsque vous confiez un problème personnel ou que vous racontez une expérience traumatisante à une amie, vous voulez être certaine d'être écoutée et d'être comprise.

«J'ai essayé plusieurs fois de me confier à ma belle-soeur, me dit une jeune femme. Mais j'ai vite réalisé que je me sentais encore plus mal après lui avoir parlé. Elle me prodiguait toujours des conseils dont je ne voulais pas et me donnait l'impression que tout le problème était de ma faute.»

Jacques, un homme d'affaires au début de la quarantaine, avait vécu la même expérience avec son ex-femme (il avait divorcé pour cette raison). «Je travaillais pour un patron que je ne pouvais pas supporter, et quand je rentrais à la maison, j'avais besoin d'en parler, dit-il. Mais Ginette était incapable d'écouter. Après dix ou quinze minutes, elle commençait à crier que j'étais un raté comme mon père.»

Lorsque vous livrez vos échecs et vos embarras à un confident, vous voulez pouvoir faire confiance à cette personne, être sûre qu'elle respectera vos confidences et réagira de façon à ce que vous vous sentiez mieux. Certaines personnes adoptent ce rôle de façon naturelle. Ce sont celles qui attirent les confidences à un très jeune âge. D'autres doivent faire des efforts pour apprendre à réagir avec empathie. (Avoir de l'empathie veut dire éprouver des sentiments pour une personne, partager ses sentiments, contrairement à la sympathie, qui sous-entend une réaction du genre «pauvre toi».)

Il s'agit surtout de dire la bonne chose, de laisser savoir à l'autre personne que vous comprenez. Des phrases comme «ça a dû être pas mal difficile pour toi»; «tu as dû te sentir mal quand c'est arrivé»; et «j'ai l'impression que ça t'a pas mal bouleversée» sont utiles. C'est aussi, en partie, une question de façon de dire les choses (le ton de votre voix) et votre façon de regarder l'autre quand vous le dites. Parfois, aussi, un toucher de la main ou un bras autour de l'épaule peut être plus significatif que des mots.

Une chose encourageante à se rappeler, c'est que vous vous améliorerez avec la pratique si vous continuez d'essayer. Ce n'est pas facile de trouver quoi dire quand quelqu'un d'autre souffre. (C'est pour cette raison que bien des gens évitent leurs amis qui ont le cancer, les mourants et les individus en deuil d'un être cher.)

Des expériences, qui peuvent sembler sans importance à une personne, peuvent occasionner la souffrance la plus vive chez un autre. Ne pas être invitée à un party ou éprouver un problème mineur au travail peut provoquer chez certaines personnes des crises d'insécurité. Un grand nombre de mes patients commencent à m'expliquer leurs problèmes en disant: «Je sais que c'est ridicule mais...»

Si le problème en question les a menés à mon bureau, je sais que c'est une source sérieuse d'inquiétude. Le problème ou l'impression qu'un(e) ami(e) vous confie ne devrait jamais être balayé du revers de la main ou traité avec impatience. Certains de mes patients entreprennent une thérapie parce qu'ils n'ont personne à qui se confier ou parce que leurs amis, ou leur partenaire, sont incapables ou refusent de les écouter.

Bien des gens tentent de faire disparaître la douleur ou la peine d'un ami en le distrayant, mais ce n'est pas une bonne chose. Ce dont les amis ont besoin, c'est de parler de ce qui les trouble. Vous apprendrez à réagir en écoutant avec votre sensibilité et en devenant consciente de ce qui vous fait sentir mieux lorsque vous vous confiez à quelqu'un d'autre.

4. Quelqu'un a besoin de vous

Il faut du temps pour développer une relation de «meilleure amie». Il y a d'autres façons toutefois d'offrir votre amitié à quelqu'un qui a besoin de vous; vous pouvez simplement vous porter volontaire pour ce rôle. Vous ne vous êtes peut-être jamais arrêtée à penser à cela, mais c'est vrai.

Les parrains et marraines des nouveaux membres des Alcooliques Anonymes et des Weight Watchers agissent d'abord et avant tout comme des amis, même s'ils accomplissent aussi des activités structurées. Les organisations qui utilisent les services de bénévoles sur une base personnelle, comme les Services aux personnes veuves ou les Grands Frères/Grandes Soeurs, peuvent vous mettre en contact avec quelqu'un qui a besoin de vous comme amie. Ces deux organismes ont été mis sur pied parce que quelqu'un a réalisé que certaines personnes avaient désespérément besoin d'amis compréhensifs.

En aidant une autre personne, quelqu'un plus jeune ou quelqu'un qui a besoin d'aide pour traverser une période difficile, vous vous aidez aussi vous-même, parce que le fait de savoir que quelqu'un a besoin de vous et vous apprécie peut donner à votre vie un nouveau sens, une nouvelle perspective.

Carine S. avait 22 ans et était célibataire quand elle a décidé d'offrir ses services comme Grande Soeur. «J'avais une petite cousine que j'aimais bien et elle venait de décider d'entrer dans le mouvement Guide, raconte Carine. Comme j'aime les enfants, je me suis portée volontaire comme cheftaine, mais ils n'avaient pas besoin de moi. Puis j'ai entendu parler des Grands Frères/Grandes Soeurs à la radio et au bout de 30 jours, on m'avait assignée une fillette de dix ans qui avait besoin d'une autre adulte dans sa vie.»

La plupart des enfants qui sont référés au programme de Grands Frères/Grandes Soeurs (par des agences communautaires, des psychologues, des conseillers ou les parents eux-mêmes) sont des enfants de familles monoparentales. «Habituellement, les mères sont veuves ou divorcées et essaient de travailler à temps complet tout en élevant une famille de plusieurs enfants», explique Carine.

Chaque volontaire rencontre son Petit Frère ou sa Petite Soeur au moins deux heures par semaine. «Nous parlons, nous nous promenons dans le bois, nous faisons toutes sortes de choses ensemble, dit Carine. Ça aide beaucoup ces enfants de savoir qu'ils ont un ami spécial. Souvent, ils nous confient des choses qu'ils seraient incapables de dire à leur mère ou leur père.»

Même si elle est devenue Grande Soeur principalement parce qu'elle avait du temps et de l'énergie à donner et qu'elle voulait aider un enfant, Carine a découvert qu'elle s'aidait elle aussi. «J'ai découvert que je retirais beaucoup de l'intimité que nous partagions, dit-elle; je voyais Nicole s'épanouir, et son point de vue m'a donné une nouvelle perspective, une façon plus fraîche de voir les choses.»

Quand Carine s'est mariée, son mari s'est intéressé lui aussi à Nicole, qui a bénéficié de cette présence masculine dans sa vie. Carine et son mari ont maintenant leur propre enfant. Il s'est passé six ans depuis que Carine a été assignée à Nicole, mais elle et son mari sont restés en contact avec elle.

Avec ses 360 agences affiliées aux États-Unis et au Canada, Grands Frères/Grandes Soeurs (*Big Brothers/Big Sisters*) compte actuellement plus de 130 000 volontaires assignés, et 100 000 autres enfants en attente d'un Grand Frère ou d'une Grande Soeur. L'organisation estime qu'un million et demi d'enfants (sur les sept millions qui vivent dans des familles monoparentales) pourraient bénéficier de ce service. Cela veut dire que quelqu'un, quelque part, a besoin de vous.

«Les statistiques prouvent que les garçons issus de familles monoparentales ont six fois plus de risques de se retrouver devant un juge, et quatre fois plus de risques d'abandonner l'école que les garçons qui vivent avec leurs deux parents, dit Diane McKenna, coordonnatrice de la branche de *Grands Frères/Grandes Soeurs* de Stratford, au Connecticut. Les fillettes issues de familles monoparentales courent aussi des risques plus élevés que les fillettes de familles intactes.»

Vous n'avez pas besoin d'expérience spéciale pour devenir un Grand Frère ou une Grande Soeur, et l'âge n'entre pas en ligne de compte. Certaines personnes âgées se sont portées volontaires. Vous serez soigneusement assignée à un enfant par un travailleur social et serez impliquée dans des rencontres régulières avec le travailleur social, le parent et l'enfant.

Une récente étude faite à Toronto, a comparé un groupe de garçons qui avaient bénéficié des services du programme *Grand Frère* et un groupe-pilote qui avait reçu d'autres formes de services. On a constaté que les enfants qui avaient des Grands Frères présentaient un rendement académique plus élevé, moins d'affrontements avec la police, et une absence totale d'incarcération.

Diane McKenna relate le cas d'un enfant adoptif qui avait été assigné à une femme de 70 ans, la seule personne disponible pour s'occuper de lui. Elle est revenue à l'agence neuf ans plus tard pour chercher de l'aide parce que, disait-elle, «je ne suis plus capable de jouer au football avec lui.» Il n'y avait pas de Grand Frère disponible, aussi David a-t-il été assigné à une Grande Soeur qui a fait des merveilles pour lui et qui a aussi apporté un support très appréciable à la mère adoptive. Le travail de Grande Soeur de David a facilité son départ pour un foyer convenable quand la mère adoptive n'a plus été capable de s'en occuper.

Les «*Literacy Volunteers of America*» est une autre organisation qui offre les bénéfices particuliers de relations personnelles à des bénévoles de même qu'à ceux qui en reçoivent les services. Myrtle Way, âgée de 99 ans, est un exemple de quelqu'un qui s'est aidée elle-même en aidant les autres, lorsqu'elle s'est portée volontaire comme tuteur pour le programme «*Literacy Volunteers*». Après un entraînement de 18 heures, chaque bénévole sert de professeur d'anglais parlé à un immigrant ou aide un autochtone américain à apprendre à lire et à écrire. Les bénévoles rencontrent leur étudiant deux heures par semaine et s'impliquent souvent avec eux à d'autres niveaux. Par exemple, il leur arrive de les aider à obtenir du secours médical ou psychiatrique, à se trouver un logement, ou simplement à apprendre comment magasiner au supermarché.

Les «*Literacy Volunteers*», une organisation nationale qui a des ramifications dans plus de 40 États et au Canada, compte 20 000 bénévoles. Si vous pouvez lire, écrire et parler anglais, et que vous ayez le désir sincère d'aider quelqu'un qui ne le peut pas, vos services seront bienvenus à l'organisation.

Une bénévole qui fait partie de la famille

À titre de bénévole assignée à aider les familles de patients du département de soins intensifs d'un hôpital, Éloïse, veuve d'un professeur de collège, a fait connaissance avec les parents d'un jeune garçon sérieusement blessé et qui avait été inconscient plusieurs semaines avant de se réveiller.

Les parents, qui sont mes bons amis, vivaient à une heure d'auto de l'hôpital. Éloïse les avait donc invités à passer la nuit chez elle plutôt que de voyager soir et matin. Des liens d'amitié eurent tôt fait de se développer, et durent encore aujourd'hui, après quinze ans. Éloïse passe habituellement ses vacances chez mes amis et est devenue une sorte de membre de la famille. Ils vont souvent au théâtre et ont voyagé souvent ensemble. De bien des façons, Éloïse est plus près de mes amis que de ses propres enfants. Et cette relation des plus satisfaisantes est née du désir d'Éloïse d'aider les autres en offrant ses services là où on en avait besoin.

D'autres occasions de développer des relations personnelles sont offertes par les organisations qui se chargent de visiter les vieillards, les départements de probation et certaines agences de services familiaux.

Parfois, bien sûr, les relations d'entraide qui se transforment en amitiés solides se produisent spontanément. J'ai récemment entendu parler d'une veuve qui était devenue l'amie d'une jeune joallière qu'elle avait rencontrée alors qu'elle était allée faire réparer une bague. Les deux femmes ont développé des liens instantanément et, avant longtemps, la veuve avait invité son amie à souper et à passer la fin de semaine chez elle.

«Elles sont rapidement devenues amies, dit la femme qui me racontait l'histoire, une autre thérapeute. Mais c'est plutôt un genre de relation mère-fille. Ça a beaucoup remonté le moral de Marthe d'avoir Geneviève dans sa vie. On peut voir ses yeux s'allumer quand elle parle d'elle. Marthe est la fille qu'elle n'a jamais eue.»

Élaine S., veuve elle aussi, a développé une relation semblable avec une femme de ménage qui était restée avec elle pendant la maladie de son père, décédé il y a deux ans. Même si elle a fini par accepter un travail à temps complet ailleurs, elle garde ses effets personnels chez Élaine et passe toutes ses fins de semaine chez elle.

«C'est comme avoir une fille adulte qui vient me visiter les fins de semaines, dit Élaine, qui a ses propres enfants. Je sais que je fais quelque chose pour elle en lui fournissant un foyer et en l'aidant avec son anglais; elle fait des choses pour moi elle aussi. À ma fête, elle a organisé un gros party et a invité tous mes amis.»

Des relations intimes ont aussi tendance à se développer lorsqu'une personne bien établie, qui a réussi, devient une espèce de mentor pour quelqu'un de plus jeune qui a besoin d'aide et de conseils. Traditionnellement, les hommes ont pu se trouver des mentors pour les aider à avancer dans leur carrière. Les femmes ont été plus lentes à se trouver des mentors ou, une fois établies, à adopter ce rôle. Mais à mesure que nous devenons plus actives professionnellement, cela risque de se produire de plus en plus souvent.

Alors qu'il était jeune avocat tout frais émoulu de son cours de droit, mon père avait travaillé pour un avocat plus âgé qui est devenu son véritable confident, son conseiller et son support moral. Même si mon père a fini par ouvrir son propre bureau, sa relation intime avec son mentor a continué. La première fois que j'ai vu pleurer mon père, c'est quand monsieur Wammack est mort. Papa a continué d'aller voir, et d'une certaine façon à prendre soin de madame Wammack jusqu'à ce qu'elle décède à son tour.

Cette sorte de relation, qui peut prendre une très grande importance au cours d'une vie, commence souvent par une relation professionnelle et se transforme graduellement en un engagement plus large et plus riche. J'ai d'abord fait la connaissance d'Ida D. (voir page 14), lorsque je l'ai interviewée pour écrire mon premier livre, il y a plus de 20 ans. Lors de notre première rencontre, elle m'a suggéré d'aller chercher mon doctorat et de devenir conseillère matrimoniale. Je l'ai fait, beaucoup plus tard, et après que j'eus obtenu mon diplôme en psychologie, Ida m'a servi de guide en conseil matrimonial. Notre relation est très intime depuis plusieurs années, et Ida a été très importante dans ma vie comme mentor, comme modèle et comme amie.

Similairement, Maurice, un autre psychologue, s'est lié avec un homme plus âgé de la même profession, par le biais d'une supervision et d'un entraînement plus avancé. Au cours de leurs nombreuses heures de consultation, ils sont devenus amis intimes, et leur association a éventuellement progressé au-delà du niveau professionnel. Ils ont assisté, partout à travers le monde, à des conférences ensemble, et par le biais de l'influence de son superviseur, Maurice a été assigné à plusieurs comités professionnels où ils travaillent ensemble aujourd'hui.

Simone, assistante du vice-président d'une banque, est devenue amie avec une employée un jour qu'elle l'a trouvée à pleurer après qu'un client eut été effronté avec elle. Elle a découvert que la jeune fille, récemment diplômée, vivait dans un petit appartement non meublé avec accès à une cuisine communautaire, et qu'elle passait toutes ses soirées seule dans sa chambre après avoir mangé. Elle était surprise et enchantée de voir que quelqu'un s'inquiète de sa situation. Simone continua de s'intéresser à elle et, grâce à son tutorat, Stéphanie a commencé bientôt à obtenir des promotions. Quand Simone a quitté la banque pour accepter une meilleure position ailleurs, leur relation est devenue encore plus personnelle que professionnelle.

La façon grâce à laquelle vous arrivez à former des relations d'entraide n'a pas d'importance, que votre amitié se forme spontanément ou par le biais du bénévolat auprès d'une organisation qui offre des services personnels. L'important, c'est de trouver quelqu'un qui a besoin de vous. Et c'est très certainement le cas de quelqu'un, quelque part.

5. Le contact avec les animaux domestiques

Un animal domestique peut aussi vous aider. Plus de la moitié des foyers anglophones dans le monde ont des animaux domestiques. Un grand nombre de ces animaux sont le meilleur ami d'un homme (ou d'une femme). Les humains ont joui de la compagnie des animaux depuis le début de l'histoire

Examinez ces faits:

D'après une estimation, les chiens font partie de la famille humaine depuis plus de 60 000 ans. Les chiens étaient vénérés dans l'Égypte antique, et «l'étoile chien», Sirius, était considérée comme un gardien et un protecteur. Les Égyptiens de l'Antiquité permettaient à leurs chats de manger à table avec eux et les considéraient comme des dieux et des déesses. Le Pharaon avait décrété que quiconque ferait du mal à un félin serait mis à mort. Les chats domestiques étaient excessivement dorlotés et lorsque l'un d'eux mourait, les membres de la famille se rasaient la tête et les sourcils et portaient le deuil pendant des mois.

Aristote croyait que les animaux et les humains partageaient une «âme sensible» commune. Les Grecs de l'Antiquité prescrivaient des randonnées à cheval aux personnes incurables ou intraitables, parce qu'on croyait qu'elles amélioraient leur moral. Ce n'est que récemment, toutefois, qu'on a commencé à accumuler des preuves scientifiques au sujet des effets thérapeutiques des animaux de compagnie.

Le docteur Aaron Katcher, de l'Université de Pennsylvanie, l'un des principaux chercheurs qui étudient la relation humains-animaux, a découvert que les propriétaires d'animaux voient leur pression artérielle diminuer sensiblement lorsqu'ils caressent leurs animaux. Flatter n'importe quel chien ne produit pas cet effet de relaxation bénéfique; il faut que ce soit un animal à qui vous êtes attachée.

Avec l'aide de deux de ses collègues de l'Université, le docteur Katcher a suivi un groupe de 92 patients (64 hommes et 28 femmes) qui avaient souffert d'infarctus du myocarde ou d'angine de poitrine entre les mois d'août 1975 et mars 1977. Un an après avoir reçu leur congé de l'hôpital, seulement 3 des 53 propriétaires d'animaux étaient morts, comparativement à 11 des 39 qui n'avaient pas d'animaux. La différence n'était pas due à l'exercice qu'exige le fait d'avoir un animal, puisqu'il n'y avait aucun mort parmi les 10 patients qui avaient des animaux autres que des chiens. Il est intéressant de remarquer que la survie n'était pas plus fréquente chez les gens mariés que chez les célibataires, et l'implication dans des activités sociales n'a pas eu d'incidence sur cette survie d'un an. «De plus, ajoutent les auteurs, l'effet d'être propriétaire d'un animal n'était pas limité à ceux qui étaient célibataires ou socialement isolés.»

La contemplation passive de la vie animale a aussi des effets bénéfiques. Des chercheurs ont démontré que le simple fait d'observer un aquarium réduit la pression artérielle et le pouls autant chez les sujets qui souffrent d'hypertension que chez les sujets normaux. Cela se produit même immédiatement avant une visite chez le dentiste, alors que le niveau d'anxiété est élevé chez la plupart des gens. Les patients ont été capables de continuer à se relaxer par la suite, durant la chirurgie, en fermant les yeux et en visualisant l'aquarium.

D'autres études ont démontré que le rapport avec les chevaux peut accroître le bien-être physique et émotionnel. Des patients, souffrant de problèmes neurologiques et musculaires, ont manifesté une circulation, une coordination et une relaxation améliorées après une série de leçons d'équitation; des effets physiques similaires de même qu'une plus grande estime de soi ont été observés chez des sujets retardés mentalement ou souffrant de déséquilibre émotionnel.

Les recherches indiquent que les femmes, plus particulièrement, sont affectueuses avec les chevaux et positives quant aux plaisirs de posséder un cheval. Le cheval, un animal social, est très ouvert au contact humain et il existe des exemples de liens très étroits entre un être humain et un cheval dans un grand nombre de sociétés et de régions.

Je me souviens d'une patiente du nom de Marie-Ève, jeune femme plutôt isolée qui vivait toute seule et avait peu d'amis. Son visage s'illuminait lorsqu'elle parlait de son cheval, qu'elle visitait et montait plusieurs fois par semaine. Elle avait déménagé dans une région plus rurale, même si elle habitait à plus de 40 minutes de voiture de son travail, parce qu'il était plus facile d'y trouver une pension pour son cheval et de le monter à la campagne. Le cheval de Marie-Ève était littéralement la chose la plus importante de sa vie.

Le docteur Robert Miller, un vétérinaire de la Californie, spécialiste des chevaux, s'objecte d'ailleurs au terme «pet» («choyé», «chouchou») utilisé par les anglophones pour désigner les animaux de compagnie.

Les animaux de compagnie jouent des rôles spécifiques

«J'ai appris que les «pets» n'existent pas, dit-il. Les animaux de compagnie que nous appelons *pets*, qu'ils soient des chiens, des chats, des oiseaux en cage, des espèces exotiques ou des chevaux, jouent des rôles très spécifiques dans la vie de leurs propriétaires, dit-il. Les créatures que nous gardons comme animaux favoris sont peut-être l'expression de notre alter ego. Ils servent peut-être de totems, de symboles de quelque chose que nous sommes ou que nous aimerions être. Ils jouent des rôles. Et par-dessus tout, ils servent de suppléants: d'amis, d'enfants, de partenaires, de parents, de serviteurs et même de maîtres.»

Même si les chevaux, les tortues, les oiseaux et les serpents ont leurs fans, il est probable que si vous décidez d'acquérir un animal favori, vous choisirez un chat ou un chien. (Vous n'aurez peut-être même pas besoin de vous poser la question, puisqu'il y a des «personnes à chats» comme il y a des «personnes à chien».)

Les chats sont plutôt asociaux et deviennent des compagnons idéaux dans des situations où ils doivent passer de longues périodes seuls, puisqu'ils sont relativement satisfaits en l'absence d'autres animaux. Mais leur potentiel d'attachement aux humains varie considérablement selon leur expérience de socialisation alors qu'ils étaient encore très jeunes. Si les chatons sont manipulés quand ils sont encore très jeunes (à partir de trois semaines), ils réagissent beaucoup plus aux humains que ceux qui ont été manipulés plus tard (à partir de sept semaines), ou qui n'ont pas été manipulés du tout. Le fait de les manipuler avant l'âge de trois semaines ne semble pas produire de différence d'attachement, ce qui tendrait à démontrer que la période critique de socialisation chez les chats se situe entre deux et huit semaines. Il y a des différences marquées entre les espèces et les chats siamois sont ceux qui s'attachent le plus à leurs propriétaires. Ils reconnaissent la voix de leur maître à une grande distance et aiment être caressés, dorlotés et transportés.

Les chiens sont beaucoup plus grégaires et ont un potentiel d'attachement pour les humains beaucoup plus grand que les chats, mais cette caractéristique varie aussi grandement d'une espèce à l'autre. Des prédictions quant au comportement adulte peuvent généralement être faites pour les races pures, bien que le facteur environnemental entre évidemment lui aussi en ligne de compte.

Les golden retrievers, les collies, les labradors et les épagneuls bretons, par exemple, ont tendance à être peu agressifs. Ils sont faciles à entraîner, moins excitables, moins jappeurs et cherchent moins à mordre que les chiens des autres races. Les chiens mâles ont tendance à être plus agressifs et habituellement plus actifs que les femelles, qui sont généralement plus faciles à dompter et à entraîner à la propreté.

Il ne fait aucun doute que les animaux de compagnie ont un profond effet sur la vie de bien des gens. Après avoir interviewé des centaines de propriétaires d'animaux, Leonard J. Simon, docteur en philosophie, affirme: «Parfois, je suis certain que la présence d'un animal a aidé une personne à se sortir d'une situation possiblement fatale qui, n'eût été de la présence de l'animal, l'aurait complètement détruite. Il y a eu des fois où il était très clair qu'un animal favori était la seule chose qui permettait à une personne malheureuse de continuer à vivre.»

Glenora, une veuve, m'a dit que la compagnie de son chien lui a été beaucoup plus précieuse que n'importe quoi d'autre les quelques premiers mois après la mort de son mari. «Mon chien était toujours là: il m'accueillait amicalement quand j'entrais à la maison et me protégeait contre l'impression d'isolement qui émane d'une maison vide, dit-elle. Et l'obligation de faire des choses pour mon chien, le nourrir, l'amener en promenade, m'a donné autre chose à penser que la perte de mon mari.»

Le docteur Simon souligne toutefois un autre aspect du portrait de l'animal, un aspect dont les propriétaires d'animaux ne tiennent souvent pas compte. «Trop souvent, j'entends parler d'années gaspillées et de vies qui stagnent parce que tout ce que la personne fait est centré sur son animal, dit-il. Lorsqu'un animal favori apporte à son propriétaire affection et compagnie, la personne peut se sentir moins motivée à rechercher la compagnie d'autres êtres humains.

Les animaux nous aident
à nous faire des amis humains

Il est plus probable, toutefois, que les personnes isolées des autres réaliseront que leur interaction avec les animaux leur permet de «se pratiquer» avant d'établir des relations avec d'autres personnes. C'est vrai, les animaux ne peuvent pas nous parler, mais par leurs réactions ils peuvent encourager l'affection, la spontanéité et la capacité d'expression qui sont utiles dans les relations humaines.

Lors d'une étude faite en milieu hospitalier psychiatrique à l'Université d'Ohio, Sam et Elizabeth Corson ont trouvé que les animaux favoris servaient de catalyseur à l'interaction sociale de 28 patients renfrognés, isolés et non communicatifs. Les animaux leur avaient été assignés à titre thérapeutique. Sam et Elizabeth ont décrit «un cercle grandissant d'affection et d'approbation» résultant de l'interaction des patients avec leurs animaux. Le cercle s'est d'abord élargi pour inclure la thérapeute qui avait apporté l'animal, et s'est graduellement étendu aux autres patients et au personnel médical. Les Corson croient que si les animaux favoris se sont avérés efficaces, c'est parce qu'ils étaient des amis non exigeants, non critiques, mais qui avaient besoin de l'aide de leurs propriétaires pour être nourris, baignés et brossés. À mesure que les patients acceptaient la responsabilité de ces tâches, ils commençaient aussi à mieux prendre soin d'eux-mêmes.

D'un simple point de vue pratique, l'animal entraîne des sources additionnelles d'interaction. Lorsqu'on a observé des propriétaires de chiens qui faisaient leur promenade habituelle, avec puis sans leur chien, on a remarqué une plus grande incidence de conversation en présence du chien. Quarante propriétaires de chiens qui ont fait faire 100 promenades à leur chien à Londres avaient une moyenne de trois conversations par balade. Une étude suédoise du rôle des chiens à titre de «lubrifiants sociaux» a aussi révélé que 80% des propriétaires de chiens de la ville et 59% des propriétaires de chiens de la campagne s'accordaient à dire que «mon chien me donne l'occasion de parler avec d'autres personnes».

Pour Marcelle, qui ne s'est jamais mariée, les animaux n'ont pas seulement été des déclencheurs de contacts sociaux, mais un véritable mode de vie. (J'ai fait brièvement sa connaissance quand elle est venue me consulter pour un problème sans rapport avec ce dont il est ici question.) Elle était éleveuse de chiens et participait à de nombreuses expositions, au cours desquelles elle rencontrait d'autres propriétaires de chiens. Marcelle avait hérité d'une grande maison et, pendant plusieurs années, elle avait loué des chambres à des jeunes gens qui se cherchaient un foyer. Il s'agissait de gens qu'elle avait rencontrés par le biais de ses animaux, et certains étudiaient à l'école locale de toilettage de chiens. Ses locataires l'aidaient pour les tâches ménagères et les soins des animaux. Des relations intimes se développaient généralement entre Marcelle et ses chambreurs, dont plusieurs sont retournés la visiter des années plus tard.

Surtout chez les personnes âgées qui ont perdu leur partenaire ou qui ont vu leur réseau de support social rapetisser, les animaux de compagnie ont démontré qu'ils pouvaient contribuer à un plus grand bonheur. Les animaux favoris sont de plus en plus utilisés comme aides thérapeutiques dans les maisons de vieillards, et des programmes sont développés partout à travers le pays pour aider les gens âgés qui vivent chez eux à obtenir et à prendre soin d'animaux de compagnie.

Au cours d'une étude sur l'utilisation des animaux dans le traitement thérapeutique de patients masculins dépressifs dans une maison de convalescence, Clark Brickel a découvert que les patients dont les sessions de psychothérapie avaient lieu en présence d'un chien faisaient des progrès remarquablement plus rapides que ceux qui recevaient une thérapie traditionnelle ou aucune thérapie.

«Subjectivement, l'animal offrait des avantages distincts au thérapeute, commente l'auteur. Les conversations avec les patients s'ouvraient plus facilement en utilisant l'animal comme point de départ. Le chien servait de catalyseur dans la divulgation d'informations conventionnelles. Souvent, pendant que le patient tenait ou caressait l'animal, des informations de nature hautement personnelle étaient divulguées spontanément.»

La santé physique et morale s'est grandement améliorée parmi un groupe de personnes âgées (vivant en milieu urbain, en Angleterre) qui avaient reçu de petits perroquets comme compagnons. Un autre groupe pilote, qui avait reçu des plantes au lieu d'animaux, n'a pas manifesté de progrès remarquable.

Comment les animaux peuvent-ils apporter des bienfaits de façon aussi constante à leurs propriétaires? On a depuis longtemps réalisé qu'un animal est bon pour un enfant; aujourd'hui, on réalise que c'est bon pour les adultes aussi.

À partir de leurs propres recherches et d'autres écrits disponibles, Aaron Katcher, M.D., et Erika Friedman, Ph.D., de l'Université de Pennsylvanie, ont établi qu'un animal remplit sept fonctions auprès de son propriétaire, c'est-à-dire qu'il lui offre:

1) de la compagnie;

2) quelqu'un de qui prendre soin;

3) quelqu'un à toucher et à caresser;

4) une occupation;

5) un centre d'intérêt;

6) de l'exercice;

7) un sentiment de sécurité.

On sait que l'isolement et la solitude posent des problèmes de santé; il n'est donc pas étonnant que la compagnie d'un animal diminue les effets pathologiques de l'isolement social. Malheureusement, les gens qui semblent avoir le moins besoin d'animaux, les gens mariés avec des enfants, sont les plus susceptibles d'en avoir.

Le fait d'avoir un animal dont il faut prendre soin aide à se sentir indispensable et peut donc réduire les sentiments de dépression et d'inutilité. En autant que les soins physiques fassent partie de l'amour, ceux qui ont perdu des parents ou des amis peuvent apprendre à aimer de nouveau en aimant et en prenant soin d'un animal.

Des recherches ont démontré que le toucher est un moyen puissant d'influencer le système nerveux central et qu'il agit comme agent anxyolitique (antianxiété). Pour bien des gens qui vivent seuls, un animal peut être l'unique source de contact physique. Se tenir occupé, suivre une routine quotidienne, s'est avéré un puissant facteur de longévité. Les sujets d'une étude faite par l'Institut national de la santé, qui s'adonnent à des activités qu'ils aiment vivent plus longtemps que les autres personnes oisives. Comme Katcher et Friedman font remarquer, «les animaux servent de régulateurs, d'horloges, si on peut dire, en procurant une source d'ordre et de responsabilité à des gens qui ne travaillent plus ou qui n'ont plus la responsabilité d'activités programmées».

Les animaux servent aussi à attirer l'attention sur autre chose que sur soi-même, et les distractions sont une façon importante de diminuer la fébrilité et l'anxiété. Puisqu'une conversation est généralement un facteur d'excitation, le fait que les animaux ne parlent pas est peut-être un élément important dans leur capacité de provoquer la relaxation.

Enfin, d'un point de vue très pratique, les chiens ont besoin qu'on les promène, ce qui oblige leurs propriétaires à faire de l'exercice. Et à cause de leur caractère protecteur, une personne isolée peut se sentir plus en sécurité et plus à l'aise à l'idée de vivre seule.

En tout et partout, le dossier du chien est très positif. Vous voudrez peut-être y réfléchir, surtout si vous avez déjà joui de la compagnie d'un chien lorsque vous étiez plus jeune.

6. Une relation thérapeutique

Si vous avez fait sans succès des efforts raisonnables pour développer de meilleurs contacts avec les autres, ou si vous vous sentez incapable d'y arriver sans aide, ou si, tout simplement, vous désirez un support émotionnel pendant que vous continuez de tenter d'établir des relations avec les autres, peut-être devriez-vous songer à consulter un thérapeute.

Bien sûr, toutes sortes de raisons poussent les gens à demander l'aide d'un professionnel de la santé mentale. Certains éprouvent des problèmes psychosomatiques continuels, d'autres souffrent de sentiments de dépression et d'anxiété qui refusent de disparaître, des problèmes conjugaux, des peurs, des phobies, d'un problème ou d'une indécision insoluble, ou simplement d'une impression générale de malaise. Ce sont là quelques-uns des symptômes qui envoient les gens chez le psychiatre, le psychologue, ou tout autre genre de thérapeute.

Bien sûr, les états psychotiques qui impliquent une perte de contact avec la réalité exigent souvent une thérapie médicale de même, généralement, qu'une hospitalisation. Par contre, les problèmes d'adaptation de personnes relativement «normales», et l'anxiété de celles qui sont légèrement ou même sérieusement névrosées peuvent être corrigés efficacement à l'intérieur d'une relation thérapeutique d'une ou deux (habituellement une) visites par semaine.

Pour bien des gens, l'idée de consulter un «psy» ou l'euphémisme «aller voir quelqu'un» est apeurant. «Si j'ai besoin de voir un psychiatre, je dois être folle, me dit une de mes patientes. Je vous ai choisie parce que vous êtes psychologue, et que ça me senblait moins grave.» Mais pour d'autres, l'idée de consulter n'importe quel professionnel de la santé mentale est un secret honteux qu'on doit tenir caché et une admission d'échec personnel.

Il n'est pas nécessaire qu'il en soit ainsi. La plupart de mes patients sont des gens parfaitement normaux qui affrontent un problème qu'ils sont incapables de régler seuls. Ils ont des anxiétés et des craintes qui les rendent inconfortables. Ils aimeraient s'entendre mieux avec les autres, habituellement avec leur partenaire ou leurs enfants. Ils éprouvent de la difficulté à se concentrer ou souffrent d'insomnie; ou bien ils veulent arrêter de fumer ou perdre du poids. Ils ont besoin de changer de carrière ou de prendre une décision importante qui risque de donner une nouvelle orientation à leur vie. Depuis que mon livre sur la timidité a été publié, un bon nombre de mes patients actuels sont des gens qui souffrent terriblement de timidité.

Deux problèmes de base reviennent constamment, même lorsqu'ils ne sont pas toujours la raison consciente pour laquelle on consulte un thérapeute: une estime de soi diminuée et un sentiment d'isolement et de solitude.

Une thérapie peut vous aider à vous sentir mieux dans votre peau

Une thérapie peut vous aider à résoudre des problèmes de ce genre, et d'autres problèmes spécifiques. Une relation avec un thérapeute s'avère souvent une expérience corrective au cours de laquelle l'acceptation inconditionnelle et la compréhension d'un substitut parental sont disponibles pour la première fois et vous aident à entretenir des sentiments plus positifs vis-à-vis de vous-même, à évoluer et à vous épanouir plus pleinement.

«Avant de vous rencontrer, j'étais comme une plante qui avait besoin d'être arrosée, me dit une patiente avec qui j'avais une relation tout à fait spéciale. Lorsqu'on arrose une plante, toute l'eau descend au fond du pot pour commencer parce que le sol est tellement sec qu'il n'y a jamais assez d'eau pour qu'il en reste un peu sur le dessus. J'étais comme ça. Personne ne m'a jamais donné suffisamment pour qu'il reste un peu d'eau à la surface.»

Cette patiente, qui est devenue une amie très intime, me disait: «Maintenant, quand je fais quelque chose, j'ai quelqu'un à qui le dire. Je sais qu'il y a quelqu'un qui m'aime dans le monde, même si tous les autres s'écartent de moi. Même quand je suis seule maintenant, je ne me sens pas solitaire parce que je sais que vous êtes là et que je pense à ce que je vais dire la prochaine fois qu'on va se voir. Le fait de vous connaître a comblé un vide dans ma vie.»

Catherine est venue me voir parce qu'elle traversait des crises d'anxiété qui lui nuisaient dans son travail. Parfois, elle était totalement incapable de fonctionner, et elle s'était rendue plusieurs fois au service d'urgence d'un hôpital pour se faire traiter. Elle était solitaire et isolée et n'avait aucune confiance en ses talents et en son intelligence. Depuis que je l'ai rencontrée, elle est retournée à l'école et a obtenu son diplôme, avec de très bonnes notes dans presque toutes les matières. Et, ce qui est plus important encore, elle a élargi de façon excitante sa compréhension et son appréciation du monde qui l'entoure. Elle aime aller au théâtre, visiter les musées, lire des livres sur l'histoire et des biographies. Elle est très articulée et a développé suffisamment de confiance en elle-même pour pouvoir exprimer ses pensées et ses impressions comme elle n'aurait pu le faire auparavant.

Mon amie Elizabeth Grandfield, une psychiatre et travailleuse sociale à New Canaan, Connecticut, m'a raconté l'histoire d'une autre jeune femme seule pour qui la thérapie, qui a duré plus de dix ans, a entraîné des changements majeurs. Alors que les deux parents de Catherine étaient morts la laissant toute seule dans le monde, Hélène vivait encore chez ses parents, des catholiques très stricts, et n'avait pas vraiment d'autre vie hormis son travail de bibliothécaire et ses parents. À 35 ans, elle n'était sortie qu'une fois avec un homme. Son besoin désespéré d'être aimée la poussait à adopter des manières insinuantes qui faisaient fuir tout le monde.

«Elle ne se sentait pas du tout adulte et avait besoin d'aide pour se séparer de sa famille, raconte Elizabeth. Je l'ai encouragée à explorer ses sentiments négatifs vis-à-vis de sa famille et à commencer à penser à elle-même en termes de personne distincte.» Après avoir emménagé dans son propre appartement et amélioré sa perception d'elle-même grâce à la thérapie, Hélène a fait la connaissance d'un homme. Elle avait besoin — et a reçu — l'aide de la thérapeute pour apprendre à établir une relation sexuelle avec lui: elle n'avait aucune expérience, et sa mère ne lui avait donné aucune information. Récemment, elle s'est mariée et a interrompu sa thérapie.

«Mon impression est qu'une relation chaleureuse et ouverte permet à un patient isolé de laisser tomber certains mécanismes de défense qui repoussent les gens qui les entourent, dit Elizabeth. Le thérapeute est une espèce de parent suppléant qui aide le patient à s'accepter lui-même et à faire les changements qui permettent aux autres de l'accepter.»

Comment choisir le bon thérapeute

Si vous avez décidé de consulter un thérapeute, la prochaine question que vous devez vous poser est comment en trouver un qui soit capable de vous venir en aide. Le mot «thérapeute» couvre une multitude de qualifications et, en général, je ne conseillerais à personne d'aller en voir un qui s'identifie uniquement par les termes «thérapeute» ou «psycho-thérapeute». Un professionnel qui détient un diplôme en médecine, en psychologie ou en sciences sociales, préférera s'identifier comme psychiatre, psychologue ou travailleur social.

D'excellents thérapeutes ne sont ni psychiatres, ni psychologues, ni travailleurs sociaux; ils détiennent peut-être des doctorats ou des maîtrises en d'autres domaines. Certains membres du clergé ont aussi été formés pour conseiller. Le problème, c'est que la personne en quête d'aide peut difficilement évaluer l'entraînement que ces individus ont reçu. À moins d'avoir de fortes recommandations personnelles, je pense qu'il est préférable de chercher un diplômé en médecine ou en psychiatrie, un psychologue dans une clinique, un Ph.D, ou un maître en sciences sociales.

Les thérapeutes qui ont moins de certificats demandent moins cher, mais l'aide que vous recevrez risque de ne pas être aussi efficace. Elle pourrait même s'avérer carrément dangereuse. Je pense que vous feriez mieux de discuter de votre problème avec votre médecin de famille, un prêtre ou un avocat, plutôt que de consulter un professionnel de la santé mentale peu qualifié.

En ville ou en banlieue, vous aurez l'embarras du choix. À la campagne, les personnes qualifiées sont plutôt rares. La meilleure recommandation que vous puissiez obtenir sur un thérapeute vient d'un client satisfait à qui vous faites confiance. Mais si vous songez à commencer une thérapie parce que vous manquez d'amis, il est peu probable que vous soyez en position d'obtenir ce genre de recommandation. Une autre possibilité est de demander des références à votre médecin ou à votre curé, mais très peu de patients suivent cette voie. Vous pouvez aussi téléphoner à l'association de santé de votre communauté, à votre CLSC, au Centre de références du Grand Montréal, au département de psychiatrie externe du centre hospitalier le plus près de chez vous ou au département de psychologie de l'université la plus rapprochée.

Un grand nombre de mes patients me sont reférés par d'anciens patients. D'autres viennent me voir parce qu'ils ont lu un article dans un journal et qu'ils ont aimé ce que j'y disais, ou parce qu'ils ont lu un de mes livres. Je crois, cependant, que la meilleure source de références se trouve dans *les Pages jaunes* de l'annuaire téléphonique, contrairement à ce que j'aurais cru. Je ne conseille pas vraiment de choisir un thérapeute de cette façon, mais si vous ne pouvez obtenir de références de quelqu'un en qui vous avez confance, vous n'avez peut-être pas d'autre alternative.

Vous trouverez des noms dans les sections «Psychiatres», «Psychologues», «Conseillers matrimoniaux», «Hypnotistes», et peut-être aussi sous d'autres titres.

Les premières choses à considérer sont les certificats, diplômes et permis du thérapeute, qui sont habituellement mentionnés clairement. Si le sexe du thérapeute est important pour vous, vous voudrez peut-être utiliser ce facteur dans votre choix. L'insertion dans l'annuaire peut parfois mentionner aussi la spécialisation. S'il semble y avoir un vaste choix de personnes convenables, considérez ensuite la localisation. (Le thérapeute en question a-t-il son bureau près de chez vous, près de votre travail?)

Je vous conseille, si vous n'avez pas de recommandations personnelles, de choisir trois ou quatre professionnels et de téléphoner une première fois à chacun d'entre eux. En établissant votre choix, gardez à l'esprit que le psychiatre est celui dont le tarif est le plus élevé, suivi de près par le psychologue, et de plus loin par le travailleur social. Mais si vos assurances médicales couvrent les soins psychiatriques, vous pourrez obtenir le remboursement d'une partie des tarifs du psychiatre ou du psychologue (mais habituellement pas de celui du travailleur social).

La plupart de mes patients sont remboursés d'une partie de leur frais par leur compagnie d'assurances, mais certains de ceux qui sont éligibles refusent de demander un remboursement. Ils ne veulent pas qu'on sache, surtout leur employeur, qu'ils visitent un psychologue. Les attitudes varient largement, et c'est une question que vous devrez examiner vous-même.

Lors de vos premiers appels téléphoniques, dites que vous voulez des informations préliminaires et que vous aimeriez poser quelques questions. N'importe quel professionnel responsable devrait répondre avec empressement et prendre le temps qu'il faut pour vous informer adéquatement, même si l'appel ne dure que quelques minutes. Puisque vous téléphonerez à plusieurs personnes, prenez note de leurs réponses et de vos impressions. Vous prendrez une décision importante et devez le faire soigneusement.

Voici dix questions que vous pourriez poser:

1. Quelle sorte d'entraînement avez-vous reçu? (Même si vous ne téléphonez qu'à des diplômés, cette question peut vous apporter des précisions supplémentaires qui risquent d'affecter votre décision.)

2. Quelle est votre approche thérapeutique? (Certains thérapeutes adhèrent strictement à une approche, qu'elle soit freudienne, jungienne, behavioriste, ou autre; d'autres thérapeutes sont plus éclectiques.)

3. Les services sont-ils couverts par les assurances? (L'Assurance-maladie ne couvre pas les services d'un psychologue, mais certaines compagnies d'assurances privées le font. Vous vérifierez auprès de votre compagnie d'assurances.)

4. Quels sont vos tarifs? (Les tarifs peuvent varier énormément d'une communauté à une autre.)

5. À quelle heure êtes-vous disponible? (J'ai parfois découvert, au bout d'une longue conversation, que la personne s'attendait à me voir après 7 heures le soir ou le samedi.)

6. Mon problème est............ Avez-vous l'expérience de ce genre de problème?

7. Comment traitez-vous habituellement ce genre de problème?

8. Combien de temps faut-il habituellement pour aider quelqu'un qui a ce genre de problème? (Il n'y a évidemment pas de garantie, mais le thérapeute devrait être prêt à vous donner une approximation raisonnable.)

Voici dix questions que vous pouvez vous poser après chaque appel préliminaire:

1. Cette personne m'a-t-elle paru chaleureuse et amicale, ou froide et distante?

2. Ai-je trouvé facile de lui parler?

3. M'inspire-t-il(elle) confiance?

4. Était-il(elle) prêt(e) à répondre à toutes mes questions à son sujet?

5. A-t-il(elle) pris la peine d'écouter ce que j'avais à dire? (Soyez raisonnable sur ce point. Ne vous attendez pas à une consultation gratuite d'une heure, comme le font certaines personnes.)

6. Était-il(elle) trop empressé(e) de m'avoir comme cliente? (Offrir une consultation gratuite ou des taux plus bas que la moyenne, ou tenter de vous faire prendre rendez-vous immédiatement peuvent indiquer un manque d'expérience ou de succès de la part du thérapeute.)

7. Vous a-t-il(elle) donné des garanties irréalistes? (On ne peut pas faire de garantie dans ce domaine.)

8. Semblait-il(elle) familier(ère) avec votre problème?

9. Vous sentez-vous raisonnablement certaine que cette personne puisse vous aider?

10. Aimez-vous cette personne? (C'est une question indéfinissable, mais extrêmement importante.)

Quand vous aurez parlé à plusieurs thérapeutes, réfléchissez à vos conversations et consultez vos notes. Prenez rendez-vous avec celui avec qui vous étiez le plus à l'aise et dont les réponses étaient le plus satisfaisantes. (Si vous n'étiez satisfaite des réponses d'aucun thérapeute, ce qui est peu probable, appelez-en d'autres.)

Si vous êtes comme la plupart des gens, vous vous sentirez très anxieuse au moment de faire vos premiers appels téléphoniques et lorsque vous arriverez chez le thérapeute pour votre premier rendez-vous. C'est peut-être d'ailleurs la première fois que vous parlez ouvertement de votre problème à qui que ce soit. Si vous n'avez pas d'amis intimes ou que vous éprouvez des problèmes de relations interpersonnelles, c'est peut-être aussi la première fois que vous parlez ouvertement de vous-même.

Mais, d'une façon ou d'une autre, vous finirez par parler. (Si vous avez choisi un thérapeute qui vous laisse garder le silence pendant de longues périodes de temps, je vous conseille d'aller en voir un autre.) Vous aurez peut-être l'impression de ne pas savoir où commencer, mais vous commencerez quelque part, et vous serez probablement surprise de voir à quel point l'heure (ou les 50 minutes) a passé vite. Vous éprouverez peut-être un grand soulagement après avoir réussi à parler ainsi à quelqu'un des choses qui vous troublent.

Après la première entrevue, vous devriez définitivement être en mesure de sentir si le thérapeute est celui qui vous convient. Vous devriez pouvoir vous dire que vous l'aimez bien, que vous êtes satisfaite de son apparence, de ses manières, de sa façon de s'habiller, de son accent, de son bureau, et de ses diplômes (ceux-ci devraient être affichés sur le mur). Si un ou plusieurs de ces détails vous ennuient, ils risquent d'affecter votre thérapie. Vous devriez connaître les modes de paiement du thérapeute et sa politique d'annulation.

Le plus important, c'est que vous devriez éprouver un sentiment de confiance et de confidence face au thérapeute; vous devez pouvoir lui parler ouvertement et facilement. Vous devez définitivement avoir l'impression qu'il peut vous aider à résoudre votre problème. Autrement, allez voir ailleurs.

Le choix d'un thérapeute peut être la décision la plus importante que vous ayez prise. Vous choisissez en fait un parent suppléant ou un ami intime. Prenez votre décision soigneusement. Si vous prenez la bonne décision, elle vous amènera des changements importants dans votre vie et en vous-même.

IMPRIMERIE
L'ÉCLAIREUR
BEAUCEVILLE
14170